裁判事務手続講座［第12巻］

書式
会社非訟の実務

全訂版

――申立てから手続終了までの書式と理論

森・濱田松本法律事務所 編
弁護士法人淀屋橋・山上合同

発行 ⊕ 民事法研究会

は　し　が　き

　本書は、平成10年に『書式　商事非訟の実務』として発刊され、平成18年5月の会社法施行を経て、平成20年に『書式　会社非訟の実務』として刊行されました。その後も、会社非訟手続は多く利用され、株式の価格決定に関する事件を中心に、以前とは比較にならないほど多くの裁判例も公表され、議論が進展しました。

　そして、新しい非訟事件手続法の制定およびこれに伴う会社法、会社非訟事件等手続規則の改正が行われ、平成25年1月に施行されて、当事者手続保障の充実が図られ、審理の構造が明確になるだけでなく、専門委員制度の創設やテレビ会議・電話会議の導入、和解・調停についての規定の新設など、審理の充実・利便性の向上が図られました。さらに、監査等委員会設置会社制度や特別支配株主の株式等売渡請求の制度の新設、全部取得条項付種類株式の取得や株式買取請求に関連する規律の整理など、会社非訟に関係する事項も含めて多項目にわたる会社法の改正が行われ、平成27年5月に施行されました。

　そこで、今回、非訟事件手続法の施行に伴う手続の変更を反映させ、会社法改正に伴う新制度についての解説を追加し、旧版刊行以降に公表された裁判例も紹介する改訂版を刊行することとなりました。

　改訂作業は、柴田昭久弁護士、岩本文男弁護士、高杉信匡弁護士と分担して行い、法改正や新たな裁判例だけでなく、旧版刊行時には必ずしも十分な内容ではなかった事項もできるだけフォローするように努めましたので、広くご利用いただければ幸いです。

　　平成30年12月

　　　　　　　　　　　　編者を代表して

　　　　　　　　　　　　　　弁護士　髙　島　志　郎

はしがき（初版）

『書式　商事非訟の実務』の初版刊行後10年が経過いたしました。共同出版を企画した森綜合法律事務所は、森・濱田松本法律事務所という巨大なローファームに変身を遂げ、淀屋橋合同法律事務所は、弁護士法人淀屋橋・山上合同へと法人成りしました。

この間のわが国の社会の変化は著しく、経済活動の担い手である「会社」を取り巻く環境は激変し、コーポレート・ガヴァナンス、コンプライアンス、内部統制等々、「会社」が抱える課題は日々新しく生起し、M&Aの件数は増大の一途を辿り、金融商品取引法も平成18年に改正され、翌19年9月30日から施行されています。

他方で、平成11年以降も商法の改正が相次ぎ、本書も平成14年に全訂増補版を刊行しましたが、その後再び商法改正が繰り返された挙句、平成17年には会社法が制定され、翌18年5月1日に施行されるに至り、旧商事非訟手続は、会社非訟手続へと生まれ変りました。

そして、この手続は、今後ますます増加すると思われる敵対的買収や支配権争奪の紛争の中で、その利用価値を増していくものと思われます。

そこで、旧版を全面的に改訂し、ここに、『書式　会社非訟の実務』と名称を変えて新たに刊行することとしました。改訂作業は、主に、髙島志郎、末冨純子両弁護士が担当し、藤原総一郎弁護士にもお手伝いいただきました。

本書が、会社法制定後の会社非訟手続に関する実務的出版物として広く活用されることを祈念するものです。

　　平成20年9月

　　　　　　　　　　　　　　　　　　　　　　弁護士　四　宮　章　夫

発刊にあたって

　商事非訟事件は、細かな手続でありかつ多岐にわたるためか、従来、信頼できる手引書が少なく、実務界に不便をかこつ声が久しかった。

　本書の執筆者は、大阪の淀屋橋合同法律事務所の四宮章夫弁護士、東京の森綜合法律事務所の藤原総一郎弁護士ら、実務・理論ともに詳しい精鋭弁護士たちである。これら精鋭が実務経験を活かし、かつ本書執筆を機会に細部にわたってより掘り下げた検討を行い、これをハンディな１冊にまとめられたことは、大変有意義なことである。

　また、本書が検討の成果を書式というきわめて具体的な形で読者に提供したことは、商事非訟という分野の手引書として最も適切な形態といえよう。

　本書が、実務界で活用されることを願ってやまない。

　平成10年６月

弁護士　古　曳　正　夫
（森綜合法律事務所）

はしがき（書式　商事非訟の実務）

　日本の社会は今大きな変革の時期を迎えています。今日の世界経済の大規模化、複雑化が、我が国独自の経済システムの存続を拒否するに至ったためです。

　金融ビッグバン、建設業の透明化、大店法の改正、その他もろもろの政治、経済問題は、我が国の戦後の経済と政治の枠組みそのものが否定されようとしているところに端を発しています。我が国が世界の中の孤児たり得ないとすれば、そうした社会の変革それ自体を嫌悪するのではなく、むしろ、一刻も早く我が国に適した新秩序を模索していかなければなりません。

　長く法律事務を独占してきた我が国の弁護士業界も例外ではなく、外国法弁護士の容認、債権回収会社の設立、司法試験合格者の増加等、環境が目まぐるしく変化しつつあります。そして、視点を変えてこの動きを眺めると、現代日本における各界各層の多様な法的ニーズに、今日の弁護士が必ずしも応えられていないことが、この変化の背景にあります。今や、公正な競争の中でこそ、業務の改善と高い倫理性とが確保されることを、弁護士業界も直視するべきだと思います。

　森綜合法律事務所と淀屋橋合同法律事務所とは、歴史も本拠地も異なりますが、共に、広範囲な国民の法的ニーズに応えることを目的として設立されました。そして、逐次、弁護士と事務局等のスタッフ拡充の努力を重ねる一方、その内部で業務に関する研鑽を重ねてきました。きたるべき21世紀において常に各種法律問題に的確に対応していくためには、良心的法律事務所の合従連衡が不可欠であるという認識も有しております。

　幸いなことに、両法律事務所はいくつかの事件処理を契機に、交流の機会を持つことができました。それぞれの有する経験と能力とを提供し合い、法律実務書を世に出すことによって、その記念碑とするとともに、以後の各々

の法律事務所における切磋琢磨の励みとなればとの願いから、本書が企画されました。

　商事非訟手続に関する優れた実務書はいくつか公刊されていますが、近時の頻繁な商法改正作業に対応しきれていないのが実情です。本書は、平成9年の改正法による手続の変更までを織り込むことができました。両法律事務所の弁護士とスタッフとの共同作業により、最もアップツーデートな実務書が完成したと自負しております。

　最後となりましたが、先進各法律事務所のさまざまな提携と努力とによって、類書が頻々と発刊されること等を通じて、我が国の法律事務の合理化、標準化、専門化が急速に進むことを祈念するものです。広く国民が必要な法的サービスを必要なときに受けられる時代が、1日も早く到来することが私達の願いであるからです。

　平成10年6月

編集者代表　四　宮　章　夫
（淀屋橋合同法律事務所）
同　　　藤　原　総一郎
（森綜合法律事務所）

目　次

『書式　会社非訟の実務〔全訂版〕』
目　　　次

第1章　会社非訟事件の概要 …………………………………… 1

- Ⅰ　会社非訟事件の意義 …………………………………………… 1
- Ⅱ　会　社 …………………………………………………………… 1
  - 1　はじめに …………………………………………………… 1
  - 2　合名会社 …………………………………………………… 2
  - 3　合資会社 …………………………………………………… 2
  - 4　合同会社 …………………………………………………… 2
  - 5　株式会社 …………………………………………………… 3
- Ⅲ　会社非訟事件の種類 …………………………………………… 3
- Ⅳ　会社非訟事件の審理 …………………………………………… 7
  - 1　非訟事件手続法等の改正 ………………………………… 7
  - 2　会社非訟事件の手続の概要 ……………………………… 8
    - (1)　申立て、参加申出 …………………………………… 8
    - (2)　申立書の添付書類 …………………………………… 10
    - (3)　参加申出 ……………………………………………… 11
    - 【文例1】　利害関係参加申出書 ………………………… 13
    - (4)　審理および審問期日 ………………………………… 14
    - (5)　裁判および和解等による手続の終了 ……………… 14
    - (6)　手続費用の裁判 ……………………………………… 15
    - (7)　不服申立て …………………………………………… 15
  - 3　個別株主通知 ……………………………………………… 16

第 2 章　会社設立に関する事件（検査役選任申立て） …………… *18*

- I　会社設立と検査役 …………………………………………………… *18*
  - 1　検査役選任の意義 ………………………………………………… *18*
    - 【文例 2 】　変更決定 …………………………………………… *20*
  - 2　検査役の地位・責任・職務・権限 ……………………………… *21*
    - (1)　検査役の地位・責任 …………………………………… *21*
    - (2)　検査役の職務・権限 …………………………………… *21*
    - 【文例 3 】　検査役の報酬決定 ………………………………… *22*
    - 【文例 4 】　即時抗告申立書 …………………………………… *23*
  - 3　現物出資、財産引受けおよび事後設立の目的たる財産の価格の証明 ……………………………………………………………… *24*
    - (1)　設立時における現物出資および財産引受けの目的物たる財産の価格の証明 ……………………………………… *24*
    - 【文例 5 】　弁護士の証明書 …………………………………… *26*
    - (2)　設立の場合の弁護士等の証明に関する責任 ………… *27*
- II　変態設立に関する検査役選任 …………………………………… *28*
  - 1　現物出資 …………………………………………………………… *28*
    - (1)　申立ての要件 …………………………………………… *28*
    - (2)　申立ての手続 …………………………………………… *29*
    - 【文例 6 】　検査役選任申立書 ………………………………… *29*
    - (3)　審理・裁判 ……………………………………………… *30*
    - 【文例 7 】　検査役選任決定 …………………………………… *31*
    - (4)　検査役の報告 …………………………………………… *32*
    - 【文例 8 】　調査報告書 ………………………………………… *33*
  - 2　譲受財産（財産引受け） ………………………………………… *35*

7

目 次

　　　(1)　申立ての要件 ……………………………………………………… *35*
　　　　【文例 9】　営業用財産譲受契約書 ……………………………… *36*
　　　(2)　申立ての手続 ……………………………………………………… *37*
　　　　【文例10】　検査役選任申立書 …………………………………… *37*
　　　(3)　審理・裁判 ………………………………………………………… *38*
　　　　【文例11】　検査役選任決定 ……………………………………… *39*
　　　(4)　検査役の報告 ……………………………………………………… *40*
　　　　【文例12】　調査報告書 …………………………………………… *40*
　　3　設立費用・発起人報酬 ………………………………………………… *42*
　　　(1)　申立ての要件 ……………………………………………………… *42*
　　　(2)　申立ての手続 ……………………………………………………… *42*
　　　　【文例13】　検査役選任申立書 …………………………………… *43*
　　　(3)　審理・裁判 ………………………………………………………… *44*
　　　　【文例14】　検査役選任決定 ……………………………………… *44*
　　　(4)　検査役の報告 ……………………………………………………… *45*
　　　　【文例15】　調査報告書 …………………………………………… *46*

第3章　業務および財産の調査に関する事件 …………… *47*

　Ⅰ　取締役会議事録等閲覧謄写の許可 ……………………………………… *47*
　　1　はじめに ………………………………………………………………… *47*
　　2　申立ての要件 …………………………………………………………… *49*
　　　(1)　閲覧謄写の対象となる取締役会議事録の特定 ……………………… *49*
　　　(2)　閲覧謄写の許可の対象となる議事録の範囲 ……………………… *49*
　　　(3)　閲覧謄写の必要性 ………………………………………………… *49*
　　　(4)　会社等に著しい損害を及ぼすおそれ ……………………………… *50*
　　3　許可申立ての手続 ……………………………………………………… *50*

(1)　管　轄 ……………………………………………………………… *50*

　　　(2)　申立人 ……………………………………………………………… *51*

　　　(3)　申立ての方式等 …………………………………………………… *51*

　　　　【文例16】　取締役会議事録閲覧謄写許可申立書 ……………… *51*

　　4　審　理 …………………………………………………………………… *54*

　　　　【文例17】　関係人の答弁書 ………………………………………… *54*

　　5　裁　判 …………………………………………………………………… *55*

　　　　【文例18】　取締役会議事録閲覧謄写許可決定 ………………… *56*

　　　　【文例19】　即時抗告申立書 ………………………………………… *56*

Ⅱ　親会社社員の株主総会議事録等の閲覧謄写の許可申立て ………… *57*

　　1　はじめに ………………………………………………………………… *57*

　　2　申立ての要件 …………………………………………………………… *59*

　　3　許可申立ての手続 ……………………………………………………… *59*

　　　(1)　管　轄 ……………………………………………………………… *59*

　　　(2)　申立人 ……………………………………………………………… *59*

　　　(3)　申立ての方式等 …………………………………………………… *59*

　　　　【文例20】　親会社社員の子会社の株主総会議事録閲覧謄写許可

　　　　　　　　　　申立書 …………………………………………………… *60*

　　4　審理・裁判 ……………………………………………………………… *62*

　　　　【文例21】　株主総会議事録閲覧謄写許可決定 ………………… *62*

　　　　【文例22】　即時抗告申立書 ………………………………………… *63*

Ⅲ　親会社社員の子会社の会計帳簿等の閲覧謄写の許可申立て ……… *64*

　　1　はじめに ………………………………………………………………… *64*

　　2　申立ての要件 …………………………………………………………… *65*

　　3　許可申立ての手続 ……………………………………………………… *66*

　　　(1)　管　轄 ……………………………………………………………… *66*

目 次

　　(2) 申立人 …………………………………………………………… *66*
　　(3) 申立ての方式等 ……………………………………………… *66*
　　　【文例23】 親会社の社員の子会社の会計帳簿等閲覧謄写許可申
　　　　　　　　立書 …………………………………………………… *67*
　4 審理・裁判 …………………………………………………………… *69*
　　(1) 審　理 …………………………………………………………… *69*
　　(2) 裁　判 …………………………………………………………… *69*
　　　【文例24】 親会社社員の子会社の会計帳簿等閲覧謄写許可決定 …… *70*
　　　【文例25】 即時抗告申立書 ………………………………………… *70*
Ⅳ　業務および財産状況に関する検査役選任 …………………………… *72*
　1 はじめに ……………………………………………………………… *72*
　2 申立ての要件 ………………………………………………………… *73*
　　(1) 形式的要件 ……………………………………………………… *73*
　　(2) 実質的要件 ……………………………………………………… *75*
　3 申立ての手続 ………………………………………………………… *75*
　　(1) 管　轄 …………………………………………………………… *75*
　　(2) 申立人 …………………………………………………………… *76*
　　(3) 申立ての方式等 ………………………………………………… *76*
　　　【文例26】 検査役選任申立書 ……………………………………… *77*
　4 審　理 ………………………………………………………………… *80*
　　　【文例27】 会社の答弁書 …………………………………………… *80*
　5 裁　判 ………………………………………………………………… *84*
　　(1) 選任義務 ………………………………………………………… *84*
　　(2) 裁　判 …………………………………………………………… *85*
　　(3) 不服申立方法 …………………………………………………… *85*
　　　【文例28】 検査役選任許可決定 …………………………………… *85*

　　　　　【文例29】　抗告申立書 ……………………………………………… *86*
　　　　　【文例30】　抗告審決定 ……………………………………………… *88*
　　6　検査役 ……………………………………………………………………… *90*
　　　(1)　検査役の地位・責任等 ………………………………………………… *90*
　　　(2)　検査役の子会社調査権 ………………………………………………… *90*
　　　(3)　検査役の報告 …………………………………………………………… *90*
　　　　　【文例31】　調査報告書 ………………………………………………… *91*
　　　　　【文例32】　株主総会招集決定 ………………………………………… *97*
Ⅴ　持分会社の持分差押債権者による保全処分申立て ………………………… *97*
　　1　はじめに …………………………………………………………………… *97*
　　2　申立ての要件 ……………………………………………………………… *98*
　　3　申立ての手続 ……………………………………………………………… *98*
　　　(1)　管　轄 …………………………………………………………………… *98*
　　　(2)　申立人 …………………………………………………………………… *99*
　　　(3)　申立ての方式等 ………………………………………………………… *99*
　　　　　【文例33】　持分会社の持分差押債権者による保全処分申立書 …… *99*
　　4　審理・裁判 ………………………………………………………………… *101*
　　　(1)　審　理 …………………………………………………………………… *101*
　　　(2)　裁　判 …………………………………………………………………… *101*
　　　　　【文例34】　持分会社の持分差押債権者による保全処分決定 ……… *101*

第4章　総会に関する事件 …………………………………………………… *103*

Ⅰ　総会検査役選任 ………………………………………………………………… *103*
　　1　はじめに …………………………………………………………………… *103*
　　2　会社による検査役選任申立て …………………………………………… *104*
　　3　申立ての要件 ……………………………………………………………… *105*

目　次

　　　(1)　形式的要件 ··· *105*
　　　(2)　実質的要件 ··· *106*
　　4　申立ての手続 ·· *107*
　　　(1)　管　轄 ·· *107*
　　　(2)　申立ての時期 ·· *107*
　　　(3)　申立書 ·· *108*
　　　(4)　添付書類 ·· *109*
　　　　【文例35】　株主総会検査役選任申立書 ························· *109*
　　5　審　理 ·· *111*
　　　(1)　審理の対象 ·· *111*
　　　　【文例36】　株式会社の意見書 ································· *111*
　　　(2)　複数申立ての場合 ·· *113*
　　　(3)　検査役の人選 ·· *113*
　　6　裁　判 ·· *113*
　　　(1)　総会検査役選任の裁判 ·· *113*
　　　　【文例37】　検査役選任決定書 ································· *114*
　　　(2)　申立ての取下げ ·· *114*
　　　(3)　不服申立て ·· *115*
　　7　検査役の地位および権限 ·· *115*
　　　(1)　検査役の地位 ·· *115*
　　　　【文例38】　検査役の報酬決定 ································· *116*
　　　(2)　検査役の権限 ·· *116*
　　　　【文例39】　調査報告書 ······································· *118*
　Ⅱ　株主総会招集許可 ·· *125*
　　1　はじめに ·· *125*
　　2　申立ての要件 ·· *127*

(1)　議決権保有要件 …………………………………………………… *127*
　　　(2)　適法な株主総会招集請求がなされたこと …………………… *128*
　　　　【文例40】　株主総会招集請求書 ………………………………… *131*
　　　(3)　総会招集手続がなされなかったこと ………………………… *132*
　　3　申立ての手続 ………………………………………………………… *133*
　　　(1)　管　轄 ……………………………………………………………… *133*
　　　(2)　申立手続 …………………………………………………………… *133*
　　　　【文例41】　株主総会招集許可申立書 …………………………… *133*
　　4　審　理 ………………………………………………………………… *135*
　　　(1)　審理手続 …………………………………………………………… *135*
　　　　【文例42】　利害関係参加人の意見書 …………………………… *136*
　　　(2)　審理対象 …………………………………………………………… *137*
　　5　裁　判 ………………………………………………………………… *138*
　　　　【文例43】　招集許可決定 ………………………………………… *139*
　　　　【文例44】　申立却下決定 ………………………………………… *140*
　　6　総会招集手続 ………………………………………………………… *141*
　　　　【文例45】　株主総会招集通知 …………………………………… *141*
　　7　総会の運営 …………………………………………………………… *142*
　　　(1)　運営手続 …………………………………………………………… *142*
　　　(2)　決議事項 …………………………………………………………… *143*
　　　　【文例46】　株主総会議事録 ……………………………………… *143*

第5章　株式に関する事件 …………………………………………… *145*

I　募集株式の発行等の際の現物出資に関する検査役の選任 ………… *145*
　　1　はじめに ……………………………………………………………… *145*
　　　(1)　募集株式の発行等における現物出資 ………………………… *145*

目 次

　　(2) 検査役選任を要しない場合 ……………………………………… *145*
　　(3) 検査役選任申立て、検査役の調査、変更決定 ……………… *146*
　2　現物出資に関する株式引受人、取締役等の責任 ………………… *147*
　　(1) 株式引受人の責任 ……………………………………………… *147*
　　(2) 取締役等の責任 ………………………………………………… *148*
　3　申立ての手続 …………………………………………………………… *149*
　　(1) 手続の概要 ……………………………………………………… *149*
　　(2) 管　轄 …………………………………………………………… *150*
　　(3) 申立人 …………………………………………………………… *150*
　　(4) 申立ての方式等 ………………………………………………… *150*
　　　【文例47】　検査役選任申立書 ………………………………… *150*
　　　【文例48】　株式引受申込書 …………………………………… *152*
　4　審理・裁判 ……………………………………………………………… *153*
　　(1) 審　理 …………………………………………………………… *153*
　　(2) 裁　判 …………………………………………………………… *153*
　　　【文例49】　検査役選任決定 …………………………………… *154*
　5　検査役の報告 …………………………………………………………… *155*
　　(1) 検査役の報告 …………………………………………………… *155*
　　(2) 財産の価額の変更の裁判 ……………………………………… *155*
　　　【文例50】　検査役調査報告書 ………………………………… *156*
　　　【文例51】　陳述書 ……………………………………………… *158*
　　　【文例52】　報酬決定 …………………………………………… *158*
Ⅱ　所在不明株主の株式の任意売却許可 ………………………………… *159*
　1　はじめに ………………………………………………………………… *159*
　2　競売に代わる任意売却 ………………………………………………… *160*
　3　競売に代わる株式任意売却許可申立ての手続 …………………… *160*

14

(1)　管　轄 ……………………………………………………… *160*

　　　(2)　申立人 ……………………………………………………… *161*

　　　(3)　申立書 ……………………………………………………… *161*

　　　(4)　証拠書類等 ………………………………………………… *161*

　　4　審理・裁判 ……………………………………………………… *162*

　　　(1)　審　理 ……………………………………………………… *162*

　　　(2)　裁　判 ……………………………………………………… *162*

Ⅲ　1株に満たない端数が生じる場合の端数相当株式任意売却許可 …………………………………………………………………… *162*

　　1　1株に満たない端数が生じる場合 …………………………… *162*

　　2　1株に満たない端数の処理 …………………………………… *163*

　　3　市場価格 ………………………………………………………… *164*

　　4　裁判所の許可による競売以外の方法による売却 …………… *165*

　　5　競売に代わる株式任意売却許可申立ての手続 ……………… *165*

　　　(1)　管　轄 ……………………………………………………… *165*

　　　(2)　申立人 ……………………………………………………… *165*

　　　(3)　申立書 ……………………………………………………… *165*

　　　(4)　証拠書類等 ………………………………………………… *166*

　　　【文例53】　端数相当株式任意売却許可申立書（株式分割） ……………… *166*

　　　【文例54】　端数相当株式任意売却許可申立書（合併） ………………… *169*

　　　【文例55】　端数相当株式任意売却許可申立書（株式併合） …………… *171*

　　　【文例56】　端数相当株式任意売却申立書（全部取得条項付種類株式の取得） ………………………………………………… *174*

　　6　審理・裁判 ……………………………………………………… *177*

　　　(1)　審　理 ……………………………………………………… *177*

　　　(2)　裁　判 ……………………………………………………… *177*

15

目　次

　　　【文例57】　端数相当株式任意売却許可決定 ……………………… *177*
Ⅳ　株式・新株予約権の価格の決定 ……………………………………… *178*
　1　裁判所において株式・新株予約権の価格が決定される場合 …… *178*
　　(1)　反対株主の株式買取請求に際しての買取価格の決定 ………… *179*
　　(2)　定款変更、組織変更、組織再編に際しての新株予約権者
　　　　の買取請求権行使に際しての新株予約権の買取価格の決
　　　　定 …………………………………………………………………… *183*
　　(3)　単元未満株式の株主の買取請求権、売渡請求権行使に際
　　　　しての買取価格の決定 ………………………………………… *188*
　　(4)　全部取得条項付種類株式を会社が取得することを決定し
　　　　た場合および特別支配株主による売渡請求の価格の決定 …… *189*
　　(5)　譲渡制限株式の会社等による買取りに際しての売買価格
　　　　の決定 …………………………………………………………… *191*
　　(6)　相続人等に対する売渡しの請求の場合の売買価格の決定 …… *192*
　2　価格決定の基準 …………………………………………………… *194*
　　(1)　決定の基準 ……………………………………………………… *194*
　　(2)　評価方法 ………………………………………………………… *194*
　　(3)　裁判例の紹介 …………………………………………………… *195*
　3　反対株主等の株式買取請求に際しての株式・新株予約権の
　　価格決定 ……………………………………………………………… *204*
　　(1)　申立ての要件 …………………………………………………… *204*
　　(2)　申立ての手続 …………………………………………………… *205*
　　　【文例58】　合併に反対する株主の株式買取価格決定申立書 ………… *206*
　　　【文例59】　株主証明書 ……………………………………………… *208*
　　　【文例60】　決議反対通知書 ………………………………………… *209*
　　　【文例61】　株主総会議事録 ………………………………………… *209*

　　　　【文例62】　株式買取請求書 ·· 210
　4　単元未満株式の買取請求に際しての株式の価格決定 ················ 211
　　(1)　申立ての要件 ··· 211
　　(2)　申立ての手続 ··· 211
　　　　【文例63】　単元未満株式の株式買取価格決定申立書 ············· 212
　5　全部取得条項付種類株式の取得および特別支配株主の売渡
　　　請求における価格決定の申立て ·· 214
　　(1)　要　件 ··· 214
　　(2)　申立ての手続 ··· 215
　6　譲渡制限株式の売買価格の決定 ·· 216
　　(1)　申立ての要件 ··· 216
　　(2)　申立ての手続 ··· 217
　　　　【文例64】　株式売買価格決定申立書 ······························· 218
　　　　【文例65】　株式譲渡承認・買取請求書 ···························· 220
　　　　【文例66】　取締役会議事録 ··· 221
　　　　【文例67】　株式譲渡不承認通知書 ·································· 222
　　　　【文例68】　株式買取通知書 ··· 223
　7　審理・裁判 ··· 223
　　(1)　審　理 ··· 223
　　(2)　裁　判 ··· 224
　　　　【文例69】　株式売買価格決定 ·· 225
　　　　【文例70】　即時抗告申立書 ··· 226
Ⅴ　新株発行無効判決、自己株式処分無効判決、新株予約権発行
　　無効判決による払戻金増減の申立て ··· 228
　1　はじめに ··· 228
　2　申立ての要件 ··· 228

17

目 次

  3　申立ての手続 …………………………………………………… *228*
   (1)　管　轄 ……………………………………………………… *228*
   (2)　申立人 ……………………………………………………… *229*
   (3)　申立ての方式等 …………………………………………… *229*
  【文例71】　新株発行の無効判決による払戻金増額の申立書 ……… *229*
  4　審理・裁判 ……………………………………………………… *231*
   (1)　審　理 ……………………………………………………… *231*
   (2)　裁　判 ……………………………………………………… *231*
  【文例72】　新株発行無効判決による払戻金増額決定 …………… *232*
  【文例73】　即時抗告申立書 ………………………………………… *232*

第6章　社債に関する事件 …………………………………… *234*

I　社債管理者に関する事件 ………………………………………… *234*
 1　はじめに ………………………………………………………… *234*
 2　社債管理者による発行会社の業務財産状況調査許可申立て …… *235*
  (1)　はじめに …………………………………………………… *235*
  (2)　許可申立手続 ……………………………………………… *236*
  【文例74】　社債管理者による発行会社の業務財産状況調査許可
      申立書 ……………………………………………………… *236*
 3　審理・裁判 ……………………………………………………… *238*
  (1)　審　理 ……………………………………………………… *238*
  (2)　裁　判 ……………………………………………………… *238*
  【文例75】　社債管理者による発行会社の業務財産状況調査許可
      決定 ………………………………………………………… *239*
  【文例76】　即時抗告申立書 ………………………………………… *239*
 4　特別代理人の選任 ……………………………………………… *241*

目　次

　　(1)　はじめに ………………………………………………………… *241*
　　(2)　申立ての手続 …………………………………………………… *241*
　　(3)　審理・裁判 ……………………………………………………… *241*
　　【文例77】　特別代理人選任申立書 ………………………………… *242*
　5　社債管理者の辞任 …………………………………………………… *243*
　　(1)　はじめに ………………………………………………………… *243*
　　(2)　申立ての手続 …………………………………………………… *244*
　　(3)　審理・裁判 ……………………………………………………… *244*
　　【文例78】　社債管理者辞任許可申立書 …………………………… *244*
　6　社債管理者の解任 …………………………………………………… *246*
　　(1)　はじめに ………………………………………………………… *246*
　　(2)　申立ての手続 …………………………………………………… *246*
　　(3)　審理・裁判 ……………………………………………………… *247*
　　【文例79】　社債管理者解任請求申立書 …………………………… *247*
　7　社債管理者の承継社債管理者の設置 ……………………………… *249*
　　(1)　はじめに ………………………………………………………… *249*
　　(2)　申立ての手続 …………………………………………………… *249*
　　(3)　審理・裁判 ……………………………………………………… *250*
　　【文例80】　社債管理者の承継社債管理者選任許可申立書 ……… *250*
　8　報酬・費用 …………………………………………………………… *252*
　　(1)　はじめに ………………………………………………………… *252*
　　(2)　申立ての手続 …………………………………………………… *252*
　　(3)　審理・裁判 ……………………………………………………… *252*
　　【文例81】　社債管理者に対する報酬および費用の負担許可
　　　　　　　　申立書 ………………………………………………… *253*
Ⅱ　社債権者集会に関する事件 …………………………………………… *255*

19

目　次

　　1　社債権者集会の招集 ………………………………………………… *255*
　　　(1)　はじめに ……………………………………………………… *255*
　　　(2)　申立ての手続 ………………………………………………… *255*
　　　(3)　審理・裁判 …………………………………………………… *256*
　　　【文例82】　社債権者集会招集許可申立書 …………………… *256*
　　2　社債権者集会の決議 ………………………………………………… *258*
　　　(1)　社債権者集会決議許可申請の廃止 ………………………… *258*
　　　(2)　社債権者集会決議認可申立て ……………………………… *259*
　　　【文例83】　社債権者集会決議認可申立書 …………………… *260*
　　3　社債権者集会費用の負担 …………………………………………… *262*
　　4　社債権者異議期間伸長の申立て …………………………………… *262*
　　　(1)　はじめに ……………………………………………………… *262*
　　　(2)　申立ての手続 ………………………………………………… *263*
　　　(3)　審理・裁判 …………………………………………………… *263*
　　　【文例84】　社債権者異議期間伸長申立書 …………………… *264*
　　　【文例85】　社債権者異議期間伸長決定 ……………………… *265*
　　　【文例86】　即時抗告申立書 …………………………………… *266*

第7章　会社組織に関する事件 …………………………………… *268*

Ⅰ　合併に関する事件 ……………………………………………………… *268*
　　1　はじめに ……………………………………………………………… *268*
　　2　合併無効による負担部分または持分決定申立事件 ……………… *268*
　　　(1)　はじめに ……………………………………………………… *268*
　　　(2)　申立ての手続 ………………………………………………… *269*
　　　【文例87】　合併無効による負担部分および持分決定申立書 ………… *270*
　　　(3)　審理・裁判 …………………………………………………… *271*

目 次

II 会社分割に関する事件 ……………………………………………………… *272*
　1 はじめに ………………………………………………………………… *272*
　2 分割無効による負担部分または持分決定申立事件 ……………… *272*
　　(1) はじめに …………………………………………………………… *272*
　　(2) 申立ての手続 ……………………………………………………… *273*
　　【文例88】 会社分割無効判決確定の場合の分割会社の債務負担部
　　　　　　　分決定の申立て …………………………………………… *274*
　　(3) 審理・裁判 ………………………………………………………… *276*
　　【文例89】 会社分割無効判決確定の場合の分割会社の債務負担部
　　　　　　　分決定 ……………………………………………………… *277*
　　【文例90】 即時抗告申立書 ………………………………………… *277*

III 仮役員選任 …………………………………………………………………… *278*
　1 意 義 …………………………………………………………………… *278*
　2 申立ての要件 …………………………………………………………… *279*
　　(1) 法律または定款に定められた役員の員数が欠けた場合 ……… *279*
　　(2) 必要があると認められる場合 …………………………………… *280*
　3 申立ての手続 …………………………………………………………… *282*
　　(1) 管 轄 ……………………………………………………………… *282*
　　(2) 申立人 ……………………………………………………………… *282*
　　(3) 申立ての方式等 …………………………………………………… *282*
　　【文例91】 仮取締役兼仮代表取締役選任申立書 ………………… *283*
　　【文例92】 上申書 …………………………………………………… *284*
　　【文例93】 承諾書 …………………………………………………… *285*
　4 審理・裁判 ……………………………………………………………… *285*
　　【文例94】 仮取締役選任決定 ……………………………………… *286*
　5 仮役員の報酬 …………………………………………………………… *287*

21

目 次

　　　　【文例95】　報酬決定 ………………………………………………287
　　6　登　記 …………………………………………………………288
　　　　【文例96】　登記嘱託書 …………………………………………288
　　7　仮代表取締役と特別代理人 …………………………………289
　Ⅳ　取締役等の職務代行者による常務外行為の許可 ………………290
　　1　意　義 …………………………………………………………290
　　2　申立ての要件 …………………………………………………290
　　　(1)　常務の意義 ………………………………………………290
　　　(2)　具体的業務と常務 ………………………………………291
　　3　申立ての手続 …………………………………………………292
　　　(1)　管　轄 ……………………………………………………292
　　　(2)　申立人 ……………………………………………………293
　　　(3)　申立ての方式等 …………………………………………293
　　　　【文例97】　常務外行為許可申立書 ……………………………293
　　4　審理・裁判 ……………………………………………………294
　　　(1)　審　理 ……………………………………………………294
　　　(2)　常務外行為の許可基準 …………………………………294
　　　(3)　裁　判 ……………………………………………………295

第8章　清算に関する事件 ……………………………………296

　Ⅰ　清算人選任・解任 …………………………………………………297
　　1　選　任 …………………………………………………………297
　　　(1)　はじめに …………………………………………………297
　　　(2)　申立ての手続 ……………………………………………298
　　　　【文例98】　清算人選任申立書（株式会社）…………………299
　　　　【文例99】　清算人選任申立書（合資会社）…………………301

22

(3)　審理・裁判 …………………………………………………………*302*
　　　　【文例100】　清算人選任決定 …………………………………*304*
　　　(4)　清算事務の遂行 ……………………………………………………*304*
　2　解　任 ……………………………………………………………………*305*
　　　(1)　はじめに ……………………………………………………………*305*
　　　(2)　申立ての手続 ………………………………………………………*306*
　　　　【文例101】　清算人解任申立書 …………………………………*307*
　　　(3)　審理・裁判 …………………………………………………………*309*
　　　　【文例102】　清算人解任決定 …………………………………*310*
　　　(4)　登記嘱託 ……………………………………………………………*311*
　　　　【文例103】　登記嘱託書 ………………………………………*311*
II　会社解散命令 …………………………………………………………*312*
　1　はじめに …………………………………………………………………*312*
　2　申立ての要件 ……………………………………………………………*312*
　3　申立ての手続 ……………………………………………………………*313*
　　　(1)　管　轄 ………………………………………………………………*313*
　　　(2)　申立人 ………………………………………………………………*313*
　　　(3)　申立ての方式 ………………………………………………………*313*
　　　　【文例104】　会社解散命令申立書 ……………………………*313*
　4　審　理 ……………………………………………………………………*315*
　　　　【文例105】　法務大臣への通知書 ……………………………*315*
　5　裁　判 ……………………………………………………………………*316*
　　　　【文例106】　解散命令 …………………………………………*316*
　　　　【文例107】　即時抗告申立書 …………………………………*317*
　　　　【文例108】　抗告審決定 ………………………………………*318*
　6　登記嘱託 …………………………………………………………………*319*

目 次

   【文例109】 登記嘱託書 ·· *319*
 Ⅲ 外国会社の取引継続禁止または営業所閉鎖命令 ································ *320*
  1 はじめに ··· *320*
  2 申立ての要件 ··· *321*
  3 申立ての手続 ··· *321*
   (1) 管　轄 ·· *321*
   (2) 申立人 ·· *322*
   (3) 申立ての方式 ··· *322*
   【文例110】 外国会社の営業所閉鎖命令申立書 ································ *322*
  4 審　理 ·· *324*
  5 裁　判 ·· *324*
   【文例111】 外国会社の営業所閉鎖命令 ······································· *325*
   【文例112】 即時抗告申立書 ··· *326*
 Ⅳ 外国会社の内国財産の清算命令 ··· *327*
  1 はじめに ··· *327*
  2 申立ての手続 ··· *328*
   (1) 管　轄 ·· *328*
   (2) 申立人 ·· *328*
   (3) 申立ての方式 ··· *328*
   【文例113】 外国会社の清算開始・清算人選任申立書 ······················· *329*
  3 審理・裁判 ·· *331*
   【文例114】 外国会社の清算開始・清算人選任決定 ·························· *331*
   【文例115】 即時抗告申立書 ··· *332*
   【文例116】 登記嘱託書 ·· *334*
   【文例117】 報酬決定上申書 ··· *335*
   【文例118】 報酬決定 ··· *335*

　　　　4　清算事務の遂行 ………………………………………………… *336*
　　　　　【文例119】　清算事務状況報告書 ……………………………… *336*
　　　　　【文例120】　清算終結決定申立書 ……………………………… *338*
　　　　　【文例121】　清算終結決定 …………………………………… *340*
　Ⅴ　債権評価の鑑定人選任 ………………………………………………… *340*
　　　1　はじめに ……………………………………………………………… *340*
　　　2　申立ての手続 ………………………………………………………… *341*
　　　　(1)　管　轄 ………………………………………………………… *341*
　　　　(2)　申立人 ………………………………………………………… *341*
　　　　(3)　申立ての方式 ………………………………………………… *341*
　　　　　【文例122】　債権評価の鑑定人選任申立書 …………………… *341*
　　　3　審理・裁判 …………………………………………………………… *343*
　　　　　【文例123】　債権評価の鑑定人選任決定 ……………………… *343*
　Ⅵ　債務弁済許可 …………………………………………………………… *344*
　　　1　はじめに ……………………………………………………………… *344*
　　　2　申立ての手続 ………………………………………………………… *345*
　　　　(1)　管　轄 ………………………………………………………… *345*
　　　　(2)　申立人 ………………………………………………………… *345*
　　　　(3)　申立ての方式 ………………………………………………… *345*
　　　　　【文例124】　債務弁済許可申立書（少額債権の弁済） ……… *345*
　　　　　【文例125】　債務弁済許可申立書（担保付き債権の弁済） … *347*
　　　3　審理・裁判 …………………………………………………………… *349*
　　　　　【文例126】　債務弁済許可決定（少額債権の弁済） ………… *349*
　Ⅶ　帳簿資料保存者選任 …………………………………………………… *350*
　　　1　はじめに ……………………………………………………………… *350*
　　　2　申立ての手続 ………………………………………………………… *351*

　　　　(1) 管　轄 ……………………………………………………………… *351*
　　　　(2) 申立人 ……………………………………………………………… *351*
　　　　(3) 申立ての方式 ……………………………………………………… *351*
　　　　　【文例127】 帳簿資料保存者選任申立書（保存者が個人） ………… *352*
　　　　　【文例128】 帳簿資料保存者選任申立書（保存者が法人） ………… *353*
　　3　審理・裁判 ……………………………………………………………… *354*
　　　　　【文例129】 帳簿資料保存者選任決定 ……………………………… *354*

第9章　過料事件 ……………………………………………………………… *356*

Ⅰ　はじめに ……………………………………………………………………… *356*
Ⅱ　審理・裁判 …………………………………………………………………… *357*
　1　過料に処せられるべき者（主体） ……………………………………… *357*
　2　管　轄 …………………………………………………………………… *358*
　3　手続の開始 ……………………………………………………………… *358*
　4　審　理 …………………………………………………………………… *359*
　5　略式手続 ………………………………………………………………… *359*
　　　　【文例130】 登記官の懈怠通知　①商業、②法人 ………………… *360*
　6　裁　判 …………………………………………………………………… *362*
　　　　【文例131】 過料決定(1)（選任懈怠①） ……………………………… *364*
　　　　【文例132】 過料決定(2)（選任懈怠②） ……………………………… *365*
　　　　【文例133】 過料決定(3)（登記懈怠） ………………………………… *366*
　　　　【文例134】 過料決定(4)（選任および登記懈怠） …………………… *367*
　7　裁判の告知 ……………………………………………………………… *368*
　8　異議の申立て …………………………………………………………… *368*
　9　正式手続 ………………………………………………………………… *369*
　　　　【文例135】 催告書 …………………………………………………… *369*

10	即時抗告 ……………………………………………………………	*370*
11	費用の負担 …………………………………………………………	*370*
12	過料の裁判の執行 …………………………………………………	*370*
13	再　審 ………………………………………………………………	*371*
14	時　効 ………………………………………………………………	*371*
15	被審人の死亡 ………………………………………………………	*371*

●執筆者一覧● ……………………………………………………………*372*

凡　例

凡　例

〔法令〕

　本文中、法令名のない条文は会社法のものである（ただし、他の法令とまぎらわしいときは、下記の略語を使用した）。

- 会　　　　　　　会社法
- 施行規則　　　　会社法施行規則
- 会社非訟規則　　会社非訟事件等手続規則（平成18年最高裁判所規則第1号）
- 非訟　　　　　　非訟事件手続法（平成23年法律第51号）
- 非訟規則　　　　非訟事件手続規則（平成24年最高裁判所規則第7号）
- 旧非訟　　　　　非訟事件手続法（平成23年法律第51号による改正前の明治31年法律第14号）
- 非訟整備　　　　非訟事件手続法及び家事事件手続法の施行に伴う関係法律整備法
- 社債株式振替　　社債、株式等の振替に関する法律
- 整備　　　　　　会社法の施行に伴う関係法律の整備等に関する法律（平成17年法律第87号）
- 旧商　　　　　　商法（平成17年法律第87号改正以前の同法）
- 旧有限　　　　　有限会社法（平成17年法律第87号により廃止）
- 民　　　　　　　民法
- 破　　　　　　　破産法
- 担信　　　　　　担保付社債信託法
- 民訴　　　　　　民事訴訟法
- 民訴規則　　　　民事訴訟規則
- 民訴費　　　　　民事訴訟費用等に関する法律
- 旧監査特例　　　株式会社の監査等に関する商法の特例に関する法律（平成17年法律第87号により廃止）
- 商登　　　　　　商業登記法
- 商登規　　　　　商業登記規則

凡　例

- 商登準則　　商業登記手続準則
- 刑訴　　　　刑事訴訟法

〔判例集・雑誌〕

- 民集　　　　最高裁判所民事判例集・大審院民事判例集
- 民録　　　　大審院民事判決録
- 高民集　　　高等裁判所民事判例集
- 下民集　　　下級裁判所民事裁判例集
- 東高時報　　東京高等裁判所判決時報
- 新聞　　　　法律新聞
- 判時　　　　判例時報
- 判タ　　　　判例タイムズ
- 金商　　　　金融・商事判例
- 金法　　　　金融法務事情
- 商事　　　　商事法務
- ジュリ　　　ジュリスト
- 法セミ　　　法学セミナー
- 法協　　　　法律協会雑誌

〔文献〕

江頭・会社法	江頭憲治郎『株式会社法〔第7版〕』
上柳ほか・注釈	上柳克郎ほか編『新版　注釈会社法』
東京地裁・類型別	東京地方裁判所商事研究会編『類型別会社非訟』
東京地裁・実務	東京地裁商事研究会編『商事非訟・保全事件の実務』
山口・大系	山口和男編『裁判実務大系21巻』
山口・実務	山口和男編『会社訴訟非訟の実務〔改訂版〕』
大阪地裁・実務ガイド	大阪地方裁判所商事研究会著『実務ガイド新・会社非訟〔増補改訂版〕』
コンメンタール	江頭憲治郎ほか編『会社法コンメンタール』

29

第1章　会社非訟事件の概要

I　会社非訟事件の意義

　会社非訟事件とは、会社法の規定による非訟事件である（会社非訟規則1条参照）。

　非訟事件とは、私人の保護、助成ないし監督という国家の目的を達成するために、裁判所が国家機関として有する形成機能を発動して、私人の権利関係の変更に乗り出す事件であり（広島高判昭36・5・26高民集14巻3号24頁）、終局的に事実を確定し当事者の主張する権利・義務の存否を確定するための訴訟手続によるべき裁判を除く、その余の裁判事件をいう（最大決昭35・7・6民集14巻9号1657頁）。

　会社は、複数の構成員たる社員が結合することを前提とし、かつ、構成員とは別個の法人格が付与される。構成員相互の利害は必ずしも一致しないことから、構成員は会社の行為に対する権限に一定の制約を受けることとなる。そこで、構成員と会社の権利義務関係の調整（会社を通じた構成員相互の利害の調整）のために会社非訟手続の制度が設けられている。

II　会　社

1　はじめに

　会社について、3条は法人であると規定し、会社法上は明文の規定はないが、一種の社団法人であると解される（江頭・会社法26頁）。

　会社法上の会社としては、合名会社、合資会社、合同会社（以上が持分会社

と称される）と株式会社とが認められている（2条1号）。有限会社制度は会社法の施行により廃止され、会社法施行前に設立された有限会社のみが特例有限会社として残ることとなった。

以下、会社非訟事件の対象となる各種会社について概観する。

2　合名会社

合名会社は、無限責任社員のみからなる一元的組織の会社である（576条2項）。無限責任社員は、会社債権者に対して、直接、連帯、無限の責任を負担する（580条1項）。

その反面、各社員は業務を執行する権限を有し、義務を負う（590条1項）。業務執行は、原則として、社員の過半数の決議によって行う（590条2項）。

人的信頼関係のある少人数の社団に適する形態である。実質的には、組合に近く、諸外国の法制度では法人ではないとする例もあるが、わが国においては、企業の統一性と永続性の付与のため法人格が付与されている。

3　合資会社

合資会社は、無限責任社員および有限責任社員からなる二元的組織の会社である(576条3項)。有限責任社員の会社債権者に対する責任は、出資額を限度とする直接、連帯責任である(580条2項)。会社法施行以前において、合資会社の有限責任社員は、会社の経営には参画せず(旧商156条)、利益の分配にのみ与るに過ぎないとされていたが、この規定は撤廃され、無限責任、有限責任を問わず、社員が業務執行を行うこととされている（590条1項）。

4　合同会社

合同会社は、会社法施行により新設された制度であり、有限責任社員のみで構成される持分会社である(576条4項)。株式会社と異なり、内部の規律は

合名会社、合同会社と同様、組合的なものとされている（585・590条1項ほか）。その反面、社員全員が有限責任であることから、計算・利益の配当・出資の払戻しに関しては、株式会社と同等の規律がなされ（625条ないし634条）、退社に伴う持分の払戻しについても債権者保護手続を要するなどの規制がなされている（635条・636条）。

5　株式会社

　株式会社は、間接有限責任社員のみからなる一元的組織の会社である。社員の地位が株式という割合的単位に細分化され、社員すなわち株主は、株式の引受価額を限度として会社に対する出資義務を負担するにとどまり（104条）、会社債権者に対して直接の責任は負担しない。

　反面、株式会社の信用はもっぱら会社財産の上におかれるため、物的会社と呼ばれ、株主への出資の払戻しには財源による制限がある。業務執行および会社代表は取締役、執行役に委ねられる。多数の者から出資を受けることを前提としており、出資者たる株主の経営の関与は、株主総会における議決権の行使が基本となり、多数決により決せられるため、利害調整の必要な場面が多いことから、会社非訟手続のほとんどは株式会社に関するものである。

III　会社非訟事件の種類

　会社非訟事件には、次のようなものがある。
　なお、特別清算も厳密には会社非訟事件であるが、独立の法的倒産手続であるから、本書の対象外とした。

1　会社設立に際する調査に関する事件（検査役選任申立て）
　(1)　現物出資（33条1項・28条1号）
　(2)　譲受財産（財産引受け）（33条1項・28条2号）

(3)　発起人報酬（33条1項・28条3号）

　(4)　設立費用（33条1項・28条4号）

2　業務および財産の調査に関する事件

　(1)　株主・債権者による取締役会議事録、監査役会議事録、委員会議事録閲覧謄写の許可（371条3項・4項・394条2項・399条の11第2項・3項・413条3項・4項）

　(2)　親会社の社員による子会社の定款、株主名簿、新株予約権原簿、取締役会議事録、監査役会議事録、委員会議事録、株主総会議事録等、会計帳簿等の閲覧謄写の許可（31条3項・125条4項・252条4項・318条5項・319条4項・371条5項・378条3項・394条3項・399条の11第3項・413条4項・433条3項・442条4項・684条2項）

　(3)　業務執行に関する検査役の選任（358条）

　(4)　合名会社・合資会社の持分差押債権者による保全申立て（609条3項）

3　株主総会に関する事件

　(1)　株主総会招集許可（297条4項）

　(2)　総会検査役の選任（306条）

4　株式および新株予約権に関する事件

　(1)　現物出資に関する検査役選任（207条1項・284条1項）

　(2)　所在不明株主の株式の任意売却許可（197条2項）

　(3)　端数相当株式任意売却許可（234条2項・235条）

　(4)　株式の価格の決定

　　(イ)　反対株主の株式買取請求

　　　(A)　株式譲渡制限・全部取得条項を設定する定款変更（117条）

　　　(B)　種類株主に損害を及ぼすおそれのある株式の併合等（117条）

　　　(C)　事業譲渡、子会社株式の譲渡等（470条）

　　　(D)　合併、会社分割、株式交換、株式移転（786条・798条・807条）

(ロ)　譲渡制限株式の会社または指定買取人による買取りに際しての売買価格の決定（144条）

　　　(ハ)　全部取得条項付種類株式の取得に際しての取得価格の決定（172条）

　　　(ニ)　特別支配株主の株式等売渡請求に際しての売買価格の決定（179条の8）

　　　(ホ)　相続人等に対する売渡請求（177条）

　　　(ヘ)　単元未満株式等買取価格決定（193条）

　　(5)　新株予約権の価格の決定

　　　(イ)　株式に譲渡制限、全部取得条項を設定する定款変更（119条）

　　　(ロ)　組織変更、合併、会社分割、株式交換、株式移転（778条・788条・809条）

　　(6)　現物配当の価格の決定（455条2項）

　　(7)　新株発行無効判決、新株予約権発行無効判決による払戻増減（840条2項・842条2項）

　5　社債に関する事件

　　(1)　社債管理者に関する事件

　　　(イ)　社債管理者による発行会社の業務財産状況調査許可（705条4項・706条4項）

　　　(ロ)　特別代理人の選任（707条）

　　　(ハ)　社債管理者の辞任許可（711条3項）

　　　(ニ)　社債管理者の解任（713条）

　　　(ホ)　承継社債管理者選定許可（714条1項）

　　　(ヘ)　承継社債管理者選任（714条3項）

　　　(ト)　報酬・費用の許可（741条1項）

　　(2)　社債権者集会に関する事件

　　　(イ)　社債権者集会招集許可（718条3項）

(ロ) 決議認可（732条）

(ハ) 費用の負担者の決定（742条2項）

(ニ) 社債権者異議期間の伸長（740条1項後段）

6　会社組織に関する事件

(1) 合併に関する事件

・合併無効判決確定による債務負担部分・財産持分決定（843条4項）

(2) 会社分割に関する事件

・会社分割無効判決確定の場合の分割会社の債務負担部分、財産持分決定（843条4項）

(3) 一時取締役等に関する事件

・一時取締役等選任（346条2項・351条2項・401条3項）

(4) 職務代行者に関する事件

・職務代行者常務外行為許可（352条）

7　清算に関する事件

(1) 清算人・代表清算人の選任、解任

(イ) 選任（478条2項・3項・4項・483条5項・647条2項・3項・4項・655条5項・822条2項）

(ロ) 解任（479条2項・648条3項・882条2項）

(2) 親会社社員の貸借対照表等の閲覧謄写の許可（496条3項）

(3) 債務弁済許可（500条2項・661条2項）

(4) 債権評価の鑑定人選任（501条1項・662条1項・882条2項）

(5) 金銭以外の残余財産の価額の決定（505条3項）

(6) 帳簿資料保存者選任（508条2項・672条3項・882条2項）

(7) 外国法人の内国財産の清算開始命令（822条1項）

(8) 会社解散命令（824条1項）、会社財産に関する保全処分（825条1項）

(9) 外国法人の営業所閉鎖命令（827条）

8 過料事件

・登記懈怠等（976条ないし979条）

IV　会社非訟事件の審理

1　非訟事件手続法等の改正

　会社非訟事件については、会社法第7編第3章(868条ないし906条)、非訟事件手続法、会社非訟事件等手続規則、非訟事件手続規則の規定が適用される。

　非訟事件手続法については、平成25年1月1日に施行された非訟事件手続法(平成23年法律第51号。以下、旧法と区別する場合においては、「新非訟事件手続法」という）による改正前の非訟事件手続法（明治31年法律第14号。以下、新法と区別する場合においては「旧非訟事件手続法」という）は、明治31年の制定以来大きな改正が行われておらず、片仮名表記のままであり、多様化した手続に対応した整備がなされていなかった。会社非訟事件に関しても、非訟事件とはいうものの、相対立する当事者間の紛争性の強いものもあり、当事者の手続保障が十分でないとの指摘もなされていた。

　新非訟事件手続法と同時に、非訟事件手続法及び家事事件手続法の施行に伴う関係法律の整備等に関する法律（平成23年法律第53号。以下、「非訟整備法」という）も公布され、非訟整備法により会社法の非訟事件に関係する規定の改正も行われ、これらの問題への対応が図られた（金子修ほか「新非訟事件手続法の概要と会社法等の解説」商事1939号68頁）。

　新非訟事件手続法および非訟整備法の施行に合わせて、非訟事件手続規則（平成24年最高裁判所規則第7号）が施行され、会社非訟事件等手続規則についても改正がなされ、新非訟事件手続法と同日に施行された。

　以下においては、改正後の規律を前提として会社非訟事件の手続の概要に

ついて説明する。

2　会社非訟事件の手続の概要

(1)　申立て、参加申出

　新非訟事件手続法の施行前から、会社非訟事件については会社非訟事件等手続規則により書面による申立てが要求されていたが、新非訟事件手続法においては、非訟事件全般について書面による申立てが要求されることとなり（非訟43条1項）、記載事項についても、当事者および法定代理人、申立ての趣旨および原因を記載すべきことが定められた（非訟43条2項）。

　新非訟事件手続法においては、併合申立てが可能であること（非訟43条3項）、裁判長による補正命令等についても規定がおかれ（同条4項ないし6項）、申立ての基礎に変更がない場合には申立ての趣旨・原因の変更も可能であることが明文化された（非訟44条）。

　非訟整備法による改正後の会社法では紛争性の強い会社非訟事件が特定され（議事録・帳簿等の閲覧等の許可、株式等の価格の決定、合併等の無効の場合の債務負担部分等の決定。870条2項）、これらの事件については、裁判所は陳述を聴かなければならない者に対し申立書の写しを送付しなければならないこと、したがって、申立書には陳述を聴かなければならない者の数と同数の申立書の写しを添付しなければならないことも明確化された（870条の2第1項ないし3項、会社非訟規則6条）。

　当事者となる資格を有する者も、当事者参加の申出（非訟20条1項。申立期間を経過した場合には利害関係参加の申出ができるのみである）をしなければ、当事者としての手続遂行はできず、紛争性の強い会社非訟事件においても、整備法による改正後の会社法870条2項の規定により陳述を聴かなければならない者、裁判を受ける者となるべき者、裁判の結果により直接影響を受ける

Ⅳ　会社非訟事件の審理

者（範囲については、大阪地裁・実務ガイド47頁・48頁に詳しく整理されている）
も、利害関係参加の申出（非訟21条1項・2項）がなされなければ関係人にと
どまり（非訟26条2項）、証拠調べの申立て等をすることができない（大阪地裁・
実務ガイド27頁。なお、当事者となる資格を有する者、裁判の結果により直接影響
を受ける者の利害関係参加には裁判所の許可を要する。非訟21条2項）。参加申出
があった場合には参加申出書（非訟20条2項・21条3項）の写しの送付が必要
であり、参加申出書には当事者および利害関係参加人の数と同数の参加申出
書の写しを添付しなければならないこと（会社非訟規則7条1項）も申立書と
同様である（非訟規則15条2項・3項においては通知が求められているところ、会
社非訟規則7条2項において、当該通知は参加申出書の写しを送付する方法による
ものと定められている）。

　さらに、紛争性の強い会社非訟事件については、申立ての趣旨・原因の変
更があった場合には、変更申立書あるいは期日調書の謄本が送付され（会社非
訟規則8条）、申立ての取下げがあった場合にはその旨が通知される（会社非訟
規則9条）。

　新非訟事件手続法、改正後の会社非訟事件等手続規則の規定による申立書
の記載事項は以下のとおりである。

① 　当事者および法定代理人（非訟43条1項）
② 　申立ての趣旨（非訟43条2項2号、会社非訟規則2条1項柱書）
③ 　申立ての原因（同上）
④ 　申立てを理由づける事実（非訟規則37条1項。なお、申立書に申立てを理
　　由づける事実以外の事実を記載する場合には、できる限り申立てを理由づける
　　事実と区別して記載しなければならない。非訟規則37条2項）
⑤ 　申立人の住所および氏名並びに法定代理人がいる場合のその住所およ
　　び氏名（会社非訟規則2条1項1号）
⑥ 　申立てにかかる会社の商号、本店所在地および代表者の氏名（同項2

号）
⑦ 代理人による申立ての場合のその住所および氏名（同条2項1号）
⑧ 申立てにかかる会社が外国会社であるときはその日本における営業所の所在地あるいは日本に営業所を設けていない場合の日本における代表者の住所地（同項2号）
⑨ 申立てを理由づける具体的な事実ごとの証拠（同項3号）
⑩ 事件の表示（同項4号）
⑪ 附属書類の表示（同項5号）
⑫ 申立ての年月日（同項6号）
⑬ 裁判所の表示（同項7号）
⑭ 申立人または代理人の郵便番号、電話番号およびファクシミリ番号(同項8号)
⑮ その他裁判所が定める事項（同項9号）
⑯ 送達場所（民訴104条1項、非訟38条、非訟規則35条）

(2) 申立書の添付書類

申立書には、以下の書類の添付が義務づけられている。
① 申立ての原因となる事実についての証拠書類の写し（非訟規則37条3項）
② 代理人がいる場合の代理権限を証明する書面（非訟規則16条1項）
③ 申立てにかかる会社の登記事項証明書（会社非訟規則3条1項1号）
④ 当事者が法人の場合の資格証明書、権利能力なき社団または財団の場合の定款等（非訟規則12条、民訴規則14条・15条・18条）
⑤ 社債権者集会の決議の認可の申立てにおける社債権者集会議事録の写し（会社非訟規則3条1項2号）
⑥ 新株発行無効判決等による払戻金増減の申立てにおける新株発行無効

判決の判決書の写しおよび確定証明書（同項3号）
⑦　会社分割無効判決があった場合の債務負担部分決定の申立てにおける会社分割無効判決の判決書の写しおよび確定証明書（同項4号）
⑧　会社法870条2項各号の申立ての場合の申立書の写し（870条の2第1項。なお、清算人選任申立事件においても非訟事件手続規則3条2項に基づき、行うべき清算事務を把握させるために必要として申立書の写しの添付が求められることがある）

(3) 参加申出

　会社非訟事件においては、一定の事件について、申立人以外に一定の範囲の者について、陳述を聴くべきことが定められているが(870条)、これらの陳述を聴くべき者も、会社非訟事件においては、直ちには当事者とされず、当事者となる資格を有する者、裁判を受ける者となるべき者、裁判の結果により直接の影響を受ける者は、当事者として、あるいは、利害関係人として参加することによって、手続上の権能を有することとなる。
　従来は、たとえば、譲渡制限株式の売買価格の決定（144条2項等）において、譲渡承認請求を行った者が申し立てた事件においては、会社あるいは指定買取人は「相手方」と位置付けられていたが、新非訟事件手続法のもとでは、直ちには当事者とはならないため、会社法870条2項により審問期日を開いて陳述を聴かれる立場にあるものの、鑑定申出などの手続行為を行うことはできない。
　当事者となる資格を有する者は、自ら申立てを行うほか、他の申立人となり資格を有する者が申し立ててすでに係属する事件に、当事者参加をすることによって、当該事件の手続を利用することができる（非訟20条1項）。ただし、株式売買価格の決定など、申立ての期間が定められている事件においては、その期間内に行う必要があり、これを経過すると、裁判所の許可を得て

第1章　会社非訟事件の概要

利害関係人として参加することとなる（非訟21条2項）。

　裁判を受ける者は、利害関係人参加の申出を行うことにより、利害関係人として手続に参加することになる（非訟21条1項）。ただし、利害関係参加人は、申立ての取下げ、変更、裁判に対する不服申立ての取下げなど、性質上当事者としてしかすることができない手続行為は行うことができない（非訟21条5項）。

　裁判の結果により直接影響を受ける者も、裁判所の許可を得て、利害関係人として参加することができる（非訟21条2項）。

　当事者となる資格を有する者の当事者参加の申出、裁判を受ける者となるべき者の利害関係参加の申出は、参加の趣旨および理由（非訟20条2項・21条3項）その他会社非訟事件手続規則2条所定の事項（前記(1)参照）を記載した申出書に、当事者となる資格を有する者、裁判を受ける者となるべき者であることを明らかにする資料（非訟規則15条1項・4項）、申出書写し（会社非訟規則7条1項）を添付して行う。申出を認める場合は特段の裁判は行われず、以後、当事者、利害関係参加人として扱われ、申立人、他の利害関係参加人には申出書の写しを送付する方法で通知される（会社非訟規則7条2項および3項、非訟規則15条2項）。申出を認めない場合には裁判所は決定でこれを却下し、この決定に対しては1週間の抗告期間内に即時抗告をすることができる（非訟20条3項・21条4項・81条）。

　当事者となる資格を有する者、裁判の結果により直接影響を受ける者の利害関係人参加の許可申立ても、参加申出の方法と同様である（非訟21条3項）。ただし、参加を認める場合には申立書の余白に許可する旨の主文を記載し裁判官が記名押印するなどの方法により決定がなされ、あるいは、期日において調書に記載する方法によりなされる（非訟規則20条1項6号・47条1項）。参加を認める決定がなされると当事者および利害関係参加人に対して申出書の写しを送付する方法で通知される（会社非訟規則7条3項）。なお、却下

決定に対して不服申立てはできない。

【文例1】 利害関係参加申出書

事件番号　平成○年(ヒ)第○○号　○○○○申立事件
申立人　○　○　○　○

利害関係参加申出書

平成○年○月○日

○○地方裁判所第○民事部　御中

利害関係参加人代理人弁護士　○　○　○　○　㊞

　　　　　〒000-0000　○○市○○区○○△丁目△番△号
　　　　　　　　　　利害関係参加人　株式会社○○○
　　　　　　　　　　同代表者代表取締役　○　○　○　○

(送達場所)〒000-0000　○○市○○区○○△丁目△番△号
　　　　　　　　　　上記代理人弁護士　○　○　○　○
　　　　　　　　　　　　　　TEL　06-6363-0000
　　　　　　　　　　　　　　FAX　06-6363-0000

参加の趣旨

　上記申立人が申し立てた，御庁平成○年(ヒ)第○○号○○○○申立事件について，同事件の手続に利害関係参加する。

参加の理由

(省略)

添付書類

(省略)

---

(4) 審理および審問期日

　審問期日が非公開とされている点（非訟30条）は従前と同様であるが、新非訟事件手続法においては、非訟事件の期日についても、受命裁判官により手続を行うこと（非訟46条）、電話会議システム、テレビ会議システムを利用することが認められたほか（非訟47条）、証拠調べの期日以外で裁判長がその必要がないと認める場合を除き、期日の調書の作成が義務づけられた（非訟31条）。

　また、非訟事件においても専門委員の制度（非訟33条）が導入されたほか、証拠調べについては当事者および参加人に申立権を認め（非訟49条1項・21条5項）、自白（民訴179条）や当事者尋問の不出頭等・文書提出命令の拒絶の場合の真実擬制（民訴208条・224条）などの真実主義・職権探知主義を採用する非訟事件に沿わない規定等の一部を除き、書証等も含めた証拠調べについての民事訴訟法の規定が準用されるなど、民事訴訟とほぼ同様の規律となった（非訟53条）。

　さらに、紛争性の強い会社非訟事件については、申立てが不適法あるいは理由がないことが明らかであるとして却下される場合を除き、審問期日を開いて申立人以外の者の陳述を聴かなければならないこと(870条2項。改正前は審問期日を開くことは義務づけられていなかった)、審理を終結する日もあらかじめ定めて当事者等に告知しなければならないこと（870条の2第5項）、裁判をする日も告知しなければならないこと(870条の2第6項)が定められ、当事者等の主張、反論の機会が確保され、不服申立てなど裁判後の対応に備えることができるように配慮されることとなった。

(5) 裁判および和解等による手続の終了

　非訟事件の裁判は決定の方法によることとされ（非訟54条）、即時抗告ので

きない決定について申立書あるいは調書に主文を記載する方法も認められるが、それ以外は裁判書が作成される（非訟57条1項）。

会社非訟事件については、理由の要旨の記載を必要とする非訟事件手続法57条2項2号の適用が排除されており（875条）、一時取締役等の裁判所が選任した者の報酬の額の決定の裁判および不服申立てのできない裁判については理由の記載は不要とされている（871条）。

また、新非訟事件手続法においては、非訟事件全般について、終局決定の効力発生時期が明確化され、申立てを却下する終局決定以外の終局決定については裁判を受ける者（複数の場合はそのうちの一人）に告知された時、申立てを却下する終局決定については申立人に告知された時に効力が生じることが明確化された（非訟56条2項・3項）。

さらに、申立人は終局決定が確定するまで申立てを取り下げることによって終了させることができることが明確化され（ただし、終局決定がされた後は裁判所の許可を要する。また、参加人の同意は不要である）（非訟63条1項）、和解により手続を終了させることができることとなり、和解調書が確定した終局決定と同一の効力を有するものとされた（非訟65条）。

(6) 手続費用の裁判

手続費用については、費用償還の回避と公平の観点から各自負担の原則がとられることとなった（非訟26条1項）。裁判所は、事情により、当事者、利害関係参加人等に全部または一部を負担させることができ（非訟26条2項）、事件を完結する裁判の主文において手続費用についての裁判もなされることとなった（非訟28条1項）。

(7) 不服申立て

改正前においては、終局決定に対する不服申立ては、特別の定めがある場

合のみ即時抗告により、それ以外は申立期間の制限のない通常抗告によることとされていたのに対して、新非訟事件手続法においては、即時抗告に統一され、終局決定に対する即時抗告については、期間は2週間とされている（非訟67条。それ以外の決定については1週間。非訟81条）。

終局決定は、即時抗告期間内は確定せず、即時抗告期間内に即時抗告の提起があった場合も同様である（非訟56条4項・5項）。

終局決定に対してなされた即時抗告については、抗告人以外の当事者、利害関係参加人に対して抗告状の写しを送付しなければならないこととされ（非訟69条。したがって、抗告状には、抗告人以外の当事者および利害関係参加人の数と同数の写しの添付が必要となる。非訟規則51条。会社法870条2項各号所定の裁判の場合、申立人および同項各号に定める者の数が必要となる。872条の2第1項、会社非訟規則9条の2）、原審における当事者および裁判を受ける者の陳述を聴かなければ原裁判所の終結決定を取り消すことができないこととされ（非訟70条）、当事者等の主張、反論の機会が確保されることとなった。

また、抗告人以外の当事者等に抗告状の写しの送付しなければならないことが規定されたほか、原審についての規定を準用して抗告審においても審理終結日の告知、裁判をする日の告知を行うべきことが定められている（872条の2）。

その他、終局決定が当初から不当、あるいは事後的な理由により不当または不適切と認められるようになった場合の職権による取消しの制度がある（非訟59条）。

3　個別株主通知

会社非訟事件においては、株主・社員が申立人となる手続が多く、その場合においては、申立人は自らが株主であることの疎明を行う必要がある。また、一定の数の株式を保有していること、あるいは、一定の期間継続して保

有していることが権利行使の要件となる場合があり、その場合にも、当該数の株式の保有、当該期間の継続保有の疎明が必要となる。

　社債、株式等の振替に関する法律による振替制度の対象である振替株式（社債株式振替128条1項）以外の株式の保有に関しては、株主名簿、株券発行会社においては株券、株券発行会社でない場合には株主名簿記載事項を記載した書面（122条1項）などにより疎明することとなる。

　振替株式については、基準日を設けて行使することができる者が定められた権利（124条1項）以外の権利（少数株主権等）については、個別株主通知を行うことが要求される（社債株式振替154条3項）。個別株主通知には一定の日数が必要となるところ、会社が申立人の申立適格を争った場合には、申立人において個別株主通知の申出を行い、審理終結までに個別株主通知がなされることが必要であるとするのが判例であり（最決平22・12・7判時2102号147頁）、それは、会社が争った時点において、すでに上場廃止となっており、個別通知がなされなくなっている場合でも同様であるとされている（最決平24・3・28判時2157号104頁）。

第2章　会社設立に関する事件（検査役選任申立て）

I　会社設立と検査役

1　検査役選任の意義

　株式会社は有限責任のみを負う株主からなる会社であり、取引先は原則として会社固有財産のみを引当てとして取引関係に入ることになる。そのため、株式会社については資本充実の原則が存在する。会社法28条に規定されている変態設立事項（現物出資、財産引受け、発起人の報酬等、設立費用）については、発起人が自らの不当な利益を図る場合には、会社の財産的基盤を危うくし、資本充実を損なう危険を有するものであるから、裁判所の選任する中立公正な機関である検査役の調査を要するものとしたのである。なお、かつて、発起設立については変態設立事項の有無にかかわらず、発起人による株式の払込み・現物出資の給付の有無の調査のため、検査役の選任を要することとなっていたが、平成2年改正商法により、発起設立の場合も払込みの場所を「銀行又は信託会社」とすることが必要となり、払込金保管証明書の発給が可能となったため、発起人の払込みについての検査役の選任を定めた規定は削除された。現行法においては、先に述べたとおり、発起設立・募集設立いずれにおいても、検査役の選任は変態設立事項の調査の場合に限定されている。

　なお、事後設立も、株式会社成立後短期間の間に、会社の成立前より存在する財産であって、その営業のために使用しているものを取得することを容易に認めると、設立時の現物出資、財産引受けの規制が潜脱されるので、平成2年商法改正時に、検査役による調査を要することとされた（旧商246条2

項）が、会社法においては、一般の取引によって会社財産が害されることは会社設立後の経過年数にかかわらず起こりうることであること等の理由から、制度自体の合理性が乏しいとして、この規定は廃止された。

平成14年5月22日成立した「商法等の一部を改正する法律」は、設立時の現物出資および財産引受けの対象となる財産、事後設立の目的である財産並びに新株発行時における現物出資の目的である財産について、その価格等が相当であることにつき、弁護士等の証明を受けた場合には、検査役の選任を裁判所に請求することを要しないものとした（旧商173条2項）。

会社法においてもこの制度は継承されている（33条10項3号）。さらに、この弁護士等の証明も不要な場合として、①定款に記載された財産の総額が資本の額の5分の1を超えず、かつ、500万円以下の場合（旧商173条2項1号）、②取引所の相場ある有価証券で、定款にも記載された価格が相場を超えない場合（旧商173条2項2号）があったが、会社法においては、①につき、資本の額の5分の1との要件が撤廃され（33条10項1号）、②につき、「取引所の相場」との要件が「市場価格」と変更され（33条10項2号）、いずれも要件が緩和された。

検査役は調査結果を書面または電磁的記録により裁判所に報告する義務があり、裁判所は、検査につき補足説明が必要であると判断したときは、検査役に報告を求めることができる（33条4項・5項）。

また、裁判所は、検査役が調査の結果を報告すべき期限を定めることができる（会社非訟規則10条）。

裁判所が調査の結果、変態設立事項を不当と認めた場合には、これを変更する決定をしなければならない（33条7項）。裁判所は、この決定をするには、設立時の取締役、金銭以外の財産を出資する者、あるいは財産を譲渡する者の陳述を聴かなければならない（870条1項3号）。

【文例2】は、【文例8】の調査報告書において、仮に不当意見が報告され

第2章　会社設立に関する事件（検査役選任申立て）

た場合の変更決定の例である（Ⅱ1(4)（検査役の報告）参照）。

　これに対し、募集設立の場合には、検査役の報告書が創立総会に提出される（87条2項）とともに、取締役、監査役の調査結果も報告され（93条）、創立総会は定款を変更できるものと定められている（96条）。

【文例2】　変更決定

平成○年(ヒ)第○○号　検査役選任申立事件

　　　　　　　　　　　決　　　定

　　　　　○○市○○区○○1丁目2番3号
　　　　　　　　申　立　人　○　○　○　○
　　　　　　　　同代理人弁護士　○　○　○　○

　　　　　　　　　　　主　　　文

　　現物出資者○○○○の出資の目的たる別紙財産目録（略）記載の財産の価額○○円とあるを●●円，これに対して割り当てる株式数△△株とあるを▲▲株と変更する。

　　　　　　　　　　　理　　　由

　　検査役○○○○の調査報告書によると株式会社○○○○に対する現物出資者○○○○の現物出資の目的たる財産の評価額は金●●円，これに対して割り当てる株式の総数▲▲株を相当としている。これに反する申立人代理人の意見は独自の見解で採用し難く，他に上記調査結果を変更すべき証拠はないので，当裁判所もこれを相当と判断する。従って上記財産を金○○円と評価し，同財産の出資につき現物出資者○○○○に対して割り当てる株式の数△△株とすることは，上記認定の範囲を超える部分につき不当である。

　　よって，現物出資者○○○○の現物出資の目的たる財産の価格及びこれに対して割り当てる株式の数について変更を加えるのを相当と認め，会社法33条7項を適用して，主文のとおり決定する。

　　　平成○年○月○日

○○地方裁判所第○民事部
裁判官　○　○　○　○

2　検査役の地位・責任・職務・権限

(1)　検査役の地位・責任

　検査役の地位については、設立中の会社の機関的地位にあると解する説と、検査役の行為そのものを設立中の会社の行為とみるについては疑問があり、検査役の報告義務は裁判所に対してのみあり、発起人に対してはないことを理由として、特別清算の場合の清算人のような地位を有する一種の公的機関と解する説とに分かれている（上柳ほか・注釈(2)（田中昭）154頁）。

　検査役が設立中の会社に対して責任を負うかどうかについては、後説からは、任務の性質上検査役は設立中の会社に対して善管注意義務を負い、任務を懈怠した場合には、善管注意義務違反として損害賠償責任を負うとされ、前説からは、検査役と会社との間には準委任契約が存在し、これに基づく善管注意義務が検査役に発生すると説明されるため、いずれの説によっても、検査役が任務を懈怠した場合に、設立中の会社に対して、損害賠償責任を負担することは肯定されている。

　裁判所は検査役に対して一般的な監督権を有し、解任権を有する。また、検査役も任意に辞任することができる。

(2)　検査役の職務・権限

　検査役の職務は、変態設立事項の当否の調査であるが、その権限は計算の当否および発起人の処置の違法性の検討に限られ、現物出資の目的たる財産

21

の必要性の判断には及ばないとする説と、実質的に評価が合目的的かつ一般的に妥当であるか否かに及ぶとする説とがある（上柳ほか・注釈(2)（田中昭）155頁）。

検査役は調査結果を書面または電磁的記録をもって裁判所に報告しなければならない（33条4項）し、裁判所は、報告の内容を明瞭にし、または根拠を確認するために必要と認めるときは、さらに報告を求めることができる（同条5項）。

検査役が調査事項について裁判所に対して虚偽の申述を行い、事実を隠ぺいした場合、および職務に関して不正の請託を受けて財産上の利益を収受するなどした場合には罰則の制裁がある（963条3項・967条1項1号・960条1項8号）。

検査役の報酬は、会社および検査役の陳述を聴いたうえで、裁判所が決定する（33条3項・870条1項1号）。この決定については理由を付することを要しない（871条1号・870条1項1号）が、会社および検査役は即時抗告をすることができる（872条4号）。

【文例3】　検査役の報酬決定

平成○年㈱第○○号　検査役選任申立事件

　　　　　　　　　決　　定

○○市○○区○○1丁目2番3号
　　　　　申　立　人　○　○　○　○
　　　　　同代理人弁護士　○　○　○　○

頭書事件について、当裁判所は次のとおり決定する。

　　　　　　　　　主　　文
検査役○○○○に対して支払う報酬の額を○○万○○○○円と定める。

平成〇年〇月〇日

　　　　　　　　　　　　　〇〇地方裁判所第〇民事部
　　　　　　　　　　　　　　　裁判官　〇　〇　〇　〇

【文例4】　即時抗告申立書

即時抗告申立書

　　　　　　　　　　　　　　　　　　　　　　平成〇年〇月〇日
〇〇高等裁判所　御中
　　　　　　　　　　　　　　　　抗告人代理人
　　　　　　　　　　　　　　　　　弁護士　〇　〇　〇　〇　㊞

　　　　　　　　当事者の表示　　別紙（略）のとおり

　上記当事者間の〇〇地方裁判所平成〇年(ヒ)第〇〇号検査役選任申立事件について、同裁判所が平成〇年〇月〇日下した決定は、不服であるから、抗告人は上記決定に対し即時抗告する。

原決定の表示

（主文）
　検査役〇〇〇〇に対して支払う報酬の額を〇〇万〇〇〇〇円と定める。

抗告の趣旨

1　原決定を取り消す。
2　検査役〇〇〇〇に対して支払う報酬の額を〇〇万〇〇〇〇円と定める。
　との決定を求める。

抗告の理由

1　原裁判所は，検査役〇〇〇〇の報酬を〇〇万〇〇〇〇円と定める旨決定した。
2　しかし，検査役〇〇〇〇の調査方法，内容，要した時間等に鑑みれば，

上記報酬額は過大であり，報酬額としては○○万○○○○円程度が相当である。
　3　理由の詳細は追って準備書面をもって陳述する。

添付書類

1　委任状　1通

3　現物出資、財産引受けおよび事後設立の目的たる財産の価格の証明

　平成14年商法改正以前は、現物出資等について要求されている裁判所の選任する検査役の調査については、それに長時間を要し、かつ、多額の費用がかかる点および特にそれに要する期間があらかじめ予測することができず、会社設立の日程の立てようがない点等について、問題の指摘がなされていた。平成14年5月22日成立した「商法等の一部を改正する法律」（以下、「平成14年改正商法」という）は、この問題を解決するために、弁護士等の証明により裁判所の選任する検査役の調査に代えられるようにするとともに、弁護士等にその専門家としての責任を負わせる旨を規定している。この責任に関する規定により専門家の証明の適正を確保しようとしている。この制度は、会社法でも引き継がれている。

(1)　設立時における現物出資および財産引受けの目的物たる財産の価格の証明

　会社法は、設立時の現物出資および財産引受けについて、定款記載事項とするとともに(28条1号・2号)、その財産につき、定款に記載または記録された価格の総額が500万円を超えない場合、市場価格のある有価証券の場合については検査役の選任を不要とし (33条10項1号・2号)、さらに、それ以外の場

合であっても、定款に記載した上記財産の価額が相当であることにつき弁護士、弁護士法人、公認会計士、監査法人、税理士あるいは税理士法人の証明を受けた場合には、裁判所に検査役の選任の申立てをすることを要しないものとしている（33条10項3号。目的物が不動産である場合には不動産鑑定士の鑑定証明も必要である）。

ただし、現物出資および財産引受けの場合の発起人および設立時取締役の財産価格塡補義務（52条1項）につき、検査役の調査を受けたときは現物出資者等以外の者はその義務を負わない旨が規定されている（52条2項）ため、発起人等が財産価額塡補責任を負わないようにするために、裁判所に検査役の選任の申立てをすることも考えられる。

上記財産の証明をする弁護士等および財産が不動産の場合の鑑定評価をする不動産鑑定士について、欠格事由として、①発起人、②財産引受けの目的物たる財産の譲渡人、③設立時取締役または設立時監査役、④業務の停止の処分を受けその停止の期間を経過していない者、⑤弁護士法人、監査法人または税理士法人であってその社員の半数以上が①ないし③のいずれかに該当するもの、を掲げる（33条11項）。証明等についての公正性を確保するためのものである。

弁護士等による定款に記載した財産の価額が相当である旨の証明（財産が不動産である場合の不動産鑑定士の鑑定評価を含む）を受けた場合において、取締役および監査役は、①その価額が相当であること、②弁護士等の証明が相当であること、③出資の履行が完了していること、④その他、設立手続が法令、定款に違反していないことを調査しなければならない。取締役等は、上記調査により法令もしくは定款に違反し、または不当な事項があると認めるときは各発起人にその旨を通告しなければならない（46条）。

募集設立の場合は、現物出資および財産引受けについて、発起人は、上記証明および鑑定評価を記載し、または記録した資料を創立総会に提出し（87条

第2章 会社設立に関する事件(検査役選任申立て)

2項)、設立時取締役および設立時監査役は、上記の調査の結果を創立総会に報告しなければならない(93条2項)。

【文例5】 弁護士の証明書

証　明　書

平成○年○月○日
〒000-0000　○○市○○区○○7丁目8番9号　○○ビル
○○法律事務所　電話　00-0000-0000
FAX　00-0000-0000
弁護士　○　○　○　○　㊞

　下記現物出資の目的たる不動産については、添付のとおり不動産鑑定士○○○○の評価書が存する。登記簿等調査の結果、下記不動産価格は相当と認めるので、本現物出資は相当と認める。
　会社法33条10項3号により、下記のとおりであることを証明する。
　1　会社の商号
　　　　株式会社○○○○
　2　現物出資者の氏名,住所
　　　　住所　後記のとおり
　　　　氏名　　　〃
　3　現物出資の目的たる不動産
　　　　後記のとおり
　4　不動産の価格
　　　　後記のとおり
記
　1　現物出資者の住所,氏名
　　　　住所　○○市○○区○○町1丁目1番1号
　　　　氏名　○　○　○　○
　2　現物出資の目的たる財産及び価格

　　　　別紙不動産目録（略）1乃至8記載の不動産所有権
　　　価格
　　　　添付のとおり不動産鑑定士による鑑定価格
　　　　合計〇〇〇,〇〇〇,〇〇〇円
3　用益権，担保物権の設定
　(1) 賃借権等の用益権の設定の有無
　　　　　あり
　　　　設定されている不動産
　　　　　別紙不動産目録2，5記載の不動産
　　　　用益権の種類
　　　　　賃借権
　　　　　但し，賃借人は，株式会社〇〇〇〇の関連会社であり，何時にても返還を受け得るものであり，減価する必要はないと判断した。
　(2) 担保物権の設定の有無
　　　　　なし
4　不動産鑑定士の住所，氏名
　　　住所　〇〇市〇〇区〇〇町2丁目2番2号
　　　氏名　〇　〇　〇　〇
5　添付書類
　　　　鑑定評価書8通
　　　　弁護士会による印鑑証明書

※財産引受けの場合は、文中の「現物出資」の語句がすべて「財産引受け」となる。

(2) 設立の場合の弁護士等の証明に関する責任

　発起人および取締役の会社設立時において出資された財産等の価額が不足する場合の不足額の支払義務については、財産を給付あるいは譲渡した発起人は、無過失責任を負うが（52条1項）、検査役の調査を経た場合は責任を負わず、それ以外の場合でも立証責任が転換された過失責任とされている(52条

2項)。

　弁護士等および不動産鑑定士は、証明または鑑定評価をしたときは、受任者としてその事務の処理について善管注意義務を負う(民644条)。これらの者がこの義務を履行せず、任務を怠った場合には、当然に委任者(あるいは準委任者)たる会社に対して連帯して損害賠償責任を負うが、会社法上も、証明等の対象となった財産の会社成立当時における実際の価格が定款で定めた価格に著しく不足するときは、証明をした者は、注意を怠らなかったことを証明した場合を除き、会社に対して発起人および設立時取締役と連帯して不足額を支払う義務を負う旨が定められている(52条3項)。

II　変態設立に関する検査役選任

1　現物出資

(1)　申立ての要件

　現物出資とは、金銭以外の財産をもってする出資であるが、28条の定める変態設立事項の１つとして規定されており、定款において現物出資について規定した場合には、検査役の選任の申立てをする必要がある(33条1項)。
　ただし、現物出資をする場合でも次の各場合には検査役の選任は不要である。

① 　定款に記載された目的財産の総額が500万円を超えない場合(33条10項1号)

② 　目的財産が市場価格のある有価証券である場合であって、定款に定めた価格がその市場価格を超えないとき(同項2号)

③ 　目的財産について定款に記載された価額が相当であることにつき、弁

護士、弁護士法人、公認会計士(外国公認会計士を含む)、監査法人、税理士または税理士法人の証明（財産が不動産であるときはその証明および不動産鑑定士の鑑定評価）を受けた場合（同項3号）

(2) 申立ての手続

(イ) 管　轄

　管轄裁判所は、定款所定の会社の本店所在地を管轄する地方裁判所である（868条1項）。

(ロ) 申立権者

　申立権者は、発起人である（33条1項）。

(ハ) 申立の方式等

　申立ては書面をもって行う（非訟43条1項、会社非訟規則1条）。

　申立書の記載事項および添付書類については、第1章Ⅳ2を参照されたい。

　なお、検査役の選任申立てをするときは、申立ての趣旨において、検査の目的を記載しなければならない（会社非訟規則2条3項）。

【文例6】　検査役選任申立書

```
                     検査役選任申立書

                                            平成○年○月○日
  ○○地方裁判所第○民事部　御中
                             申立人代理人
                                弁護士　○　○　○　○　㊞

                    〒000-0000　○○市○○区○○1丁目2番3号
                                申立人　○　○　○　○
  （送達場所）〒000-0000　○○市○○区○○7丁目8番9号　○○ビル
```

29

第2章　会社設立に関する事件（検査役選任申立て）

>　　　　　　　　　　　　　　　　○○法律事務所　電　話　00-0000-0000
>　　　　　　　　　　　　　　　　　　　　　　　　　FAX　00-0000-0000
>　　　　　　　　　　　　　　　　　　　申立人代理人弁護士　○　○　○　○
>
>　　　　　　　　　　　　　　　申立ての趣旨
>　設立中の株式会社○○○○（定款記載の本店　○○市○○区○○4丁目5番6号）について，検査の目的記載の事項を調査させるため，検査役の選任を求める。
>
>　　　　　　　　　　　　　　　検査の目的
>　現物出資をする者の氏名又は名称，当該財産及びその価額並びに現物出資をする者に対して割り当てる設立時発行株式の数
>
>　　　　　　　　　　　　　　　申立ての理由
>1　株式会社○○○○は，平成○○年○○月○○日定款を作成し同日公証人の認証を受け，同定款には，発起人○○○○が，その設立の際に発行する株式のうち○○株を引き受ける旨，及び，出資の目的たる財産を別紙株式目録記載の株式とする旨が記載されている。
>2　なお，定款第○○条記載の現物出資のうち，第2項記載の財産は，市場価格のある有価証券であるから，会社法33条10項2号により，調査の対象外となる。
>
>　　　　　　　　　　　　　　　添付書類
>1　定款の写し
>2　委任状

(3)　審理・裁判

(イ)　審　理

　変態設立に関する検査役選任については、会社法上、特に関係者の陳述を

聴くことは要求されていない（870条参照）。

　　(ロ)　裁　判
　選任の裁判は決定の形式で行われる（非訟54条）。検査役選任の裁判は、申立人と検査役に選任された者に告知されることにより効力を生ずる（非訟56条2項）。検査役を選任する決定に対しては不服申立てをすることはできない（874条1号）。
　なお、手続費用は、旧非訟事件手続法では、申立人負担が原則とされ（旧非訟26条本文）、特別の事情があるときは「関係人」に費用の全部または一部を負担させることができるとされていた（旧非訟28条）。また、手続費用の負担の裁判については任意とされていた（旧非訟27条）。これに対し、新非訟事件手続法では各自負担が原則とされ（非訟26条1項）、事情により当事者等26条2項各号に列挙されている者（新非訟事件手続法においては、裁判所が裁量により費用を負担させることができる者の範囲が明確にされた）に費用の全部または一部を負担させることができるとされている。また、手続費用の負担の裁判は、事件を完結する裁判において必ず必要とされている（非訟28条1項、民訴67条1項）。

【文例7】　検査役選任決定

```
平成○年(ヒ)第○○号　検査役選任申立事件

                決　　定

          ○○市○○区○○1丁目2番3号
                申　　立　　人　　○　○　○　○
                同代理人弁護士　　○　○　○　○

  申立人の申立てにかかる頭書事件について，当裁判所は，申立てを理由ある
ものと認め，会社法33条2項に基づき，次のとおり決定する。
```

31

第2章　会社設立に関する事件（検査役選任申立て）

　　　　　　　　　　　主　　文
1　本件につき，設立中の株式会社〇〇〇〇（定款記載の本店　〇〇市〇〇区〇〇4丁目5番6号）について，別紙記載の検査の目的である事項調査のため，
　　事務所　〇〇市〇〇区〇〇7丁目8番9号　〇〇ビル
　　　　　　〇〇法律事務所
　　弁護士　〇　〇　〇　〇
を検査役に選任する。
2　手続費用は各自の負担とする。

　　平成〇年〇月〇日
　　　　　　　　　　　　　　　　〇〇地方裁判所第〇民事部
　　　　　　　　　　　　　　　　　　　裁判官　〇　〇　〇　〇

(別紙)

　　　　　　　　　　　検査の目的
　現物出資をする者の氏名又は名称，当該財産及びその価額並びに現物出資をする者に対して割り当てる設立時発行株式の数

---

(4)　検査役の報告

　検査役の報告は書面または電磁的記録をもってなすことを要し（33条4項)、裁判所は、その報告につき、内容を明瞭にし、または根拠を確認するために必要があると認めるときは、検査役に対し、さらに報告を求めることができる（33条5項）。

　裁判所は、検査役の報告を受けて、発起設立における現物出資に関する定

款の条項を不当と認めたときは、これを変更する決定をしなければならない（33条7項。【文例2】参照）。

　裁判所は、この裁判をなすに先立って、現物出資をなす者および設立時取締役の意見を聴取しなければならない（870条1項3号）。

　また、この裁判は理由を付記した決定によらなければならない（871条）。

　変態設立事項の変更に不服な設立時取締役および現物出資をなす者は、即時抗告により決定を争うことができ（872条4号・870条1項3号）、発起人は決定の確定後1週間以内に限り、自己の設立時発行株式の引受けの意思表示を取り消すことができる（33条8項）。この意思表示の取消しは、その現物出資に変更を加えられた発起人だけではなく、直接自己に関する変態設立事項に変更を加えられたすべての発起人がすることができる。また、発起人がこの意思表示の取消しを行った場合、発起人全員の同意によって、決定の確定後1週間以内に限り、決定により変更された事項についての定めを廃止する定款の変更をして（33条9項）、設立手続を続行することができる。

【文例8】　調査報告書

```
平成○年(ヒ)第○○号　検査役選任申立事件

                    調査報告書

                                           平成○年○月○日

○○地方裁判所　第○民事部　御中

                              検査役
                              弁護士　○　○　○　○　㊞

　設立中の株式会社○○○○にかかる頭書事件について次のとおり報告致します。
```

記

第1 調査事項

設立中の○○市○○区○○4丁目5番6号株式会社○○○○につき，現物出資をする者の氏名又は名称，当該財産及びその価額並びに現物出資をする者に対して割り当てる設立時発行株式の数。

但し，市場価格のある有価証券を除く。

第2 調査内容及び方法

1 上記調査事項但書により調査の対象たる現物出資は，株式会社○○○○定款第○○条によれば次のとおりである。

株式会社甲普通株式5,000,000株

2 調査事項の内容を明らかにするため，検査役選任申立書及び申立人及び株式会社甲の定款を検討した上，以下の手順で調査を実施した。

(1) 現物出資者○○○○担当者経理部長○○○○に対する面接

(2) 株式会社甲の資産の一部である不動産の鑑定（不動産鑑定士○○○○に依頼）

(3) 株価の評価等について公認会計士○○○○に調査依頼

第3 調査の結果

調査事項についての上記調査の結果は次のとおりである。

(1) 現物出資をなす者の氏名

○ ○ ○ ○

(2) 現物出資者の目的たる財産

株式会社甲普通株式5,000,000株

(3) 現物出資の目的たる財産の価額

○○○,○○○,○○○円

(4) 現物出資者に対して割り当てる株式の種類及び数

普通株式　○○○株

(5) 以上の事項の当否

現物出資の目的たる株式会社甲の株式の平成○年○月○日における評価額は，本報告添付の公認会計士○○○○作成の株価調査報告書により，1株当たり○,○○○円が妥当であると判断した。すなわち，総額では○○○,○○○,○○○円となる。一方，現物出資者に割り当てられる株式

会社〇〇〇〇の株式1株あたりの払込金額は〇〇円であり，現物出資者に割り当てられる〇〇〇株を乗じると〇〇〇,〇〇〇,〇〇〇円であり，現物出資の目的たる株式の価格がこれを上回るため，本件現物出資は相当であると認める。

第4　利害関係

申立人またはその関係者と当職又は調査を依頼した公認会計士〇〇〇〇との間には利害関係はない。

添付書類

1	定款	写　1通
2	現物出資の目的財産引渡書	写　1通
3	決算書類	写各1通
	（株式会社甲過去3年分）	
4	確定申告書	写各1通
	（株式会社甲過去3年分）	
5	不動産鑑定評価書	写　1通
6	公認会計士〇〇〇〇の調査報告書	写　1通

以上

2　譲受財産（財産引受け）

(1)　申立ての要件

　譲受財産（財産引受け）とは、発起人が設立中の会社のために、会社の成立を条件として、株式引受人または第三者から一定の財産を譲り受けることを約する契約のことであるが、会社法28条の定める変態設立事項の1つとして規定されており（28条2号）、定款において譲受財産について規定した場合に

は、検査役の選任を申し立てる必要がある。例外として、検査役の選任が不要である場合は現物出資と同様である（33条10項）。

【文例9】 営業用財産譲受契約書

営業用財産譲受契約書

　〇〇〇〇（以下，「甲」という）と株式会社Ａ発起人〇〇〇〇（以下，「乙」という）とは，営業用財産の譲渡等に関し次のとおり契約を締結する。

第1条（目的）
　　甲は乙に対し，別紙財産目録記載の財産（以下，「譲渡財産」という）を譲渡し，乙はこれを譲り受ける。
第2条（譲渡代金）
　　前条記載の譲渡財産の価格は，金〇〇〇〇万円とする。
第3条（譲渡期日）
　　株式会社Ａ設立後1ヶ月以内とする。
第4条（譲渡代金の決済方法）
　　株式会社Ａは甲に対し，譲渡期日金〇〇〇〇万円を支払い，残額金〇〇〇〇万円についてはその翌月以降毎月末日限り金〇〇〇万円12回の均等分割払いとする。
第5条（協議事項）
　　この契約の条項につき疑義を生じた事項，又は本契約に定めなき事項については，甲乙信義に則り，誠意をもって協議し，解決するものとする。
　本契約の成立を証するため，本書を2通作成し，各自記名捺印の上各1通宛保有するものとする。
　　平成〇年〇月〇日

　　　　甲：

乙：

(2) 申立ての手続

　申立権者は、株式会社の発起人である（33条1項）。管轄裁判所は、定款所定の会社の本店所在地を管轄する地方裁判所である（868条1項）。
　申立書の記載事項および添付書類については、第1章Ⅳ2を参照されたい。

【文例10】　検査役選任申立書

検査役選任申立書

平成〇年〇月〇日

〇〇地方裁判所　第〇民事部　御中

申立人代理人
　弁護士　〇　〇　〇　〇　㊞
〒000-0000　〇〇市〇〇区〇〇1丁目2番3号
申立人　〇　〇　〇　〇
（送達場所）〒000-0000　〇〇市〇〇区〇〇7丁目8番9号　〇〇ビル
〇〇法律事務所　電話　00-0000-0000
FAX　00-0000-0000
申立人代理人弁護士　〇　〇　〇　〇

申立ての趣旨

　設立中の株式会社〇〇〇〇（定款記載の本店　〇〇市〇〇区〇〇4丁目5番6号）について、検査の目的記載の事項を調査させるため、検査役の選任を求める。

第2章　会社設立に関する事件（検査役選任申立て）

検査の目的
　　株式会社〇〇〇〇の成立後に譲り受けることを約した財産及びその価額並びにその譲渡人の氏名又は名称。

申立ての理由
1　設立中の株式会社〇〇〇〇は，平成〇〇年〇〇月〇〇日定款を作成してその認証を受けた。
2　当会社の発起人は1名，設立に際し発行する株式総数〇〇〇株については，内〇〇〇株を発起人が引き受け，残余については募集することとなった。
3　当会社は，当会社定款第〇〇条所定のとおり，別紙財産目録（略）記載の財産を会社の成立後に譲り受けることを約した。
　よって，検査の目的記載の事項の調査のため検査役の選任を求める。

添付書類
1　定款の写し　　　　　　　　1通
2　発起人会議事録写　　　　　2通
3　営業用財産譲受契約書写　　1通
4　委任状

(3)　審理・裁判

　変態設立に関する検査役選任については、会社法上特に関係者の陳述を聴くことは要求されていない（870条参照）。

　選任の裁判は決定の形式で行われる（非訟54条）。検査役選任の裁判は、申立人と検査役に選任された者に告知されることにより効力を生ずる（非訟56条2項）。検査役を選任する決定に対しては不服申立てはなし得ない（874条1号）。

　手続費用の負担については、現物出資に関する検査役選任の場合と同じである（1(3)(ﾛ)）。

38

II　変態設立に関する検査役選任

【文例11】　検査役選任決定

平成○年(ヒ)第○○号　検査役選任申立事件

決　　定

○○市○○区○○1丁目2番3号
　　　申　　立　　人　○　○　○　○
　　　同代理人弁護士　○　○　○　○

　申立人の申立てにかかる頭書事件について，当裁判所は，申立てを理由あるものと認め，会社法33条2項に基づき，次のとおり決定する。

主　　文
1　本件につき，設立中の株式会社○○○○（定款記載の本店　○○市○○区○○4丁目5番6号）について，別紙記載の検査の目的である事項調査のため，
　　事務所　○○市○○区○○7丁目8番9号　○○ビル
　　　　　　○○法律事務所
　　弁護士　○　○　○　○
　を検査役に選任する。
2　手続費用は各自の負担とする。

平成○年○月○日
　　　　　　　　　　　　　　○○地方裁判所第○民事部
　　　　　　　　　　　　　　　　　裁判官　○　○　○　○

(別紙)

検査の目的

　株式会社○○○○の成立後に譲り受けることを約した財産及びその価額並び

第2章 会社設立に関する事件（検査役選任申立て）

にその譲渡人の氏名又は名称

(4) 検査役の報告

検査役の報告は書面または電磁的記録をもってなすことを要し（33条4項）、裁判所は、報告につき、その内容を明瞭にし、またはその根拠を確認する必要があるときは、検査役に対し、さらに報告を求めることができる（33条5項）。

【文例12】 調査報告書

平成○年(ヒ)第○○号　検査役選任申立事件

　　　　　　　　　　　調査報告書

　　　　　　　　　　　　　　　　　　　　　　平成○年○月○日
○○地方裁判所　第○民事部　御中

　　　　　　　　　　　　　　　　　　検査役
　　　　　　　　　　　　　　　　　　弁護士　○　○　○　○　㊞

　上記事件につき，設立中の株式会社○○○○が成立後に譲り受けることを約した財産，その価格及び譲渡人の氏名並びに以上の事項の当否につき，次の通り報告致します。

　　　　　　　　　　　　　記

第1　調査事項
　　　株式会社○○○○の成立後に譲り受けることを約した財産及びその価額並びにその譲渡人の氏名又は名称。
第2　調査内容及び調査結果
　　　株式会社○○○○定款第○○条によれば，同会社は会社成立後に○○○○から定款末尾添付の別表記載の財産（機械装置）（以下，「本件財産」と

いう）を金〇，〇〇〇，〇〇〇円の価格を以て譲り受けることを約している。
1　会社の成立後に譲り受けることを約した財産
　　会社が成立後に譲り受けることを約した本件財産は，〇〇〇〇が保有し，同社〇〇工場内において現に使用している機械装置である。
　　本職は，平成〇年〇月〇日に，〇〇工場に臨み，同工場を視察し，同工場長から事情聴取し，本件財産の存在及び〇〇〇〇に所有権のあることを確認した。
2　譲受財産の価格
　　本件財産の評価については，平成〇年〇月〇日に，本職が〇〇〇〇株式会社にその評価を依頼したところ，同社のASA認定資産評価士（機械・設備）〇〇〇〇が評価人として評価することとなった。上記評価人は，平成〇年〇月〇日に，〇〇工場に赴き，詳細に評価した結果，平成〇年〇月〇日付で，添付の評価書を本職に提出した。
　　上記評価書によると，本件財産の価格は，〇，〇〇〇，〇〇〇円ということであり，定款記載の譲受価格である金〇，〇〇〇，〇〇〇円を上回っており，本件財産の譲渡価格は相当であると認められる。
3　譲渡人の氏名
　　〇〇市〇〇区〇〇1丁目1番1号
　　　　〇　〇　〇　〇

添付書類

1　株式会社〇〇〇〇定款写　　　　　　1通
2　事業用財産譲渡契約書写　　　　　　1通
3　評価書　　　　　　　　　　　　　　1通

以上

第2章 会社設立に関する事件（検査役選任申立て）

3 設立費用・発起人報酬

(1) 申立ての要件

　設立費用とは、発起人が設立中の会社の機関として会社の設立のために必要とする一切の費用をいう。設立費用については、乱費や発起人による過大見積の危険があること、発起人報酬については、発起人間で自由に決定できるのでお手盛りの危険性があることから、これらの事項は変態設立事項とされ、定款に定めなければならず、定めた場合には、裁判所に対し検査役の選任の申立てをする必要がある（28条3号・4号・33条1項）。

　なお、申立ての手続、審理・裁判および検査役の報告については、前述の現物出資、財産引受けの場合と同一であるから、以下その概要のみ記述する。

・定款（発起人の報酬）

```
                定　　款（抜粋）

第1章　総則
　（商号）
第1条　当会社は，株式会社〇〇〇〇と称する。
　　（中略）
第〇章　附則
　（発起人の報酬）
第〇条　当会社の発起人が受ける報酬額は〇〇万円とする。
```

(2) 申立ての手続

　申立権者は、発起人である（33条1項）。管轄裁判所は、定款所定の会社の

II 変態設立に関する検査役選任

本店所在地を管轄する地方裁判所である（868条1項）。

【文例13】 検査役選任申立書

検査役選任申立書

平成〇年〇月〇日

〇〇地方裁判所第〇民事部　御中

申立人代理人
弁護士　〇　〇　〇　〇　㊞

〒000-0000　〇〇市〇〇区〇〇1丁目2番3号
申立人　〇　〇　〇　〇
（送達場所）〒000-0000　〇〇市〇〇区〇〇7丁目8番9号　〇〇ビル
〇〇法律事務所　電話　00-0000-0000
FAX　00-0000-0000
申立人代理人弁護士　〇　〇　〇　〇

申立ての趣旨

　設立中の株式会社〇〇〇〇（定款記載の本店　〇〇市〇〇区〇〇4丁目5番6号）について、検査の目的記載の事項を調査させるため、検査役の選任を求める。

検査の目的

　株式会社〇〇〇〇の成立により発起人が受ける報酬その他の特別の利益及びその発起人の氏名又は名称。

申立ての理由

1　設立中の株式会社〇〇〇〇は、平成〇年〇月〇日定款を作成してその認証を受けてその所在地を〇〇市と定め、発起人1名で当会社の設立に際し発行する株式総数〇〇〇株中〇〇〇株を引き受け、残り〇〇〇株を募集することとなった。

43

第2章　会社設立に関する事件（検査役選任申立て）

> 2　上記定款第〇章附則の第〇〇条には、「当会社の発起人が受ける報酬額は〇〇万円とする」旨の規定がある。よって，発起人の報酬を〇〇万円と定めるにつき，所定の事項の調査のため本件申立てに及んだ。
>
> 添付書類
>
> 1　定款謄本　　　　　1通
> 2　株式引受申込書　　1通
> 3　委任状

(3)　審理・裁判

　検査役選任については、会社法上特に関係者の陳述を聴くことは要求されていない（870条参照）。
　選任の裁判は決定の形式で行われる（非訟54条）。検査役選任の裁判は、申立人と検査役に選任された者に告知されることにより効力を生ずる（非訟56条2項）。検査役を選任する決定に対しては不服申立てはなし得ない（874条1号）。
　手続費用の負担については、現物出資に関する検査役選任の場合と同じである（１(3)(ロ)）。

【文例14】　検査役選任決定

> 平成〇年(ヒ)第〇〇号　検査役選任申立事件
>
> 決　　定
>
> 　　〇〇市〇〇区〇〇１丁目２番３号
> 　　　　　　申　　立　　人　〇　〇　〇　〇
> 　　　　　　同代理人弁護士　〇　〇　〇　〇

申立人の申立てにかかる頭書事件について，当裁判所は，申立てを理由あるものと認め，会社法33条2項に基づき，次のとおり決定する。

主　文

1　本件につき，設立中の株式会社○○○○（定款記載の本店　○○市○○区○○4丁目5番6号）について，別紙記載の検査の目的である事項調査のため，
　　事務所　○○市○○区○○7丁目8番9号　○○ビル
　　　　　　○○法律事務所
　　弁護士　○　○　○　○
　を検査役に選任する。
2　手続費用は各自の負担とする。

　　平成○年○月○日
　　　　　　　　　　　　　　○○地方裁判所第○民事部
　　　　　　　　　　　　　　　裁判官　○　○　○　○

(別紙)

検査の目的

　株式会社○○○○の成立により発起人が受ける報酬その他の特別の利益及びその発起人の氏名又は名称

(4)　検査役の報告

　検査役の報告は書面または電磁的記録をもってなすことを要し（33条4項)、裁判所はその報告につき、内容を明瞭にし、または根拠を確認するために必要があると認めるときは、検査役に対し、さらに報告を求めることがで

第2章　会社設立に関する事件（検査役選任申立て）

きる（33条5項）。

【文例15】　調査報告書

平成○年(ヒ)第○○号　検査役選任申立事件

調査報告書

平成○年○月○日

○○地方裁判所第○民事部　御中

検査役
弁護士　○　○　○　○　㊞

　設立中の株式会社○○○○にかかる御庁平成○○年(ヒ)第○○○号検査役選任申立事件につき，平成○年○月○日の決定により当職が検査役に選任されたので，調査結果を次のとおり報告する。

検査事項

　株式会社○○○○の成立により発起人が受ける報酬その他の特別の利益及びその発起人の氏名又は名称

調査の結果

1　株式会社○○○○の定款においては，発起人報酬を○○万円と定めている。
2　株式会社○○○○は，○○業を主たる事業目的とするものであるが，発起人は開業準備のために，別紙（略）の経費一覧表記載の私財を投入し，かつ永年にわたる研究，企画，立案等の期間を経てきたものである。
3　これに対し，株式会社○○○○の設立に際して出資される財産の価額は○○○○万円に上り，かつ，今後の収支見通しも別紙事業計画書（略）のとおり一応認められることに照らせば，上記の報酬は相当と認められる。

第3章　業務および財産の調査に関する事件

I　取締役会議事録等閲覧謄写の許可

1　はじめに

　昭和56年の商法改正は、取締役会の機能および責任の強化を、その目的の1つとしていた。そこで、取締役会の議事や審議を充実させつつ、企業秘密の漏洩はこれを防止するために、旧商法260条ノ4に4・5項を追加し、株主および債権者の取締役会議事録閲覧および謄写は、裁判所の許可を得たうえで請求すべきものとした。

　すなわち、昭和56年商法改正前には、旧商法263条2項により、株主および債権者は、定款、株主総会議事録や株主名簿、社債原簿と同様に、取締役会議事録も、閲覧または謄写を営業時間内であればいつでも求めることができる旨、定められていた。

　このため、すべての株主に対して開かれている株主総会とは異なり、取締役会では、会社の秘密に属する事項が少なからず審議されるため、取締役会で十分な審議が行われ、かつ、その経過が正確に取締役会議事録に記録されると、会社の秘密事項が公開されてしまうおそれがあり、その結果、常務会の活用による取締役会の形骸化や、取締役会議事録の無内容化がもたらされていたし、その閲覧をめぐって特殊株主への利益供与も行われていたと報告されていた（元木伸『改正商法逐条解説〔改訂増補版〕』121頁）。

　そこで、昭和56年改正商法は、取締役会議事録の閲覧、謄写権に一定の制限

を加え、企業秘密の漏洩やいやがらせの防止を図ることになったものである。

もっとも、会社が株主または会社債権者の請求を容れて、閲覧、謄写をさせることは差し支えない（上柳ほか・注釈(6)（堀口亘）126頁）。

この改正に伴い、取締役会議事録は、支店に備え置く必要がなくなるとともに(旧商263条の改正)、保存期間も10年と定められた(旧商260条ノ4第3項)。

旧商法260条ノ4の定めは、監査役会、委員会、清算人会の議事録にも準用されている（旧監査特例18条の3第2項・21条の9第6項、旧商430条2項）。

平成11年の商法改正により、親会社の株主に対する子会社の業務内容の開示を充実させること等により、親会社の株主が、子会社の経営に関与する親会社の取締役を監督することができるようにし、その利益の保護を図ることとされた。すなわち、親会社の株主は、その権利を行使するため必要があるときは、裁判所の許可を得て、子会社の取締役会議事録の閲覧・謄写を求めることができることとされた（旧商260条ノ4第6項）。

さらに、平成13年11月商法改正により、対象には電磁的記録も含まれることになった。

これらの制度は、会社法においても継承されている(議事録の備置につき371条1項、株主・債権者の閲覧謄写につき371条2項ないし4項、親会社社員の閲覧謄写につき371条5項)。

監査役会、監査等委員会、指名委員会等、清算人会の議事録についても、同様の規定が設けられている（394条・399条の11・413条・490条5項）。

会社法においては、設置する機関の選択が認められることとなり（326条)、非公開会社では、監査等委員会設置会社や指名委員会等設置会社ではなく、かつ、監査役を置かない機関設計も認められた（ただし、取締役会を設置する場合には、会社参与の設置が必要である。327条2項）。

取締役会が設置され、監査等委員会設置会社および指名委員会等設置会社でなく、かつ監査役が設置されない場合または監査役の監査の範囲を会計に

関するものに限定する旨の定款の定めがある非公開会社の場合、取締役の業務執行に対する監督が十分でなくなることから、株主による監督を強化するため、取締役会議事録の閲覧謄写には、裁判所の許可は不要になった（371条2項・3項参照）。

2 申立ての要件

(1) 閲覧謄写の対象となる取締役会議事録の特定

申立ての趣旨には、閲覧謄写の対象となる取締役会議事録を特定する必要があるが、その特定の程度は、当該申立てにかかる取締役会議事録の範囲をその外の部分と識別することが可能な程度で足りるとされている（東京地決平18・2・10判時1923号130頁）。

(2) 閲覧謄写の許可の対象となる議事録の範囲

会社が10年間の備置期間経過後に保存している取締役会議事録は、会社法371条1項の規定により本店に備え置いている取締役会議事録とはいえないから、閲覧謄写の許可の対象とはならないとされている（前記・東京地決平18・2・10）。

(3) 閲覧謄写の必要性

取締役等議事録の閲覧謄写の許可申立てには、株主の場合は、その権利を行使するため必要があることを要し、債権者の場合は、役員または執行役の責任を追及するため必要があることを要する（371条2項・3項・4項）。

株主の権利行使とは、共益権だけでなく、自益権を含む株主としてのすべての権利行使を意味し、その必要性については、「株主が、株主の権利の確保もしくは行使に関し、調査をなす」（帳簿閲覧権に関する433条2項1号参照）場

合に肯定されると解されている。したがって、権利行使をするか否かの判断をするための請求も許容される（竹内昭夫『改正会社法解説』154頁）が、単に民事訴訟の証拠資料を得るための請求は認められないと解されている。株主は、行使しようとする権利の種類のほか、知ろうとする事実、閲覧謄写の必要性を根拠づける事実等について具体的に指摘したうえ、権利を行使するために閲覧謄写が必要であることを客観的に明らかにする必要がある。具体的事実の主張・立証（疎明）の程度は、行使しようとする株主の権利内容・権利行使の必要性、会社に発生するおそれのある損害の内容・程度等に関連して、個別の事件ごとに判断されることになる（東京地裁・類型別5頁）。

(4) 会社等に著しい損害を及ぼすおそれ

他面、裁判所は、閲覧謄写により会社または親会社もしくは子会社に著しい損害を生ずるおそれがあるときは、その許可をしてはならないと定められている（371条6項）。会社等に著しい損害が発生するおそれとは、企業秘密が明らかにされることにより損害が発生するおそれがある場合に限られず、閲覧謄写を認めることにより得られる株主の利益と会社等が被る損害とを比較衡量して、より多大な損害が会社等に生じるときをいうものであり、個別の事件ごとに判断されることになる（東京地裁・類型別6頁）。

3　許可申立ての手続

(1) 管　轄

管轄裁判所は、会社の本店の所在地を管轄する地方裁判所である（868条1項・2項）。

Ⅰ　取締役会議事録等閲覧謄写の許可

(2) 申立人

申立人は、①監査役設置会社、監査等委員会設置会社または指名委員会等設置会社の株主（371条3項）、②取締役会設置会社の債権者（371条4項）、③取締役会設置会社の親会社社員等（371条5項）である。

(3) 申立ての方式等

㈲　申立ての方式

申立ては、書面をもって行う（会社非訟規則1条）。

㈹　記載事項

申立書の記載事項については、申立ての一般的記載事項を定める会社非訟事件等規則2条1項・2項による（第1章Ⅳ2(1)参照）。

㈨　証拠書類

869条は、申立ての原因となるべき事実について、疎明を要求している。したがって、通常は、必ず添付しなければならない会社の登記事項証明書（手続規則3条1項1号）の他、申立人の資格の疎明資料や申立ての要件の疎明資料等の写しが申立書に添付されている（非訟規則37条3項）。

【文例16】　取締役会議事録閲覧謄写許可申立書

取締役会議事録閲覧謄写許可申立書

平成○年○月○日

大阪地方裁判所　御中

申立人代理人
弁護士　乙　野　次　郎　㊞

〒000-0000　大阪市中央区○○△丁目○番○号
申　　立　　人　　Ｉ商事株式会社

51

第3章 業務および財産の調査に関する事件

　　　　　　　　　　　　　　上記代表者代表取締役　甲　野　太　郎
　　　（送達場所）〒000-0000　大阪市中央区○○△丁目○番○号
　　　　　　　　　　　　　　　　　　　電　話　00-0000-0000
　　　　　　　　　　　　　　　　　　　FAX　 00-0000-0000
　　　　　　　　　　　　　　上記代理人弁護士　乙　野　次　郎
　　　〒000-0000　大阪市中央区△丁目○番○号
　　　　　　　　　　　関　　係　　人　Ｆ貿易株式会社
　　　　　　　　　　　上記代表者代表取締役　丙　野　三　郎

　　　　　　　　　　　　申立ての趣旨
　関係人が下記期間内に開催した取締役会の議事録を申立人が閲覧及び謄写することの許可を求める。
　　　　　　　　　　　　　記
　平成○年4月1日から平成○年3月末日迄

　　　　　　　　　　申立ての原因となるべき事実
1　関係人Ｆ薬品株式会社は，昭和63年5月に，資本金6,000万円にて設立された株式会社であり，発行済株式1,200株については，丙野三郎が70パーセントの840株を，申立人が30パーセントの360株を保有している。
2　関係人は，丙野三郎が個人で営んで来た漢方薬の製造業を法人成りさせたもので，申立人は長くその製品を仕入れ，販売してきた誼で，出資の一部を引受けたものである。
　　関係人は，設立以来，年額12億円程度の売上を計上しているが，その殆ど全部を申立人が購入しているもので，商品の種類，価額共に安定しており，個人商店を法人成りしたものではあるけれども，工場の不動産と設備とを個人から法人に移したに過ぎず，格別の投資はしておらず，したがって粗利益率や営業利益率も安定しているものと伺われる。
　　現に関係人は，平成○年3月31日までの事業年度においては黒字決算を発表し，僅かな配当も実施してきたものである。
3　ところが，関係人は，翌事業年度以降赤字決算を続けてきており，申立人の求めにも関わらず，その理由，原因を説明しようとはしない。

しかし，計算書類書上は，資産では貸付金や仮払金等が急増しており，負債では借入金が急増している等，会社資金が大量に動いている形跡があり，これは，関係人の新規事業または関係人代表者の個人的な資金需要に伴うものと推測される。

　　　ちなみに，関係人代表者は，いわゆるバブル経済期に，銀行借入により多数のゴルフ会員権を購入していたようである。

4　申立人としては，関係人の法人成りに際しては，従前からの長年の取引の経緯と，出資額については金利相当額の配当が見込まれることから，これに協力したものであり，関係人の現状には憂慮しているものであるが，関係人の経営を改善するためには，先ず，その取締役会議事録を検討することが不可欠というべきである。

　　　なお，関係人の資金移動が，取締役会の決議に基づかなかったり，決議に違反している場合には，申立人は，株主として，取締役の違法行為の差止めや，損害賠償請求に及ぶ必要も生じることになる。

5　以上の次第から，株主の権利行使に必要があるので，申立人は，本申立てに及んだものである。

添付書類

1　資格証明書　　　2通
1　委任状　　　　　1通
1　甲号各証　　　　1組

疎明方法

甲1号証　　　　　　　　登記事項証明書
甲2号証の1ないし○　　株券
甲3号証　　　　　　　　定款
甲4号証の1ないし○　　計算書類

第3章　業務および財産の調査に関する事件

4　審　理

　裁判所は、申立人である株主、親会社社員、債権者のほかに、当該会社の陳述を聴くことを要する（870条2項1号）。会社等に著しい損害を生ずるおそれという申立ての障害事由の存否の判断資料を得るためである。

　なお、非訟整備法により、以下のとおり会社法が改正された。

- 裁判所は、申立書の写しを、当該会社に送付しなければならない（870条の2第1項）。
- 裁判所は、原則として、審問の期日を開いて、申立人および当該会社の陳述を聴かなければならない（870条2項1号）。
- 裁判所は、原則として、相当の猶予期間を置いて、審理を終結する日を定め、申立人および当該会社に告知しなければならない（870条の2第5項）。
- 裁判所は、審理を終結したときは、裁判をする日を定め、申立人および当該会社に告知しなければならない（同条6項）。
- 当事者となる資格を有する者は、当事者として非訟事件の手続に参加することができる（非訟20条）。
- 裁判を受ける者となるべき者は申出により当然に、裁判の結果により直接の影響を受ける者および当事者となる資格を有する者は裁判所の許可を得たうえで、非訟事件の手続に利害関係参加することができる（非訟21条）。

【文例17】　関係人の答弁書

平成〇年(ヒ)〇〇号

答　弁　書

平成○年○月○日

大阪地方裁判所第4民事部　御中

利害関係参加人代理人
　　　　弁護士　戊　野　五　郎　㊞

　　　　当事者の表示　　別紙（略）の通り

申立ての趣旨に対する答弁

　本件申立てを却下する

との裁判を求める

利害関係参加人の主張

1　申立人会社の実態及び利害関係参加人との交渉の経緯については，別紙経過一覧表（略）記載の通りである。

2　これは，要するに，申立人会社は，利害関係参加人の株主としての権利行使のために取締役会議事録の閲覧謄写を求めているものではなく，申立人会社の関係者を利害関係参加人の役員とすることを要求したり，全て自社のみの利益を目的として取得した利害関係参加人の株式を高額にて引き取ることを要求したりしているものである。

3　したがって，本件取締役会議事録の閲覧謄写申立ては上記2の目的達成のため，利害関係参加人に威圧を加えるための手段であるとしか考えられない。

4　以上の通り，本件申立てには理由がなく，また，権利濫用としても許されないものであるため，速やかに却下されるべきである。

以上

5　裁　判

裁判は，理由を付し，決定の形式による（871条，非訟54条）。

なお，裁判所は，終局決定については費用負担の裁判をしなければならな

第3章　業務および財産の調査に関する事件

い（非訟28条、民訴67条1項）。

　会社は、認容決定に対して即時抗告ができ（872条5号・870条2項1号）、これには執行停止効がある（873条）。

　申立人は、却下決定について即時抗告ができる（872条5号・870条2項1号）。

【文例18】　取締役会議事録閲覧謄写許可決定

　　　　　　　　　　　決　　　定

　　　　　当事者の表示　　別紙（略）の通り

　上当事者間の平成○年(ヒ)第○○号取締役会議事録閲覧謄写許可申立事件について、当裁判所は、会社法371条3項により、次の通り決定する。

　　　　　　　　　　　主　　文
1　申立人に利害関係参加人の平成○年4月1日から平成○年3月末日までの取締役会議事録を閲覧及び謄写することを許可する。
2　手続費用は各自の負担とする。

　　　　　　　　　　　理　　由
　　　　　　　　　　　（略）

平成○年○月○日

　　　　　　　　　　　大阪地方裁判所第4民事部
　　　　　　　　　　　　　　裁判官　丁　野　四　郎

【文例19】　即時抗告申立書

　　　　　　　　即時抗告の申立書

　　　　　　　　　　　　　　　　　　平成○年○月○日

大阪高等裁判所　御中

　　　　　　　　　　　　抗告人代理人
　　　　　　　　　　　　　弁護士　戊　野　五　郎　㊞

　　　当事者の表示　　別紙（略）の通り
　　　原判決の表示　　別紙（略）の通り

　　　　　　　　抗告の趣旨
1　上記当事者間の大阪地方裁判所平成○年(ヒ)第○○号取締役会議事録閲覧・謄写許可申立事件につき，同裁判所が平成○年○月○日になした許可決定を取り消す。
2　相手方の申立てを却下する
との決定を求める。

　　　　　　　　抗告の理由
抗告人の主張は，原審における平成○年○月○日付答弁書記載の通りである外，追って補充する。

　　　　　　　　添付書類
1　資格証明書　　2通
1　委任状　　　　1通

II　親会社社員の株主総会議事録等の閲覧謄写の許可申立て

1　はじめに

企業の再編成が進み、親子会社が増加すると、親会社の株主が子会社の経

第3章　業務および財産の調査に関する事件

営状況に重大な利害関係を有するに至る場合が増加することが予測される。特に、株式交換等により完全親子会社関係が創設されると、それまで株主総会において直接的に議決権を行使し、経営に関与できた株主が、親会社の取締役を通じてしか子会社の経営に関与することができなくなることから、その権利を保護するための措置が必要となる。

　平成11年改正法は、親会社の株主に対する子会社の業務内容の開示を充実させること等により、親会社の株主が、子会社の経営に関与する親会社の取締役を監督することができるようにし、その利益の保護を図ることとし、この制度は会社法にも承継されている。

　親会社の株主（親会社が株式会社である場合）・社員（親会社が持分会社である場合）は、その権利を行使するため必要があるときは、裁判所の許可を得て、子会社の株主総会議事録（318条5項）、取締役会議事録（371条5項）、定款（31条3項）、株主名簿（125条4項）、新株予約権原簿（252条4項）、社債原簿（684条4項）、計算書類・事業報告およびこれらの附属明細書（442条4項）、会計帳簿（433条3項）の閲覧謄写を求めることができることとされている。なお、会計帳簿の閲覧権等については、会計帳簿等からは、具体的な取引行為、金銭の流れ等が明らかになるため、その開示により会社の秘密に関する事項までも明らかになるおそれがあることから、親会社の総社員の議決権の100分の3以上あるいは100分の3以上の持分（発行済株式の100分の3以上）を有する社員に限って認めることとし（江頭・会社法707頁。条文上、持分要件は明記されていない）、濫用的な申立てであることを窺わせる事由があるときは、裁判所は、閲覧を許可することができないこととしている（433条4項・2項）。

　上記の閲覧謄写の許可申立てのうち、取締役会議事録については本章Ⅰで、会計帳簿の閲覧謄写許可申請（433条）についてはⅢで取り上げることとすることにして、本項においては、株主総会議事録、定款、株主名簿、新株予約権原簿および社債原簿並びに計算書類の閲覧謄写の許可申立てをまとめて扱

II　親会社社員の株主総会議事録等の閲覧謄写の許可申立て

うこととする。

　なお、それぞれの書類は、電磁的記録によることができ、その場合、その閲覧謄写も電磁的記録を表示したものに対する請求となる。

2　申立ての要件

　親会社社員が子会社の株主総会議事録、定款、株主名簿、新株予約権原簿、社債原簿および計算書類の閲覧謄写の許可申立てをするには、その権利を行使するため必要があることを要するとされている（318条5項・31条3項・125条4項・252条4項・442条4項）。

　親会社社員の権利行使の内容については、Ⅰを参照されたい。

3　許可申立ての手続

(1)　管　轄

　管轄裁判所は、会社の本店所在地の地方裁判所である（868条1項）。

(2)　申立人

　申立人は、親会社社員（株主その他の社員）である（318条5項・31条3項・125条4項・252条4項・442条4項）。

(3)　申立ての方式等

(イ)　申立ての方式

　申立ては書面をもって行う（会社非訟規則1条）。

(ロ)　記載事項

　申立書の記載事項については、申立ての一般的記載事項を定める会社非訟事件等手続規則2条1項・2項による。具体的な記載事項は、第1章Ⅳ2(1)

第3章　業務および財産の調査に関する事件

を参照されたい。

　(ハ)　**証拠書類**

　会社法869条は、申立ての原因となるべき事実について、疎明を要求している。したがって、通常は、会社の登記事項証明書のほか、申立人資格の疎明資料や申立ての要件の疎明資料等の写しが申立書に添付されている（会社非訟規則3条1項1号、非訟規則37条3項）。

【文例20】　親会社社員の子会社の株主総会議事録閲覧謄写許可申立書

親会社社員の子会社の株主総会議事録閲覧謄写許可申立書

平成○年○月○日

大阪地方裁判所　御中

　　　　　　　　　　　　　　申立人代理人
　　　　　　　　　　　　　　　弁護士　乙　野　次　郎　㊞

　　　　〒000-0000　大阪市中央区○○△丁目△番△号
　　　　　　　　　　申　　立　　人　　Ｉ商事株式会社
　　　　　　　　　　代表者代表取締役　甲　野　太　郎
（送達場所）〒000-0000　大阪市中央区○○△丁目△番△号
　　　　　　　　　　　　電話　00-0000-0000
　　　　　　　　　　　　FAX　00-0000-0000
　　　　　　　　　　申立人代理人弁護士　乙　野　次　郎
　　　　〒000-0000　大阪市中央区○○△丁目△番△号
　　　　　　　　　　関　　係　　人　　Ｆ貿易株式会社
　　　　　　　　　　代表者代表取締役　丙　野　三　郎

申立ての趣旨

　関係人が下記期間内に開催した株主総会の議事録を申立人が閲覧及び謄写することの許可を求める。

II　親会社社員の株主総会議事録等の閲覧謄写の許可申立て

記

平成○年4月1日から平成○年3月31日まで

申立ての原因となるべき事実

1　関係人は，昭和62年4月に，資本金6000万円にて設立された会社であり，発行済株式1,200株については，申立外E株式会社（以下「申立外E」という。）が70パーセントの840株を，丙野三郎が30パーセントの360株を保有している。

2　申立外Eは，昭和50年4月に，資本金6000万円にて設立された会社であり，発行済株式1,200株については，申立外Eの代表取締役である丁野四郎が70パーセントの840株を，申立人が30パーセントの360株を保有している。

3　関係人は，申立外Eの貿易業務を別法人として設立したものである。

4　申立外Eは，丁野四郎が個人で営んでいた婦人服の製造・販売業を法人成りさせたもので，申立人は長くその製品を仕入れ，販売してきた誼で，出資の一部を引き受けたものである。

5　申立外Eは，設立以来，年額12億円の売上を計上しており，特に設備投資などはせず，したがって，営業利益率も安定しているものと窺われる。現に，申立外Eは，平成○年3月31日を末日とする事業年度までは黒字決算を発表し，僅かな配当も実施してきたものである。

6　ところが，申立外Eは，翌事業年度以降赤字決算を続けてきており，申立人の求めにもかかわらず，その理由，原因を説明しようとはしない。しかし，計算書類上は，資産では貸付金や仮払金が急増しており，負債では借入金が急増している等，会社資金が大幅に動いている形跡があり，この一部は，関係人の新規事業または関係人の代表者の個人的な資金需要に伴うものと推測される。

7　申立人は，申立外Eの法人成りに際しては，従前からの長年の取引の経緯と，出資額については金利を上回る配当が見込まれることから，これに協力したものであり，申立外Eの現状を憂慮するものである。申立外Eの経営を改善するためには，その資金の流出先であると見込まれる子会社である関係人の株主総会議事録を検討することが不可欠というべきである。

8　以上の次第から，親会社の株主の権利行使に必要があるので，申立人は，関係人に対し，本申立てに及んだものである。

第3章　業務および財産の調査に関する事件

　　　　　　　　　　　添付書類

　1　資格証明書　　　3通
　1　委任状　　　　　1通
　1　甲各号証　　　　各1通

　　　　　　　　　　　疎明方法

甲1号証　　登記事項証明書
甲2号証の1ないし○　株券
甲3号証　　定款
甲4号証の1ないし○　計算書類

　　　　　　　　　　　　　　　　　　　　　　　　以上

4　審理・裁判

本章Ⅰ4および5を参照されたい。

【文例21】　株主総会議事録閲覧謄写許可決定

　　　　　　　　　　　決　　　定

　　　　　　　当事者の表示　　別紙（略）のとおり

　上記当事者間の平成○年(ヒ)第○○号株主総会議事録閲覧謄写許可申立事件について，当裁判所は，会社法318条5項により，次のとおり決定する。

　　　　　　　　　　　主　　　文
　申立人が，関係人の平成○年4月1日から平成○年3月31日までの株主総会議事録を閲覧及び謄写することを許可する。

　　平成○年○月○日

62

II　親会社社員の株主総会議事録等の閲覧謄写の許可申立て

大阪地方裁判所民事第4部
　　　　裁判官　〇　〇　〇　〇

【文例22】　即時抗告申立書

即時抗告の申立書

平成〇年〇月〇日

大阪高等裁判所　御中

抗告人代理人
　　弁護士　〇　〇　〇　〇　㊞

当事者の表示　　別紙（略）の通り
原決定の表示　　別紙（略）の通り

抗告の趣旨

1　上記当事者間の大阪地方裁判所平成〇年(ヒ)第〇〇号株主総会議事録閲覧謄写許可申立事件につき，同裁判所が平成〇年〇月〇日になした許可決定を取り消す。
2　相手方の申立を却下する。
との決定を求める。

抗告の理由

1　相手方の実態および抗告人会社との交渉の経緯については，別紙経過一覧表（略）記載のとおりである。
2　相手方は，申立外Eの株主としての権利行使のために株主総会議事録の閲覧謄写を求めているものではなく，相手方の関係者を抗告人会社の役員とすることを要求したり，全て自社のみの利益を目的として取得した申立外Eの株式を高額にて引き取ることを要求しているものである。
3　したがって，本件株主総会議事録の閲覧謄写申立ては上記2の目的のため，

第3章　業務および財産の調査に関する事件

抗告人会社に圧力を加えるための手段にすぎない。
4　以上のとおり，相手方の申立てには理由がなく，また，権利濫用として許されないものであるので，本抗告に及んだものである。

以上

III　親会社社員の子会社の会計帳簿等の閲覧謄写の許可申立て

1　はじめに

　企業の再編成が進み、親子会社が増加すると、親会社の株主が子会社の経営状況に重大な利害関係を有するに至る場合が増加することが予測される。特に、株式交換等により完全親子会社関係が創設されると、それまで株主総会において直接的に議決権を行使し、経営に関与できた株主が、親会社の取締役を通じてしか子会社の経営に関与することができなくなることから、その権利を保護するための措置が必要となる。
　平成11年改正後の商法は、親会社の株主に対する子会社の業務内容の開示を充実させること等により、親会社の株主が、子会社の経営に関与する親会社の取締役を監督することができるようにし、その利益の保護を図ることとしており、この制度は会社法にも継承されている。
　親会社社員は、その権利を行使するため必要があるときは、裁判所の許可を得て、会計帳簿のほか、子会社の株主総会議事録、取締役会議事録、定款、株主名簿、新株予約権原簿、社債原簿、計算書類等の閲覧謄写を求めることができる（本章II参照）。会計帳簿の閲覧権等については、会計帳簿等からは、具体的な取引行為、金銭の流れ等が明らかになるため、その開示により会社

の秘密に関する事項までも明らかになるおそれがあることから、親会社の総株主の議決権の100分の3以上あるいは100分の3以上の持分（発行済株式の100分の3以上）を有する社員に限って認めることとし（433条1項・3項、江頭・会社法707頁。条文上、持分要件は明記されていない。）、濫用的な申立てであることをうかがわせる事由があるときは、裁判所は、閲覧を許可することができないこととしている（433条4項・2項）。

なお、それぞれの記録が電磁的記録場合、その閲覧謄写も電磁的記録を表示したものに対する請求となる。

2 申立ての要件

親会社社員にしてその総社員の議決権の100分の3以上あるいは100分の3以上の持分（発行済株式の100分の3以上）を有する者によって行われる必要がある（433条3項・1項）。

親会社社員が子会社の会計帳簿およびこれに関する資料の閲覧謄写の許可申立てをするには、その権利を行使するため必要があることを要するとされている（433条3項）。

親会社社員の権利行使の内容については、本章Ⅰを参照されたい。

3　許可申立ての手続

(1)　管　轄

管轄裁判所は、会社の本店所在地の地方裁判所である（868条）。

(2)　申立人

申立人は、親会社社員にしてその総株主の議決権の100分の3以上あるいは100分の3以上の持分（発行済株式の100分の3以上）を有する者である（433条3項・1項）。

(3)　申立ての方式等

(イ)　申立ての方式

申立ては書面をもって行う（会社非訟規則1条）。

(ロ)　記載事項

申立書の記載事項については、申立ての一般的記載事項を定める会社非訟事件等手続規則2条1項・2項による。具体的な記載事項については、第1章IV 2(1)を参照されたい。

(ハ)　証拠書類

869条は、申立ての原因となるべき事実について、疎明を要求している。したがって、通常は、会社の登記事項証明書の他、申立人資格の疎明資料や申立ての要件の疎明資料等の写しが申立書に添付されている（会社非訟規則3条1項1号、非訟規則37条3項）。

【文例23】　親会社の社員の子会社の会計帳簿等閲覧謄写許可申立書

親会社の社員の子会社の会計帳簿等閲覧謄写許可申立書

平成○年○月○日

大阪地方裁判所　御中

　　　　　　　　　　　　　　　申立人代理人
　　　　　　　　　　　　　　　　　弁護士　乙　野　次　郎　㊞

　　　　〒000-0000　大阪市中央区○○△丁目△番△号
　　　　　　　　　　申　　立　　人　Ｉ商事株式会社
　　　　　　　　　　代表者代表取締役　甲　野　太　郎
　（送達場所）〒000-0000　大阪市中央区○○△丁目△番△号
　　　　　　　　　　　　　　　　電　話　00-0000-0000
　　　　　　　　　　　　　　　　FAX　00-0000-0000
　　　　　　　　　　申立人代理人弁護士　乙　野　次　郎
　　　　〒000-0000　大阪市中央区○○△丁目△番△号
　　　　　　　　　　関　　係　　人　Ｆ貿易株式会社
　　　　　　　　　　代表者代表取締役　丙　野　三　郎

申立ての趣旨
　関係人の別紙目録（略）記載の会計帳簿及びこれに関する資料を申立人が閲覧謄写することの許可を求める。

申立ての原因となるべき事実
1　関係人は，昭和62年4月に，資本金6000万円にて設立された会社であり，発行済株式1,200株については，申立外Ｅ株式会社(以下「申立外Ｅ」という。)が70パーセントの840株を，丙野三郎が30パーセントの360株を保有している。
2　申立外Ｅは，昭和50年4月に，資本金6000万円にて設立された会社であり，発行済株式1,200株については，申立外Ｅの代表取締役である丁野四郎が70パーセントの840株を，申立人が30パーセントの360株を保有している。

3　関係人は，申立外Eの貿易業務を別法人として設立したものである。
4　申立外Eは，丁野四郎が個人で営んでいた婦人服の製造・販売業を法人成りさせたもので，申立人は長くその製品を仕入れ，販売してきた誼で，出資の一部を引き受けたものである。
5　申立外Eは，設立以来，年額12億円の売上を計上しており，特に設備投資などはせず，したがって，営業利益率も安定しているものと窺われる。現に，申立外Eは，平成○年3月31日を末日とする事業年度までは黒字決算を発表し，僅かな配当も実施してきたものである。
6　ところが，申立外Eは，翌事業年度以降赤字決算を続けてきており，申立人の求めにもかかわらず，その理由，原因を説明しようとはしない。しかし，会社資金が大幅に動いているという情報があり，この一部は，関係人の新規事業または関係人の代表者の個人的な資金需要に伴うものと推測される。
7　申立人は，申立外Eの法人成りに際しては，従前からの長年の取引の経緯と，出資額については金利を上回る配当が見込まれることから，これに協力したものであり，申立外Eの現状を憂慮するものである。申立外Eの経営を改善するためには，その資金の流出先であると見込まれる子会社である関係人の会計帳簿およびこれに関する資料を検討することが不可欠というべきである。
8　以上の次第から，株主の権利行使に必要があるので，申立人は，本申立てに及んだものである。

添付書類

1　資格証明書　　　3通
1　委任状　　　　　1通
1　甲各号証　　　　各1通

疎明方法

甲1号証　　　　　　登記事項証明書
甲2号証の1ないし○　株券
甲3号証　　　　　　定款
甲4号証の1ないし○　親会社の計算書類

Ⅲ　親会社社員の子会社の会計帳簿等の閲覧謄写の許可申立て

以上

4　審理・裁判

(1)　審　理

本章Ⅰ4を参照されたい。

(2)　裁　判

裁判は理由を付した決定の形式による（871条、非訟54条）。

親会社社員に以下に掲げる事由があるときは、裁判所は許可をすることができない（433条4項・2項）。

① 親会社社員がその権利の確保または行使に関する調査以外の目的で請求を行ったとき
② 親会社社員が会社の業務の遂行を妨げ、株主および社員の共同の利益を害する目的で請求を行ったとき
③ 親会社社員が会社の業務と実質的に競争関係にある事業を営み、またはこれに従事するものであるとき
④ 親会社社員が会計帳簿またはこれに関する資料の閲覧または謄写により知り得た事実を利益を得て第三者に通報するため請求したとき
⑤ 親会社社員が過去2年内において会計帳簿またはこれに関する資料の閲覧もしくは謄写によって知り得た事実を利益を得て第三者に通報したことがある者であるとき

なお、裁判所は、終局決定については費用負担の裁判をしなければならない（非訟28条、民訴67条1項）。

会社は認容決定に対しては即時抗告をすることができ（872条5号・870条2

第3章　業務および財産の調査に関する事件

項1号)、これには執行停止効がある（873条）。

申立人は却下決定に対して即時抗告ができる（872条5号・870条2項1号）。

【文例24】　親会社社員の子会社の会計帳簿等閲覧謄写許可決定

決　　　定

当事者の表示　　別紙（略）のとおり

上記当事者間の平成○年㈾第○号親会社社員の子会社の会計帳簿等閲覧謄写許可申立事件について，当裁判所は，会社法433条3項により，次のとおり決定する。

主　　文

申立人に，関係人の別紙目録（略）記載の会計帳簿及び書類を閲覧及び謄写することを許可する。

理　　由
（略）

平成○年○月○日

大阪地方裁判所民事第○部

裁判官　　○　　○　　○　　○

【文例25】　即時抗告申立書

即時抗告の申立書

平成○年○月○日

大阪高等裁判所　御中

抗告人代理人

III　親会社社員の子会社の会計帳簿等の閲覧謄写の許可申立て

　　　　　　　　　　　　　　　　弁護士　○　○　○　○　㊞

　　　　当事者の表示　　　別紙（略）の通り
　　　　原決定の表示　　　別紙（略）の通り

　　　　　　　　　　抗告の趣旨
　1　上記当事者間の大阪地方裁判所平成○年㈵第○号親会社社員の子会社の会計帳簿等閲覧謄写許可申立事件につき，同裁判所が平成○年○月○日になした許可決定を取り消す。
　2　相手方の申立てを却下する。
との決定を求める。

　　　　　　　　　　抗告の理由
1　相手方の実態及び抗告人との交渉の経緯については，別紙経過一覧表(略)記載のとおりである。
2　相手方は，申立外Eの株主としての権利行使のために会計帳簿及び書類の閲覧謄写を求めているものではなく，相手方の関係者を抗告人の役員とすることを要求したり，全て自社のみの利益を目的として取得した申立外Eの株式を高額にて引き取ることを要求しているものである。
3　したがって，本件会計帳簿及び書類の謄写申立ては上記2の目的のため，抗告人に圧力を加えるための手段にすぎない。
4　以上のとおり，相手方の申立てには理由がなく，また，権利濫用として許されないものであるので，本抗告に及んだものである。

　　　　　　　　　　　　　　　　　　　　　　　　　　　　以上

IV 業務および財産状況に関する検査役選任

1 はじめに

　会社法358条1項は、「株式会社の業務の執行に関し、不正の行為又は法令若しくは定款に違反する重大な事実があることを疑うに足りる事由があるとき」は、総株主の議決権の100分の3以上の議決権を有する株主または発行済株式（自己株式を除く）の100分の3以上の数の株式を有する株主（いずれも、定款でこれを下回る割合を定めた場合にはその割合の議決権あるいは株式を有する株主）は「株式会社の業務及び財産の状況を調査させるため裁判所に対し検査役の選任の申立てをすることができる」と規定し（1項）、検査役はその職務を行うため必要あるときは、子会社の業務および財産の状況も調査することができる（4項）。また、検査役による調査が行われた結果について、検査役は、書面または電磁的記録により裁判所に報告しなければならない（5項）。

　会社法358条の趣旨は次のとおりである。すなわち、会社の実質的所有者たる株主が、取締役に対する監督を適切に行うためには、会社の実情に関する情報を入手しなければならない。会社法は、かかる情報入手の手段として、一般的な情報開示制度を定めるとともに、株主の会計帳簿閲覧請求権（433条）を定めた。しかし、同請求権による調査の対象は会計帳簿・書類の調査に限定される。そこで、会計帳簿・書類の調査のみならず、会社の業務財産状況を調査する必要が存する場合に備え、358条が規定されている。

　なお、実務上は、単なる情報開示手段として利用されることは稀で、同族株主間あるいはM&Aにおける支配権争奪紛争の一手段として利用されることが多い。

なお、旧商法下でも同様の制度が存在したが、平成11年の商法改正において、要件が発行済株式総数の10分の1以上から100分の3以上に軽減され、選任された検査役は、親会社の業務の執行に不正があるかどうかを判断するため、必要があるときは子会社の業務および財産の状況を調査することができるようになった（平成13年改正前の旧商294条1項・2項）。当該改正は、株主権の強化という視点に基づくものである。

　さらに、平成13年6月の商法改正において、「発行済株式の総数の100分の3以上」という要件が、「総株主の議決権の100分の3以上」に変更された。単元株制度の導入により、単元未満株式に議決権が認められないことから、発行済株式総数と議決権のある株式の間に食い違いが生じることになる。そこで、発行済株式総数と議決権のある株式の数が峻別され、従来の「発行済株式の総数」が「総株主の議決権」と改められたが、会社法においては、議決権割合あるいは保有株式割合のいずれかが100分の3以上あればよいこととされた。

2　申立ての要件

(1)　形式的要件

　定款で要件を軽減していない場合、総株主の議決権の100分の3以上にあたる議決権を有する株主または自己株式を除く発行済株式の100分の3以上にあたる数の株式を有する株主によってなされることを要する。

　100分の3以上という要件は、株主が単独でこれを満たす場合であっても、数人が共同して満たす場合であってもよい。後者の場合には共同申立人となる。

　株主が申立権を有しており、会社の債権者、取締役、監査役は申立てをする権利を有していない。

　もっとも株主たる取締役・監査役（会計監査の権限しか有しない監査役たる株

第3章 業務および財産の調査に関する事件

主が申立権者であることは争いがないとみられる（広島高岡山支決昭49・3・11判時743号100頁））が、株主として申立てをすることができるか否かについては学説上争いがあり、裁判例も積極説（監査役たる株主の事案に関して岡山地決昭49・9・7判時765号100頁、代表取締役たる株主の事案に関して大阪高決昭55・6・9判タ427号128頁、平取締役たる株主の事案に関して大阪高決平元・12・15判時1362号119頁）、消極説（千葉地佐倉支決昭49・3・11判時743号100頁）が存在する。

消極説の根拠は、本制度の趣旨が業務財産状況を直接調査する手段を有しない株主の保護にあり、自ら調査権限を有する監査役はもちろん会社の経営に参画している取締役である株主に本制度上の権利を与える必要がないというところにある。しかし、特に閉鎖会社の場合において取締役や監査役が常にその調査権限を実質的に行使できるわけではなく、また、取締役や監査役が株主としての資格においてこの権利を有しないとする合理的な理由はないので、積極説が妥当である（上柳ほか・注釈(9)（森本滋）228頁）。

本要件は検査役選任申立て時から裁判の確定まで継続して充足されていることを要する（大判大10・5・20民録27輯947頁）。裁判確定までに100分の3以上の要件を満たさなくなったときは、申立ては当事者適格を欠くものとして却下される（前掲・大判大10・5・20は、共同申立てをした株主中に株式を譲渡した者がいた事案であり、長崎控決昭5・12・23新聞3217号11頁は株式の分割払込みを認めていた昭和13年改正前商法下において株式が一部失権した事案である）。株主が検査役選任の申請をした時点で、当該株主が当該会社の総株主の議決権の100分の3以上を有していたとしても、その後、当該会社が新株を発行したことにより、当該株主が当該会社の総株主の議決権の100分の3未満しか有しないものとなった場合には、当該会社が当該株主の上記申立てを妨害する目的で新株を発行したなどの特段の事情のない限り、上記申立ては、申立人の適格を欠くものとして却下される（最決平18・9・28民集60巻7号2634頁）。

ただし、少数株主要件の断絶を生じない限り、検査役選任申立て時から裁

IV　業務および財産状況に関する検査役選任

判確定時まで同一株式を継続して保有する必要はない。

(2) 実質的要件

　申立ての実質的要件は、会社の業務の執行に関し不正の行為または法令もしくは定款に違反する重大な事実があることを疑うに足りる事由があることである。
　「業務の執行」とは、取締役の行為に限定されず、支配人その他の使用人の行為も含み、「不正の行為」とは会社の利益を害する悪意の行為を意味し、「法令違反」とは単に会社法の規定に違反する場合のみならず、その他の法令の規定に反する場合も含む。
　申立人は、不正の行為または法令・定款に違反する重大な事実の存在を立証する必要はなく、これを疑うに足りる事由が立証されれば足りる。ただし、不正の行為または法令・定款に違反する重大な事実は具体的に特定されていなければならない。
　不正の行為または法令・定款に違反する重大な事実が会社の経理・財産に影響を与えるものでなければならないか否かについては争いがある。会社の経理・財産に影響を与えるものでなければならないとする学説・裁判例（東京地八王子支判昭35・1・30判時218号31頁、仙台高秋田支判昭54・1・12判タ387号139頁）もあるが、調査の対象は会計に関する事項に限られていないことからかかる限定を付する必要はないと考える。

3　申立ての手続

(1) 管　轄

　管轄裁判所は、会社の本店所在地を管轄する地方裁判所である（868条）。

(2) 申立人

申立人は、総株主の議決権の100分の3以上に当たる議決権または、自己株式を除く発行済株式の100分の3以上の数の株式を有する株主である（358条1項）。

(3) 申立ての方式等

(イ) 申立ての方式

申立ては書面をもって行う（会社非訟規則1条）。

(ロ) 記載事項

申立書の記載事項については、会社非訟事件の申立ての一般的な記載事項を定める会社非訟事件等手続規則2条1項・2項による（具体的な記載事項は第1章Ⅳ2(1)参照）ほか、検査役選任申立てについては、申立ての趣旨において、検査の目的を記載しなければならない（同条3項）。

(ハ) 証拠書類

申立書には会社の登記事項証明書のほか証拠書類を添付しなければならない（会社非訟規則3条1項1号、非訟規則37条3項）。

添付すべき証拠書類としては、まず第1に、総株主の議決権の100分の3以上に当たる議決権または、自己株式を除く発行済株式の100分の3以上の数の株式を有する株主であることの証拠が要求される。具体的には、株主名簿、株主証明書、株券、払込領収書等が考えられるが、実務上は主として株券写しや払込領収書写し（株券未発行の場合）を申立書に添付し、裁判所の審理に際して実株券や払込領収書原本の提示を求められている（山口・実務811頁）。

さらに、たとえば申立人が定款違反を主張する場合であれば定款を証拠書類として添付するなど、場合に応じて申立ての実質的要件を疎明するに足りる十分・適切な証拠書類を添付することが要求される。

IV　業務および財産状況に関する検査役選任

【文例26】　検査役選任申立書

検査役選任申立書

平成○年○月○日

大阪地方裁判所　御中

申立人代理人
弁護士　乙　野　次　郎　㊞

〒000-0000　○○市○○区○○3丁目3番3号
申　立　人　甲　野　太　郎
（送達場所）〒000-0000　大阪市中央区○○1丁目1番1号　○○ビル
電話　00-0000-0000
FAX　00-0000-0000
上記代理人弁護士　乙　野　次　郎

申立ての趣旨
　A株式会社の平成○年4月1日以降の業務執行及び財産状況を調査せしめるため検査役の選任を求める。

申立ての原因となるべき事実
1　A株式会社（以下「本件会社」という。）は，昭和○年○月○日設立，液化ガス販売などを目的とし，総株主の議決権800個の株式会社である。
2　申立人は，同会社の取締役であり，議決権350個を有する株主である。
3　本件会社の定款によれば，事業年度は毎年4月1日より翌年3月末日までとされ，定時株主総会は毎年6月末日までに招集するとされている。
　そして，本件会社は取締役会を招集せずに，平成○年5月○日株主総会を開催して役員全員が改選されたとして，役員改選の登記がなされている。
　しかし，上記株主総会は招集通知もなく，かつ開催された事実がないのに事業報告並びに計算書類の承認があり，かつ役員の改選がなされたとしてい

るから，これは定款及び会社法296条に違反する。
4 本件会社は丙田三郎が平成○年4月，同社代表取締役に就任後，今日まで未だ1度も定例の取締役会を招集したことがないばかりか，申立人は未だ1度も定時株主総会の招集通知を受けたことはなく，事業について具体的な報告を受けたこともない。

さらに，役員報酬に関して株主総会で決議されたことがないのに，代表取締役丙田三郎はお手盛りにて報酬の支給を得ており，これらは，いずれも定款及び会社法296条・361条に違反する。
5 不正な業務執行

本件会社代表取締役丙田三郎は取締役会の決議もないのに，次のとおり不正な業務執行をなし，会社に損害を与えるなど会社経理に影響を及ぼしている。

(1) 短期借入金は平成○年3月31日現在，金2,650万円であったのに，平成○年3月31日現在では金3,400万円に増加している。

長期借入金は平成○年3月31日現在，金3,400万円であったのに，平成○年3月31日現在では金6,483万4,932円と異常に増加している。

そして，この短期及び長期借入金の使途は不明である。

(2) 平成○年10月社長専用車を金501万6,650円で購入したのに，その下取価額が不明であるほか，下取価額について経理上の処理も不明である。

(3) 租税公課は平成○年度（同年4月1日～平成○年3月31日）は金1,099万1,815円であり，異常に増加している。

これは本件会社が平成○年度の事業報告書及び計算書類で金1,189万2,027円の繰越欠損として税務申告したために，税務調査により過少申告として重加算税等を追徴されたとあるが，過少申告の内容などは不明である。

また，中小企業退職金積立金を解約しながら，解約返戻金800万円を雑収入として経理計上しなかった疑いがあり，その内容も不明である。

(4) ○○営業所の建物建築費等として金1,192万3,980円を支出しながら，固定資産台帳には平成○年8月取得と記載し，取得価格は金345万3,980円しか計上していない。

そして，その差額金847万円については使途不明である。

(5) 平成○年9月，ハイツ○○403号室を社宅として金1,650万円で購入しな

がら，固定資産台帳には取得価格として金485万4,100円しか計上しておらず，その差額金1,164万5,900円の使途が不明であるばかりか，現在まで空室のまま放置している。

(6) 平成○年3月14日焼肉レストラン「○○園」に対し異常に高額な金250万円をガス供給権として支払っている。

　　通常，○○園と同規模の店舗の大口ガス需要者に対するガス供給権の支払金は金80万円ないし金100万円程度にすぎない。

(7) 本件会社代表取締役丙田三郎の父士郎が個人負担すべき○○ハイツの換気扇について，平成○年11月12日金5,780円を本件会社に転嫁して支出している。

(8) 本件会社が本件会社代表取締役丙田三郎の親族及び友人に支払った次の代金は過払いの疑いがある。

　　イ　平成○年4月11日
　　　　○○左官に支払った○○営業所の件
　　　　金83万5,000円
　　ロ　平成○年6月10日
　　　　○○左官に支払った金75万円
　　ハ　平成○年10月11日
　　　　○○堂に支払った相手方30周年の記念品代金50万6,600円
　　ニ　平成○年12月12日
　　　　○○塗装に支払った金45万6,000円

(9) 本件会社代表取締役丙田三郎は，個人負担の飲食代金を関係人の交際費として経理上処理したために，交際費は平成○年度において金121万1,943円にすぎなかったのに，平成○年度は金350万3,355円に増加し，前年度に比して約3倍に達している。

6　本件会社は会社関係の必要書類を同社代表取締役丙田三郎夫妻が保管し，申立人らが会社の帳簿その他の書類の披見を求めても応じない有様で現在までの具体的な売上高の内訳や会社の資産状況などは全く不明であり，代表取締役丙田三郎は取締役である申立人の解任を企図するなど尋常ではないから，会社法358条の規定により，この申立てに及んだ。

第3章　業務および財産の調査に関する事件

疎明方法

甲1　　A株式会社会社履事項全部証明書
甲2　　A株式会社の申立人所有の株券
甲3　　A株式会社定款
甲4　　総勘定元帳
甲5　　上申書

添付書類

1　登記事項証明書　　1通
2　委任状　　　　　　1通

4　審　理

　会社法の規定により検査役を選任する裁判をするには会社の陳述を聴くことは法律上は必要とされていない（870条参照）。しかし、株式会社に対し反論の機会を与えるため審問を行うのが通常の取扱いである。

【文例27】　会社の答弁書

平成○年(ヒ)第○○号　検査役選任申立事件
　申立人　甲　野　太　郎

答　弁　書

　申立人の申立てに係る頭書事件について，次のとおり答弁します。
平成○年○月○日

大阪地方裁判所　第○民事部　御中
利害関係参加人代理人
弁護士　丙　田　太　郎　㊞

申立ての趣旨に対する答弁

申立人の申立てを却下する。
との決定を求める。

申立ての原因となるべき事実に対する答弁

1 申立ての理由第1項は認める。
2 同第2項は認める。
3 同第3項中，定款の規定ならびに役員改選の登記がなされていることは認める。

しかし利害関係参加人は，取締役会を招集し，かつ，株主総会招集手続を行った上で，平成○年5月○日株主総会を開催したものであり，さらに同総会において，事業報告及び計算書類承認がなされ，役員全員の改選決議が行われたものであるから，何ら違法な要素は存しないのである。

4 同第4項中，丙田三郎（以下，「三郎」という）が平成○年4月に代表取締役に就任したことは認めるが，その余は全て争う。

三郎は毎月定例の取締役会を招集し，かつ，毎年定時株主総会を開催しており，その場で事業報告を行っている。また，役員報酬についても，総会の決議に従って支給されている。

申立人は利害関係参加人の取締役であり，かつ株主であるが，長年にわたり三郎に非協力的な態度を示してきており，三郎の代表取締役就任後は，取締役会や株主総会の招集を呼びかけても参加を拒み続けてきたものである。

5 同第5項記載の事実は，いずれも取締役会の決議を経ており，かつ，以下のとおり，いずれも合理的な説明がつくものであるから，不正な業務にはあたらない。

(1) 同項1の事実のうち，短期借入金及び長期借入金が平成○年3月31日から平成○年3月31日にかけて，同項1記載のとおり増加していることは認めるが，それは相手方が事業規模の拡張に伴い設備投資のために借入が増加したものであって，何ら違法なものではない。

(2) 同項2の事実のうち，平成○年10月社長専用車を金501万6,650円で購入したことは認めるが，それ以前には社長専用車自体が存在せず，下取車も

第3章　業務および財産の調査に関する事件

存在しなかったのである。
(3)　同項3の事実のうち，平成○年度の租税公課が金1,099万1,815円であったこと，同年度の決算報告書で金1,189万2,027円の繰越欠損として税務申告したこと，そのために税務調査により過少申告として重加算税等を追徴されたこと，中小企業退職金積立金を解約したことは認めるが，その余は否認する。

　　過少申告の内容は，利害関係参加人顧問税理士作成の別紙報告書（略）のとおりである。

　　なお，中小企業退職金積立金の解約に伴う返戻金については，すべて雑収入として計上している。
(4)　同項4の事実のうち，固定資産台帳に○○営業所の取得価格として金345万3,980円を計上していることは認めるが，その余は否認する。利害関係参加人は○○営業所の建物建築費として，実際に同類の金員を支出したものであって，金1,192万3,980円を支出したという事実は存しない。

　　利害関係参加人の手元にある帳簿類を見ても，この件について金1,192万3,980円という数字はどこにも出てこず，仮に申立人の手元にある帳簿類に上の数字が記載されているのであれば，それは虚偽の疑いがある。
(5)　同項5の事実のうち，利害関係参加人が平成○年4月にハイツ○○403号室を社宅として購入したこと，固定資産台帳にハイツ○○403号室の取得価格として金485万4,100円が計上されていることは認めるが，その余は否認する。利害関係参加人が購入資金として実際に支出したのは上記の金員のみであって，金1,650万円で購入したという事実は存しない。

　　前記4と同様に，利害関係参加人の手元にある帳簿類を見ても，上記の件について金1,650万円という数字はどこにも出てこず，仮に申立人の手元にある帳簿類に上の数字が記載されているのであれば，それは虚偽の疑いがある。
(6)　同項6の事実のうち，平成○年3月14日，焼肉レストラン「○○園」に金250万円をガス供給権として支払ったことは認めるが，その余は争う。焼肉レストランの場合，特にガスを大量に使用するので，金250万円という金額は妥当なものであって，他の業種の大口ガス需要者とは比較の対象とはならないのである。

(7) 同項7の事実は認めるが，それは偶々海外旅行中であった士郎の債務を利害関係参加人が立て替えて支払ったという事実があり，海外旅行から帰ってきた後直ぐに士郎から利害関係参加人に返済している。

(8) 同項8の事実のうち，利害関係参加人がイないしニの者に各記載の金員を支払ったことは認めるが，これらの支払は，営業所のリフォーム又は会社の30周年記念行事の一環として支払われた正当なものであって，かつ，その金額も相場に照らして妥当なものである。また，○○左官，○○堂，○○塗装の営業所と利害関係参加人の営業所とは同じ町内にあって，普段から付き合いを行っていたが，それは世間常識の範囲内のものであるし，また，三郎とこれらの会社の関係者とが縁戚関係にあるという事実はない。

(9) 同項9の事実のうち，交際費が平成4年度には121万1,943円であったのに，平成5年度には金350万3,355円に増加したことは認めるが，それは前述のとおり，事業拡張に伴い，必要があった交際費の支出分であり，三郎の個人負担の飲食費を相手方の交際費として計上したという事実は存しない。

利害関係参加人の主張

1 申立人と三郎との関係について

　利害関係参加人は昭和○年に三郎と申立人が中心となって設立した会社であり，昭和○年から平成○年4月に三郎が代表取締役に就任するまでの間，申立人が代表取締役の地位にあった。

　設立当初は両人の関係は良好であったものの，利害関係参加人の業務を拡張するか否かを巡って，徐々に拡張派の三郎と非拡張派の申立人との間に意見の相違する場面が多くなり，遂に平成○年4月，三郎が代表取締役に選任されてからは，お互いに口もきかない状態となったものである。

　その後，申立人は三郎が代表取締役に就任したことは容認しがたいという理由により，三郎が招集する取締役会ひいては株主総会に参加していなかったものである。

2 申立人の適格性について

　会社法358条1項は総株主の議決権の100分の3以上に当たる議決権を有する株主，自己株式を除く発行済株式の100分の3以上の数の株式を有する株主

は会社の業務および財産の状況を調査させるため，検査役の選任申立権を与えている。同条の趣旨は，業務財産状況を直接調査する手段を有しない株主を保護することにある。

ところで，取締役は，取締役会の構成員として取締役会における取締役の職務の監督に関与し，これに必要な範囲において業務財産の状況を調査しうるのである。

したがって，同条の趣旨からすれば，取締役の地位を有する株主については，あえて同条による保護を与える必要がない以上，同条の適用はないというべきである。

本件における申立人は取締役の地位を有しており，そもそも申立人適格を有していないというべきである。

以上

5　裁　判

(1)　選任義務

法定要件を満たす限り、裁判所は検査役を選任することを要し（358条1項）、会社財産の状態が危殆でないことその他の理由をもって申立てを却下することはできない（大決明39・10・25民録12輯1339頁、大決大7・6・2民録24輯1151頁）。

ただし、たとえば競業者が自己の利益を図ることのみを目的とする場合や自己保有株式を高額にて買い取らせることのみを目的として検査役選任請求権を行使している場合などには、申立てが権利濫用に該当するものとして却下できる（東京高決昭40・4・27下民集16巻4号770頁、東京高決昭59・3・23判時1119号144頁）。

(2) 裁　判

却下決定には理由を付さなければならないが(871条)、検査役選任の決定には理由を付する必要はない（871条2号・874条1号）。

検査役選任の裁判は、申立てをした株主および選任された検査役に告知され（非訟56条1項）実務では、会社に対しても告知する取扱いが通例である。検査役選任の効力は検査役に選任された者に対する告知とその者の承諾により生ずる。

なお、裁判所は、終局決定については費用負担の裁判をしなければならない（非訟28条、民訴67条1項）。

(3) 不服申立方法

検査役選任の裁判に対しては、不服申立てが認められない（874条1号）。
申立却下の裁判に対しては、申立人に限り抗告することができる(非訟66条2項)。

【文例28】　検査役選任許可決定

```
平成○年(ヒ)第○○号　検査役選任申立事件

                決　　定

        東京都新宿区○○1丁目2番3号
                申　立　人　山　田　太　郎
        東京都新宿区○○3丁目3番3号　○○ビル
                上記代理人弁護士　川　田　次　郎
        東京都○○区○○1丁目2番3号
                利害関係参加人　C株式会社
                上記代表取締役　海　田　三　郎
```

第3章　業務および財産の調査に関する事件

主　文

1　利害関係参加人の業務及び財産の状況を調査せしめるために下記の者を検査役に選任する。

記

東京都港区○○４丁目５番６号
　　　　　弁護士　空　田　四　郎

2　手続費用は各自の負担とする。

平成○年○月○日

　　　　　　　　　　　　東京地方裁判所
　　　　　　　　　　　　　裁判官　新　宿　太　郎

【文例29】　抗告申立書

抗告申立書

平成○年○月○日

大阪高等裁判所　御中

　　　　　　　抗告人代理人　弁護士　乙　野　次　郎　㊞

　　　　〒000-0000　○○市○○区○○３丁目３番３号
　　　　　　　抗　　告　　人　甲　野　太　郎
（送達場所）〒000-0000　大阪市中央区○○１丁目１番１号　○○ビル
　　　　　　　　　　　　　　電話　00-0000-0000
　　　　　　　　　　　　　　FAX　00-0000-0000
　　　　　　　抗告人代理人弁護士　乙　野　次　郎
　　　　〒000-0000　大阪市○○区○○５丁目５番５号
　　　　　　　相　　　手　　　方　Ａ株式会社
　　　　　　　上記代表者代表取締役　丙　田　三　郎

　上記当事者間の大阪地方裁判所平成○年(ヒ)第○○○号検査役選任申立事件について、同裁判所は平成○年10月２日本件申立てを却下する旨の決定をなし、同月３日抗告人に告知されたが、抗告人は不服であるから抗告の申立てをする。

86

抗告の趣旨

1 原決定はこれを取り消す。
2 相手方の平成○年4月1日以降の業務執行状況及び財産状況を調査させるため検査役を選任する。

との裁判を求める。

抗告の理由

1 原決定には、事実認定と法令の解釈に誤りがある。
2 相手方の代表取締役丙田三郎（以下「丙田」という。）は平成○年4月代表取締役に就任以来、現在まで、1回も株主総会及び取締役会を招集して業務の執行状況等を報告したことがない。
3 また、丙田は取締役会の承諾もしくは決議なしに独断で重要な業務執行を行い、会社に著しい損害を与えている。
4 そこで、抗告人が丙田の業務執行及び財産状況を調査するために、会計の帳簿書類などの閲覧、謄写をさせるよう再三申入れたが、これに応じないため、平成○年8月23日特別に取締役会の招集を求めて、同取締役会において、丙田は取締役の職務遂行に関し法令及び定款に違反する重大な事実ならびに不正行為があり、かつ会社に著しい損害を与えているとして代表取締役を解任した。
5 しかるに、丙田は上記取締役会において、可否同数で新代表取締役が選任されなかったことを奇貨として、自己の不正行為を隠ぺいし、かつ会社を私物化して独断で経営するために、抗告人を相手に取締役解任の訴を提起した。
6 上記のように、丙田は抗告人に対し、取締役としての権限を一切行使させず、取締役解任の訴えについては会社と馴合い訴訟で勝訴している。
7 なお、抗告人は、平成○年10月4日代表取締役丙田三郎の職務停止を求める仮処分申立てと取締役解任の訴えを提起した。

第3章　業務および財産の調査に関する事件

【文例30】　抗告審決定

平成○年㈹第○○号　検査役選任申立てに対する抗告事件

決　　　定

　　　　　○○市○○区○○3丁目3番3号
　　　　　　　抗　　告　　人　甲　野　太　郎
　　　　　○○市○○区○○1丁目1番1号　○○ビル
　　　　　　　抗告人代理人弁護士　乙　野　次　郎
　　　　　○○市○○区○○5丁目5番5号
　　　　　　　相　　手　　方　Ａ株式会社
　　　　　　　上代表者代表取締役　丙　田　三　郎

　○○地方裁判所平成○年㈐第○○号検査役選任申立事件について同裁判所が平成○年○月○日付けでした却下決定に対し，抗告人から抗告の申立てがあったので，当裁判所は次のとおり決定する。

主　　　文

原決定を取り消す。
本件を○○地方裁判所に差し戻す。

理　　　由

1　本件抗告の趣旨及び理由は別紙（略）記載のとおりである。
2　当裁判所の判断
　(1)　記録によれば，原決定書の理由1の(1)ないし(3)記載の事実のほか，相手方が，その定款において，取締役会の承諾なくして会社の株式を譲渡することができない旨を定めていることを認めることができる。
　　　しかして，原決定が，「抗告人（申立人）は相手方の株主であるが取締役であるところ，取締役会の構成員として取締役会における取締役の職務執行の監督に関与し，これに必要な範囲において業務財産の状況を調査しうる取締役たる抗告人に，検査役選任請求権を認める必要はない。」との理由により，抗告人の本件検査役選任申立てを不適法として却下したことは記

録上明らかである。
(2) しかしながら，会社法358条所定の検査役選任請求権を有する株主の範囲を上のように制限的に解さなければならない合理的な理由はこれを見出しがたく，取締役である株主においても，株主として検査役選任請求権を有するものと解するのが相当である。けだし，なるほど一般的あるいは理論的には，原決定説示のように，取締役である株主は，取締役の職務執行の監督権限を有する取締役会の構成員としての立場から，必要な範囲において会社の業務財産の状況を調査することができるものとしても，実際上，ことに小規模で閉鎖的な会社（上記１に認定のところからして，相手方にも，この類型に属する会社であるということができる。）においては，取締役の地位にある者であっても会社の業務財産の状況を調査しこれを把握することができない事態を生ずることがあることはこれを否定しがたいところであり，そのような場合において，同条所定の検査役選任申立ての客観的要件に該当する事実が認められるときであってもなお，株主が取締役でもあることのゆえをもって，当然にそのような株主は検査役選任申立適格を有しないと解さなければならない合理的な理由を見出すことは到底できないからである。
(3) よって，これと異なる見解の下に本件検査役選任申立てを不適法として却下した原決定は不当であるからこれを取り消し，本件を原裁判所に差し戻すこととして，主文のとおり決定する。

平成○年○月○日

　　　　　　　　　　　　　　○○高等裁判所第○民事部
　　　　　　　　　　　　　　裁判長裁判官　甲　川　太　郎
　　　　　　　　　　　　　　裁　判　官　乙　川　次　郎
　　　　　　　　　　　　　　裁　判　官　丙　川　三　郎

6 検査役

(1) 検査役の地位・責任等

検査役の地位については、会社の機関的地位を認める説と、一種の公的機関と解する説に分かれているが、検査役が会社に対して善管注意義務を負担しており、この任務を懈怠した場合には、損害賠償責任を負担することは、すでに検討したとおりである。

なお、検査役が調査事項について裁判所に対して虚偽の申述を行い、事実を隠ぺいした場合、職務に関して不正の請託を受けて財産上の利益を収受した場合には罰則の制裁がある（963条3項・967条1項1号・960条1項8号）。

検査役の報酬は、裁判所が当該会社および検査役の陳述を聴いたうえで決定する（870条1項1号）。この決定については即時抗告することができる（872条4号）。

(2) 検査役の子会社調査権

平成11年商法改正により、選任された検査役は、親会社の業務の執行に不正があるかどうかを判断するため必要があるときは、子会社の業務および財産の状況を調査することができることとされ（旧商294条）、会社法上も同様とされている（358条4項）。

(3) 検査役の報告

検査役は、調査結果を書面または電磁的記録をもって裁判所に報告しなければならない（358条5項）し、裁判所は、その報告について、内容を明瞭にし、またはその根拠を明らかにするため、必要があると認める時は、検査役に対し、さらに報告を求めることができる（358条6項）。

裁判所は、検査役の報告を受けて必要と認めたときは、取締役に対し株主総会を招集させて、その株主総会において検査役の報告の内容を開示させ、あるいは、株主に検査役の調査の結果を通知することを命じなければならない(359条1項)。この株主総会においては、取締役、監査役は、検査役の報告の内容を調査し、その結果を報告しなければならない（359条3項）。

【文例31】 調査報告書

平成○年(ヒ)第○○号
申 立 人　甲　野　太　郎
関 係 人　　Ｙ工業株式会社

調　査　報　告　書

平成○年○月○日

大阪地方裁判所第○民事部　御中

〒000-0000　大阪市○○区○○町1番地　○○ビル
Ｙ工業株式会社検査役

弁護士　山　田　太　郎　㊞

　上記当事者間の頭書事件につき，当職は御庁より関係人の業務及び財産状況を調査するために，検査役に選任されましたので，調査の結果を下記のとおり報告いたします。

第1　検査事項及び検査の概要
　1　検査事項
　　　平成○年○月○日御庁より命ぜられた検査事項は，次のとおりである。
　　(1)　別紙目録（略）記載の建物（以下，「本件建物」という）の賃借当初からの利用状況
　　(2)　本件建物の賃料の支払状況
　2　検査の手続の概要
　　(1)　検査役就任後本件記録の謄写申立てをなし，本件記録を謄写した。

(2) 平成○年○月19日午後3時頃より，大阪市○区○○町1番3号○○ビル5階監査法人○○会計事務所大阪事務所において，公認会計士海川山男に対し，本件の調査を依頼し，承諾を得るとともに，本件記録に基づき打ち合わせを行った。
(3) 同月27日，午後5時頃より，当職事務所において，申立人甲野太郎より事情聴取をなした。
(4) 同月30日午前10時頃より，当職事務所において，公認会計士海川山男と共に，関係人管理部長より事情聴取をなした。
(5) 同年○月9日午前10時頃より奈良県○○郡○○町大字○○123番地の本件建物内において，公認会計士海川山男と共に，関係人代表者甲野次郎，同専務取締役甲野三郎より事情聴取すると共に，同人ら立会の上で本件建物及びその敷地につき調査し，検査に必要な資料の提供を求めた。
(6) 前同日以降，同年○月4日迄延12日間にわたり，公認会計士海川山男により，関係人本店事務所及び前記監査法人○○会計事務所大阪事務所において調査が実施された。
(7) 同年○月4日午前11時頃より，当職事務所において，当職は公認会計士海川山男より，調査報告書及び添付書類を受領し，報告を受けると共に，調査及び報告書作成の経緯につき説明を受けた。
(8) 同年○月11日午前11時頃より，東京都○区○○1丁目2番3号○○ビル内関係人東京支店事務所において，同支店食品事業部部長らより，約50分にわたり，事情聴取を行った。

第2 検査の結果
 1 本件建物の賃借当時からの利用状況について
  (1) 当事者の主張
   (ア) 申立人
      毎月1回5人程度宛従業員を宿泊させているようであるが，関係人の賃借建物としての外形を整えているに過ぎない。
   (イ) 関係人
      本件建物は次の利用目的のために使用されている。
      ① 毎月（但し，12月を除く）下旬に関係人の本社において2日間

にわたり開催される営業会議の当日又はその前日における参加従業員の研修，会議
②　上記営業会議開催日又はその前日における参加従業員の宿泊
③　関係人の取引先の接待等
(2)　当職の検査結果
　(ア)　当職及び補助者たる公認会計士は，上(1)(イ)②の事実については，相手方に保存されている証憑類により，これを認めることができた。
①　すなわち，関係人提出の宿泊者リスト（公認会計士の調査報告書添付資料4）（宿泊日及び宿泊者名を記載）を基礎とし，
②　本社会議開催案内等の証憑類により，上記宿泊日に対応する期間に本社営業会議が開催されている事実を確認し，
③　支店組織図，就労状況報告書資料，出勤表その他の証憑類により，宿泊者が関係人の従業員である事実を確認し，
④　連絡書，出張予定費用明細，出勤表，個人別旅費，宿泊費の証憑綴その他の証憑類により，宿泊者が本社営業会議に出席している事実を確認したうえ，
⑤　以上の証憑類及び会議宿泊書（宿泊場所割振の事実を確認），車両現況表，守衛日報（関係人本社事務所から本件建物への交通手段を確認），個人別旅費，宿泊費の証憑綴，各支店及び本社の経費元帳，決算書等の資料により，宿泊者の前記①の宿泊者リスト通りの宿泊の事実を確認し，
⑥　さらに，本件建物についても実地検証の結果，本件建物の構造（公認会計士の報告書添付資料1，2），寝具その他の備品の備置状況（同3）が上記⑤の宿泊の事実と矛盾しないこと，及び本件建物内に宿泊回数の多い従業員の洗面用具が備え置かれている事実等も確認できた。
　　　以上の客観的資料に基づく確認の結果は，当職が各関係者より事情聴取した内容と何ら矛盾せず，かつ，宿泊時の状況等に関する，関係人の役員，従業員，本件建物の管理者等の供述の相互間に何ら矛盾，不合理，不自然な点は認められなかった。
　　　なお，申立人は，「上記宿泊は関係人の賃借建物としての外形

を整えるためのものに過ぎない」旨主張するが，当職の調査した範囲内では，そのような作為性を疑うべき事実は見当たらなかった。
(イ) 当職及び補助者たる公認会計士は，前記(1)(イ)①③の事実については，その有無を立証する証憑類を認めることができなかった。

なお，当職が関係者から事情聴取した結果は，次の通りである。
① 研修

関係人の「本件建物が本社営業会議後の関係人従業員の研修に使用されている」旨の主張に関連して，当職が関係者から事情聴取したところによれば，次の諸事実に関する関係人の役員，従業員，本件建物の管理者の供述はいずれも具体的であり，その相互間に矛盾又は不合理，不自然な点は認められなかった。

㋐ 本社営業会議終了後，全国から参加した従業員は，関係人本店事務所付近で夕食をとった上，各自に指定された宿泊場所であるホテル，関係人代表者甲野次郎宅又は本件建物に向う。

㋑ 本件建物へは，午後八時頃到着し，宿泊者は，通常公認会計士の調査報告書添付資料１のうち⑤，⑥の部屋に集まり，適宜，備置のウイスキー等の飲酒，雑談等に及び，備付けのカラオケを利用し，あるいは各自風呂に入る等し，就寝時間まで過ごすが，

A・本件建物の近隣の○○郡○○町○○111番地に居宅を有する関係人代表者甲野次郎が本件建物を訪れ，又は本件建物の宿泊者が単独であるいは数名で順次同人宅に呼出されることがあり，そのようなときには，宿泊者が所属する営業所の業務その他に関し事情聴取，意見交換等が行われたり，

B・本件建物の管理者でもある関係人の専務取締役甲野三郎が宿泊者の部屋を訪れ，コミュニケーションの機会が持たれることがある。

㋒ 本件建物の宿泊者は，本社営業会議出席者である関係人の

3事業部（但し，現行の事業部制が導入されたのは最近である）である〇〇事業部，〇〇事業部，〇〇事業部の各営業所の責任者（主任又は課長以上）であり，関係人の中堅管理層から成り，相互に面識のある者同士であり，また，上記3事業部のうち〇〇事業部の従業員の比重が相対的に高いが，各営業所の担当者の業務には相互に関連性もあり，また，それら担当者の中には広域の転勤者もある等の理由から，宿泊者相互間の情報交換，親睦もはかられている。

㊁ 本件建物の宿泊者に〇〇事業担当者が多いのは，本件建物の管理者たる前記甲野三郎が長く当該部門を担当してきたことにも関連するものであり，本件建物新築以前は，本社営業会議後，同事業の担当者が若干名同人の居宅である当時のマンションに分宿していた。

㊄ 宿泊者は，公認会計士の調査報告書添付資料1の⑤，⑥及び⑨乃至⑪の部屋に就寝する。

㊅ 宿泊日の翌朝は，上記甲野三郎の妻の手作りの朝食が提供され，宿泊者は午前7時15分頃本件建物を出る。

② 接客

関係人の「本件建物がその取引先の接客及び宿泊に使用されている」旨の主張に関連して，当職が関係者から事情聴取したところによれば，次の諸事情に関する関係人の役員，従業員，本件建物の管理者の供述の相互間には矛盾又は不合理な点は認められなかったが，当職の事情聴取した範囲内では，関係人代表者甲野次郎を除くその余の関係者からは，上記接客及びその費用の出捐は専ら甲野次郎が同人の判断で同人の費用負担において行っている等の理由で，必ずしも接客の状況に関する具体的な供述を得ることはできなかった外，上記甲野次郎からも具体的に特定された接客日，取引先等に関する説明を受けることはできなかった。

また，当職は，以上のとおりである外，関係人の接待を受けた取引先の名簿及び接客日のリストの提供も受けていないので，

接客先からの事情聴取もこれを行うことはできなかった。
- (イ) 関係人の3事業部のうち，○○事業部は，いわゆる○○○への販売を担当しているが，小規模営業者たる取引先との意思疎通の確保及び指導，援助が同事業部の売上確保のため必要，不可欠でもある。
- (ロ) 関係人の創業者でもある上記甲野次郎は，それら取引先と知己であり，また同事業部の事業は，関係人の今日の基礎となった重要な事業分野でもある。
- (ハ) 関係人の取引先である主要な取引先は約300名程度であり，随時，関係人の本社又は営業所を訪れており，上(イ)，(ロ)の理由から，上記甲野次郎は本社においてその応接にあたる外，月に1，2回程度本件建物に招き，接待，宿泊の用に供している。

2 本件建物の賃料の支払状況
 (1) 当事者の主張
  (ア) 申立人
    本件建物の賃貸借の契約条件については争いがない。
  (イ) 関係人
    関係人は，平成○年5月以降，本件建物の賃貸人甲野次郎に対し，月額金50万円の賃料を支払っている。
 (2) 当職の検査結果
    当職及び補助者たる公認会計士は，関係人に保存されている賃貸借契約書，領収書（公認会計士の調査報告書添付資料），現金出納帳等の証憑書類により，上(1)(イ)の平成○年5月以降平成○年3月迄毎月金50万円合計金1,150万円の支払がなされた事実はこれを認めることができた。

第3 結語
本件に関する当職の検査の内容及び結果は以上の通りである。

添付書類

1 公認会計士海川山男の調査報告書及び添付資料　　　各1通

【文例32】 株主総会招集決定

>   決　　　定
>
> 　　○○市○○区○○7丁目7番7号
> 　　　　　申　　立　　人　甲　山　太　郎
> 　　大阪市中央区○○2丁目2番2号　○○ビル
> 　　　　　申立人代理人弁護士　乙　山　次　郎
> 　　大阪市○○区○○3丁目3番3号
> 　　　　　関　係　人　D株式会社
> 　　　　　上代表者代表取締役　丙　山　三　郎
>
> 　平成○年㈲第○号検査役選任申立事件において選任した検査役の報告により必要があると認めるので，当裁判所は職権をもって，会社法359条1項1号によって次のとおり決定する。
>
> 　　　　　　　　　　主　　　文
> 　関係人代表者代表取締役丙山三郎は，平成○年○月○日までに，関係人の株主総会を招集しなければならない。
> 　　平成○年○月○日
> 　　　　　　　　　　大阪地方裁判所
> 　　　　　　　　　　　　裁判官　山　田　太　郎

V 持分会社の持分差押債権者による保全処分申立て

1 はじめに

　会社法609条1項前段は、持分会社の社員の持分を差し押えた債権者は、事

97

業年度の終わりにその社員を退社させることができることを規定し、同項後段は、当該債権者は、会社およびその社員に対して6カ月前にその予告をする必要があることを規定する。

同条は、社員の持分の差押権者にその社員を一方的に退社させ得る権利を与え、退社によって社員が受ける持分の払戻請求権により満足を得させようとするものである。

社員が財産隠匿等のため会社を設立してこれに出資したときは、設立の取消しを求めるか(832条2号)、破産手続開始決定を求めるか、または持分の差押えをする必要がある。しかし、前二者は簡便ではなく、また持分の差押えをしても他の社員の同意のない限り換価することはできない(585条1項)。そこで、立法論として、差押債権者が社員の退社を請求することを得るものと定むべきことが主張されていた。そして、平成13年11月の商法改正にあたり、ドイツ商法135条にならい、旧商法91条1項が新設され（上柳ほか・注釈(1)（古瀬村邦夫）345頁・346頁）、この制度は会社法にも引き継がれた。

これを受けて、609条1項後段の予告をした債権者は、会社の本店所在地の地方裁判所に持分の払戻しの請求権の保全に関し必要なる処分をすることを申し立てることができるものとした（609条3項・868条1項）。

2 申立ての要件

持分会社の社員の持分を差し押さえる必要がある。また、当該債権者は、会社および社員に対して6カ月前にその予告をする必要がある。

3 申立ての手続

(1) 管　轄

管轄裁判所は、会社の本店所在地の地方裁判所である（868条1項）。

(2) 申立人

申立人は、持分会社の社員の持分を差し押えた者であり、当該社員を退社させることをその6カ月前に予告をなした債権者である（609条3項・1項）。

(3) 申立ての方式等

(イ) 申立ての方式

申立ては書面で行わなければならない（会社非訟規則1条）。

(ロ) 記載事項

申立書の記載事項については、申立ての一般的記載事項を定める会社非訟事件等手続規則2条1項・2項による。具体的な記載事項については、第1章Ⅳ2を参照されたい。

(ハ) 証拠書類

証拠書類があるときは、その写しを添付する（非訟規則37条3項）。

通常は、差押決定正本、予告通知書等の写しが申立書に添付される。

【文例33】 持分会社の持分差押債権者による保全処分申立書

合名会社の持分差押債権者による保全処分申立書

債権者の表示　別紙債権者目録記載のとおり
債務者の表示　別紙債務者目録記載のとおり

平成〇年〇月3日

大阪地方裁判所民事第4部　御中

申立人代理人
弁護士　〇　〇　〇　〇　㊞

申立ての趣旨

債務者は，別紙物件目録（略）記載の不動産について，譲渡並びに質権，抵当権及び賃借権の設定その他一切の処分をしてはならないとの決定を求める。

申立ての原因となるべき事実

1 　債権者は，債務者の社員である甲野一郎の持分につき債権差押命令申立を行い，平成○年8月31日，差押命令が発令された（大阪地方裁判所平成○年(ケ)第△△号）（甲2）。
2 　債権者は，平成○年9月1日，債務者及び甲野一郎に対し，平成○年3月1日に退社させることを予告した（甲3）。
3 　債務者及び甲野一郎は，通謀の上，債務者の主要な財産である別紙物件目録記載の不動産を時価を大幅に下回る金額で処分しようとしている。
4 　仮に上記処分が実行されれば，甲野一郎の持分が著しく減少することは明らかである。
5 　よって，本件申立てに及んだ次第である。

証拠方法

1 　甲1　登記事項証明書
2 　甲2　債権差押命令決定正本
3 　甲3　予告通知書

添付書類

1 　登記事項証明書
2 　甲号証の写し　　　各1通
3 　委任状　　　　　　1通

債権者目録

〒000-0000　大阪市中央区○○△丁目△番△号
　　　　　　　申　　立　　人　　○　○　○　○

（送達場所）〒000-0000　大阪市中央区○○△丁目△番△号　○○ビル

Ⅴ 持分会社の持分差押債権者による保全処分申立て

```
                              電話  00-0000-0000
                              FAX  00-0000-0000
                     申 立 人 代 理 人
                     弁    護    士  ○ ○ ○ ○
```

債務者目録

〒000-0000　大阪市天王寺区○○△丁目△番△号
　　　　　　　　　　　　　　　　債務者　合名会社○○

4　審理・裁判

(1)　審　理

　持分会社の持分差押債権者による保全処分申立ての審理について、会社法、会社非訟事件等手続規則は格別の規定をおいていない。

(2)　裁　判

　裁判は理由を付した決定をもってなし（871条、非訟54条）、決定に対しては利害関係人は即時抗告をすることができる（872条1号）。
　なお、裁判所は、終局決定については費用負担の裁判をしなければならない（非訟28条、民訴67条1項）。

【文例34】　持分会社の持分差押債権者による保全処分決定

```
平成○年(ヨ)第○○号
                    決    定
         債権者及び債務者の表示    別紙（略）のとおり
```

第3章　業務および財産の調査に関する事件

　債権者，申立ての趣旨及び原因となるべき事実は別紙（略）申立書のとおり。
　当裁判所は債権者の申立てを理由があるものと認め，次のとおり決定する。

主　　文

　債務者は，別紙物件目録（略）記載の不動産について，譲渡並びに質権，抵当権及び賃借権の設定その他一切の処分をしてはならない。
　平成〇年〇月〇日
　　　　　　　　　　　　　　　　　　大阪地方裁判所民事第4部
　　　　　　　　　　　　　　　　　　　　裁判官　〇　〇　〇

第4章　総会に関する事件

I　総会検査役選任

1　はじめに

　総株主の議決権の100分の1以上（これを下回る割合を定款で定めた場合はその割合）を有する（公開会社においては、6カ月前から引き続き有する）株主は、総会招集の手続およびその決議の方法を調査させるため、総会に先立って、裁判所に対し、検査役の選任の申立てをすることができる（306条1項・2項）。検査役は、その調査の結果を裁判所に報告し（同条5項）、裁判所は、必要があると認めるときは、あらためて取締役に株主総会を招集させ、または、検査役の調査の結果を株主に通知させる、もしくは、その双方をさせなければならない（307条5項）。これを総会検査役制度という。

　総会検査役制度は、昭和56年商法等改正において、株主提案権（旧商232条ノ2）、取締役および監査役の説明義務（旧商237条ノ3）、株主の権利行使に関する利益供与の禁止（旧商294条ノ2）、旧特例法上の大会社であって議決権を有する株主の数が1000人以上の会社に対する書面投票制度（旧監査特例21条の3）等とともに、株主総会の活性化を図る目的で新設された制度であり、会社法にも引き継がれている。

　総会検査役制度には次の2つの機能がある。
　①　違法抑制機能　　裁判所が選任し、総会後に裁判所に対して報告書を提出する職務を負う検査役が調査を行うことから、事実上、違法ないし不公正な手続が防止される。
　②　証拠保全機能　　事後に総会の招集手続または決議方法の違法性また

第4章 総会に関する事件

はその著しい不公正さが問題となった場合に（831条1項1号）、検査役の報告書が重要な証拠資料になる。

なお、総会検査役制度が少数株主権として規定されていることから、検査役制度の目的は、少数株主が総会において議事運営上不公正な取扱いを受けないように担保することにあるとの見解（河本一郎「総会検査役」法セミ363号66頁）もあるが、総会検査役制度は、検査役の選任申立てをした少数株主のためではなく、会社およびすべての株主のために総会の正常な運営を担保するための制度であるとの見解（神崎克郎「株主総会その2」税経セミナー26巻13号52頁、上柳ほか・注釈(5)〔森本滋〕121頁、龍田節「株主総会の正常化」ジュリ747号110頁）が一般的である。

2 会社による検査役選任申立て

旧商法下においては、検査役の選任は一定の要件を満たす株主にのみ認められていた（旧237条ノ2第1項）が、会社法においては、会社の側から株主総会の招集手続等の適正、公正を客観的に担保することを可能にするために、会社にも検査役の選任申立権が認められた（306条1項）。

［総会検査役選任とその後の手続］

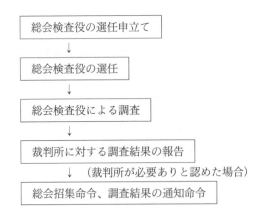

3　申立ての要件

(1)　形式的要件

　検査役の選任申立てができるのは、会社あるいは一定の要件を満たす株主である。

　株主が申し立てる場合の要件は、会社の類型により異なる。旧商法下においては、すべての株式会社について、「6カ月前より引き続き総株主の議決権の100分の1以上を有する株主」との要件が設けられていたが、会社法においては、会社の類型により、以下のとおり区別されている。

① 　公開会社である取締役会設置会社

　　　6カ月前から引き続き、当該株主総会の目的事項の全部または一部について議決権を行使することのできる株主の議決権の100分の1以上の議決権を有する株主であること（306条1項・2項・298条1項2号）

② 　公開会社でない取締役会設置会社

　　　当該株主総会の目的事項の全部または一部について議決権を行使することのできる株主の議決権の100分の1以上の議決権を有する株主であること（306条1項・2項・298条1項2号）

③ 　取締役会設置会社でない会社

　　　株主総会決議事項の全部または一部（当該株主総会の目的事項に限らない）について議決権を行使することのできる株主の議決権の100分の1以上の議決権を有する株主（306条1項）

議決権のない株式としては単元未満株式（308条1項ただし書）、自己株式（308条2項）、相互保有株式（308条1項本文かっこ書）、議決権制限株式（108条1項3号）等がある。

　「6カ月前から」との要件は定款の定めにより短縮することが可能であり、

「100分の1以上」との要件も定款の定めにより軽減することができるが、いずれの要件も定款の定めによって加重することはできない。

複数の株主の議決権を合計することによって議決権保有要件を満たす場合には、複数の株主が共同で検査役選任の申立てをすることができる。

また、公開会社において株主が検査役選任の申立てをするには総株主の議決権の100分の1以上の議決権を6カ月前から引き続き有することが要件とされているが、この「6カ月前から引き続き有する」とは、「検査役選任申立て時における総株主の議決権の100分の1以上の議決権を6カ月前から有する」という意味ではなく、「検査役選任申立て前6カ月のいかなる時期においても、それぞれの時点における総株主の議決権の100分の1以上の議決権を有する」という意味である（東京地裁・類型別155頁）。

議決権保有要件は、検査役選任申立て時にこれを満たしている必要があり、かつ、その後検査役選任の決定があるまで、これを持続していなければならない（山口・実務371頁、東京地裁・類型別155頁）。

なお、旧商法下での業務および財産状況に関する検査役選任申立て（旧商294条1項）についてのものであるが、発行済みの新株引受権付社債の社債権者が株主による検査役選任申請の後に新株引受権を行使し、これに伴う新株発行によって検査役選任申請をした株主の議決権割合が100分の3を下回った場合について、会社が株主の権利行使をことさら妨害する意図で新株発行をしたなどの特段の事情がない限り、申請の適格を欠くとした判例がある（最判平18・9・28判時1950号163頁）。

(2) 実質的要件

検査役の選任の申立てをするために必要な実質的要件は存在しない。申立てを受理した裁判所は、上記の形式的要件さえ満たし、不適法として却下する理由がなければ、検査役の必要性の有無（たとえば、株主間に会社の経営権等

をめぐる対立があるか否か、前回の総会において招集手続その他の運営に問題があったと認められるか否か等）を考慮することなく、検査役を選任しなければならない（306条3項。岡山地決昭59・3・7商事1003号52頁、東京高決昭59・7・20判タ540号317頁）。

　もっとも、一般の権利濫用理論（民1条3項）については、検査役選任申立てに適用されないとする理由はない（前掲・岡山地決昭59・3・7は、「申立人らの実質的意図が会社とは関係のない他の目的のためであった場合には、権利の濫用として申立を却下すべきものと考える」と説示している）が、前記のとおり、総会検査役制度は会社とすべての株主のために後日紛争となった場合に備えて証拠を収集し、株主総会の適正な運営を図るための制度であり、また、検査役の選任は会社の業務および株主総会の運営にとって特段の支障を来すものではないから、検査役の選任申立てが権利の濫用に当たる場合というのは、極めて少ないであろうとされている（山口・大系（垣内正）259頁、岩原編コンメンタール7（青竹）121頁、東京地裁・類型別156頁参照）。

4　申立ての手続

(1)　管　轄

管轄裁判所は、会社の本店所在地の地方裁判所である（868条1項）。

(2)　申立ての時期

　検査役の選任申立ては、対象となる総会の前になされなければならない。選任申立ての審理中に総会が終了したときには、申立ての利益がなくなり、申立ては却下される（前掲・東京高決昭59・7・20）。株主による検査役の選任申立ては、株主が総会の招集通知を受け取ってからなされることが多く、申立てから総会の会日まであまり時間がないのが通常であるが、申立人の議決

権保有要件の調査、検査役候補者の人選等に相当の時間を要するので、申立てはできるだけ早く行う必要がある。

(3) 申立書

申立書の一般的な記載事項については、第1章Ⅳ2(1)を参照されたい。

(イ) 申立ての趣旨

検査の目的には検査役が検査すべき事項を記載するが、検査役の権限は招集手続と決議方法の調査に法律上定型化されており（306条1項）、申立人が検査の目的を限定して記載する意味はなく、検査の目的の記載は調査対象たる株主総会の特定ができていれば足りる（山口・大系（垣内）259頁、東京地裁・実務218頁。もっとも、株主が検査役選任の申立てをするにあたっては、検査の目的として特にどの点の調査を要するかを記載すべきであるとする見解もある。大隅健一郎＝今井宏『会社法論中巻』91頁）。

(ロ) 申立ての原因および理由

一般に、申立ての原因となるべき事実には、いかなる理由で検査役の選任の申立てをするかを記載するが、前記のとおり、総会検査役の選任には実質的要件は存在せず、裁判所は形式的要件さえ充足していれば検査役の選任を行わなければならないから、株主総会の開催の事実以外については、検査役選任の必要性を具体的に記載する必要はない。ただし、実務的には、裁判所が検査役候補者の人選や報酬額を見越しての予納額の決定等のための資料として検査役の選任申立てに至った事情を知る必要があるから、申立書に検査役選任の必要性や問題となることが推定される調査の要点などの具体的記載がなされることが望ましい場合も多い（東京地裁・類型別157頁、大阪地裁・実務ガイド151頁）。

(ハ) 申立てを理由づける具体的な事実ごとの証拠

株主総会の開催の事実を証明する招集通知（会社が申立人の場合は招集を決議

した取締役会議事録等を含む)、申立人たる株主の議決権保有要件については、株主名簿(振替株式の場合は個別株主通知の申出をしたことを証する受付票)等の証拠を提出することになる。なお、資料がないときには、審問等の方法で疎明する以外にない。

(4) 添付書類

検査役選任の申立書には、会社の登記事項証明書(会社非訟規則3条1項1号)、申立人の資格証明書(非訟規則12条)、委任状(非訟規則16条1項)のほか証拠書類の写しを添付しなければならない(非訟規則37条3項)。

【文例35】 株主総会検査役選任申立書

検査役選任申立書

平成○年○月○日

東京地方裁判所民事第○部　御中

申立人代理人
弁護士　○　○　○　○　㊞
同　　　○　○　○　○　㊞

〒000-0000　東京都千代田区丸の内○丁目○番○号
申立人　Ａ　株　式　会　社
上記代表者代表取締役　○　○　○　○

(送達場所)
〒000-0000　東京都千代田区丸の内○丁目○番○号　○○ビル
○○法律事務所　電　話　03(0000)0000
FAX　03(0000)0000
上記申立人代理人
弁護士　○　○　○　○

第4章　総会に関する事件

　　　　　　　　　　　　　　　　　　　　同　　○　　○　　○　　○

　　　　　　　　　　　　　　申立ての趣旨
　株式会社B（本店　東京都中央区銀座○丁目○番○号）の平成○年○月○日開催の株主総会の招集の手続及び決議の方法を調査させるため検査役の選任を求める。

　　　　　　　　　　　　　　申立て理由
1　申立人は，株式会社B（本店　東京都中央区銀座○丁目○番○号）の総株主の議決権の100分の1以上にあたる○○個の議決権を6カ月前から引き続き有する株主である。
2　株式会社Bでは，平成○年○月○日午前11時に，第○○回定時株主総会を開催する予定である（以下「本件株主総会」という）。
3　本件株主総会においては，申立人提案にかかる定款一部変更の件（第○号議案）が会議の目的として予定されている。
　　しかるところ，株式会社Bの取締役会は上記議案に対し反対意見を表明しており，公正な総会運営がなされないおそれがある。
4　よって，申立人は，会社法306条1項，2項に基づき，本件株主総会の招集の手続及び決議の方法を調査させるため総会検査役の選任を求めるものである。

　　　　　　　　　　　　　　疎明方法
　甲第1号証　　株式会社B登記事項証明書
　甲第2号証　　株主名簿写
　甲第3号証　　株式会社B第○○回定時株主総会招集通知

　　　　　　　　　　　　　　添付書類
1　甲号証写し
2　A株式会社登記事項証明書
3　委任状

Ⅰ　総会検査役選任

5　審　理

(1)　審理の対象

　裁判所は、申立書の記載事項、申立人の議決権保有要件、その他前記の形式的要件を審査し、これが充足されていれば検査役を選任する。取締役や監査役の陳述を聴く必要はない（870条1項）。

　ただし、実務では、申立人の議決権保有要件の確認のほか、検査役の人選・人数、予納金の額等を決定する資料とするため、原則として代表取締役等会社側の関係者を審問し、会社の規模、株主数、過去の株主総会の出席者数等の状況などを聴取している（山口・実務372頁、大阪地裁・実務ガイド155頁）。

【文例36】　株式会社の意見書

```
平成〇年(ヒ)第〇〇号　総会検査役選任申立事件
申　立　人　　Ａ株式会社

　　　　　　　　　　意　見　書
　　　　　　　　　　　　　　　　　　　　　　　平成〇年〇月〇日
東京地方裁判所民事第〇部　御中
　　　　　　　　　〒000-0000　東京都中央区銀座〇丁目〇番〇号　〇〇ビル
　　　　　　　　　　　　　　〇〇法律事務所　電話　03(0000)0000
　　　　　　　　　　　　　　　　　　　　　　FAX　03(0000)0000
　　　　　　　　　　　　　　株式会社Ｂ代理人
　　　　　　　　　　　　　　　　　　弁護士　〇　〇　〇　〇
　　　　　　　　　　　　　　　　　　同　　　〇　〇　〇　〇

第1　申立ての趣旨に対する意見
　　　本件申立てを却下する
```

111

との決定を求める。
第2　意見の理由
 1　申立人は，株式会社B（以下「当社」という。）の株主であると同時に，当社の取引先であり，当社は申立人に対し，毎月末締め翌日10日払いの約定で継続的に別紙（略）記載の商品（以下「本件商品」という。）を販売していたところ，申立人は，平成○年3月1日から同年3月末日までの間に当社が申立人に対して販売した本件商品の販売代金合計金○○○○円の支払いを怠った。
 2　当社は申立人に対し，再三にわたり上記代金の支払を請求したが，申立人は支払をしなかったことから，当社は，平成○年○月○日，貴庁に対し，上記代金の支払を求める売買代金請求訴訟（以下「本件訴訟」という。）を提起した（御庁平成○年(ﾜ)第○○○号事件）。
 3　申立人は，本件訴訟に対し，第1回口頭弁論期日において請求棄却を求める答弁書を提出したのみで，今日に至るまで，具体的な反論は全くなし得ていないが，訴訟外で，当社に対し，繰り返し本件訴訟を取り下げるよう強い要請があった。
 4　ところが，平成○年○月○日に至り，申立人は，突然，当社が同年○月○日に開催予定の株主総会（以下「本件株主総会」という。）について，総会検査役の選任の申立てをするに至った。もちろん，これまで，当社の株主総会において，その招集手続あるいは決議方法について問題が生じたことは一切ない。
 5　このように，申立人による総会検査役の選任申立ては，真実，株主総会の招集手続及び決議方法の調査を目的とするものではなく，単に，当社をして本件訴訟を取り下げさせ，あるいは，本件訴訟を有利に進めることを目的とするものであることは明白である。
 6　以上のとおりであるから，申立人による本件総会に関する検査役の選任申立ては，明らかに権利の濫用であり，却下されるべきである。

以　上

(2) 複数申立ての場合

同一の総会に関し、複数の少数株主から別個に検査役選任申立てがなされた場合、裁判所は、それぞれ別個に検査役を選任する必要はない。ある少数株主による検査役選任申立てに対する検査役選任決定の前に、別の少数株主から別個の検査役選任申立てがなされた場合には、裁判所は手続を併合して検査役を選任すればよく、検査役選任決定の後に別個の申立てがなされた場合には、申立ての利益を欠くとして申立てを却下すればよい。もっとも、新たな申立てによって検査役の人数が足りないと思料する場合には、事案に応じて、前の決定の変更として、または新たな申立てを認めて、検査役の追加選任をすることができる。

(3) 検査役の人選

検査役の資格要件については特に規定はなく、裁判所の裁量により検査役の人選がなされるが、取締役、監査役、使用人、顧問弁護士等の関係者は排除される。実務では、会社と特別の関係のない弁護士が選任されている。

なお、申立人にあらかじめ検査役候補者を用意させ、この者を検査役に選任するという方法はとらず、独自に人選を行っている場合が多い（東京地裁・類型別157頁、大阪地裁・実務ガイド155頁）。

6 裁 判

(1) 総会検査役選任の裁判

総会検査役選任の裁判は、決定により行われ（非訟54条）、申立人および検査役に告知される（非訟56条1項）。なお、株主が申立人の場合、会社は当事者でも裁判を受ける者でもないが、実務上は告知されている（大阪地裁・実務ガ

イド159頁)。また、検査役が調査の結果を報告すべき期間が定められることもある（大阪地裁・実務ガイド158頁)。

【文例37】 検査役選任決定書

```
平成○年(ヒ)第○○号　検査役選任申立事件

                    決　　　定

        大阪市○○区○○△丁目△番△号
            申　　立　　人　　○○○○株式会社
            同代表者代表取締役　○　○　○　○
            同代理人弁護士　　　○　○　○　○

　申立人の申立てにかかる頭書事件について，当裁判所は，申立てを理由あるものと認め，会社法306条1項ないし3項に基づき，次のとおり決定する。

                    主　　　文

1　申立人の平成○年○月○日開催の臨時株主総会の招集の手続及び決議の方法を調査させるため，事務所大阪市中央区○○○丁目○番○号○○ビル○○法律事務所　弁護士○○○○を検査役に選任する。
2　手続費用は各自の負担とする。

　平成○年○月○日
                        大阪地方裁判所第4民事部
                            裁　判　官　　○　○　○　○
```

(2)　申立ての取下げ

　申立人は，選任決定の前であれば，申立てを取り下げることができ，選任決定の後も裁判所の許可を得て取り下げることができる（非訟63条1項)。

総会検査役選任の決定の後、裁判所は、事情変更を理由として裁判の取消しまたは変更を行うことができる（非訟59条）。

(3) 不服申立て

検査役選任決定に対しては、会社は不服申立権を有しない(874条1号)。検査役も不服があれば検査役就任を拒否すれば足りるから、不服申立てをする利益はない。

申立てを却下する裁判に対しては、申立人は即時抗告をすることができる（非訟66条2項）。

7 検査役の地位および権限

(1) 検査役の地位

検査役は会社の臨時の機関であり、検査役と会社の関係は準委任関係にある。したがって、検査役の検査に要する費用は会社が負担することになる(民649条・650条)。実務上は、申立人に費用を予納させ、予納金から費用を支弁し、申立人から会社に求償させている。

検査役の報酬も会社が負担する(306条4項)。検査役の報酬は、裁判所が会社および検査役の陳述を聞いたうえで決定する（306条4項・870条1項1号)。この決定に対しては、会社および検査役は即時抗告をすることができる（872条4号）。

会社は検査役を解任することはできず、必要があるときは裁判所に対して検査役選任の裁判の取消し・変更を求めることになる（非訟59条1項、上柳ほか・注釈(5)（森本）126頁）。

第4章　総会に関する事件

【文例38】　検査役の報酬決定

```
平成〇年(ヒ)第〇〇号　検査役選任申立事件

               決　　　定

       大阪市〇〇区〇〇△丁目△番△号
           申　　立　　人　　〇〇〇〇株式会社
           同代表者代表取締役　　〇　〇　〇　〇
           同 代 理 人 弁 護 士　　〇　〇　〇　〇
       事務所　大阪市中央区〇〇△丁目△番△号
           〇〇法律事務所
           検　　査　　役　　〇　〇　〇　〇

  頭書事件について，当裁判所は，申立人及び検査役の陳述を聴いて，次のと
おり決定する。


               主　　　文
  検査役に対して支払う費用の額を〇万円，報酬の額を〇万円とそれぞれ定め
る。


   平成〇年〇月〇日
                      大阪地方裁判所第4民事部
                          裁　判　官　　〇　〇　〇　〇
```

(2)　検査役の権限

(イ)　調査の対象

　検査役の調査対象は、株主総会の招集の手続および決議の方法である。調査の対象は手続面に関するものであるが、招集の手続および決議の方法に関する限り、総会の招集から総会の開会・議事の運営・決議・閉会等のすべて

の過程に及ぶ。具体的には、次のような事項が調査対象となる。

　　　(イ)　招集の手続

　総会招集を決定する取締役会決議、招集通知と添付書類（株主総会参考書類、議決権行使書面等）の記載内容・様式および全株主への発送、株主の提案権行使がある場合の株主提案の処理等である。

　　　(ロ)　決議の方法

　出席株主の資格・委任状の確認等の受付事務、出席株主の議決権数の集計、議決権行使書面の内容、賛否議決権数の集計、定足数、議事運営、行使された議決権の内容およびその計算等である。特に、委任状争奪戦となっている場合の委任状の取扱、株式買取請求権の前提として反対株主の確認が必要となる場合の確認方法、特定の事項について取締役の説明義務がある場合の説明内容など、事案に応じて重点を置いて調査すべき事項がある場合もある。

　　　(ロ)　調査の権限

　検査役には、招集手続および決議方法に違法がないかどうかを判断するための基礎となる事実について調査を行う権限および義務がある。違法かどうかの法的判断を行うことまでは要求されていない。

　検査役は、上記の事実を調査するために、総会会場への入場、株主から返送された委任状や議決権行使書面その他関係書類の閲覧、総会招集を決議した取締役会の議事録の閲覧等を行うことができ、必要があれば速記者等の補助者を総会会場へ入場させることができる（岩原編コンメンタール7（青竹）123頁、山口・実務374頁、東京地裁・類型別161頁）。その他、事案に応じてビデオカメラ等で会場を撮影する者や、受付事務に立ち会わせる補助者などを配置することも考えられる。

　なお、取締役または監査役が検査役の調査を妨害した場合には、過料に処せられる（976条5号）。

第4章　総会に関する事件

　　(ハ)　調査結果の報告

　検査役は、調査結果を書面または電磁的記録により裁判所に報告しなければならない（306条5項）。

　検査役の調査目的は事実の明確化であるが、単に事実を羅列することが検査役の職務ではなく、招集決定や招集通知および添付書類が適法か否か、決議方法が適法か否か、著しく不公正と認められる事実があるか否か、などを判断する基礎となる事実を法的な観点から整理し、裁判所に報告しなければならない（上柳ほか・注釈(5)128頁）。

　裁判所は、検査役の調査についてその内容を明瞭にし、または、その根拠を確認するために必要があると認めるときは、検査役にさらに報告を求めることができる（306条6項）。

　東京地裁、大阪地裁では、総会が終わった時点で検査役から口頭で簡単な報告を受け、その際、総会の状況等に応じて調査結果のうち報告書に特に詳細に記載する点等報告書の記載内容および報告書の提出時期の予定について説明を受け、裁判所の了解のもとに報告書の作成が行われている、とされている（東京地裁・実務227頁、大阪地裁・実務ガイド161頁）。選任の決定において会社非訟事件等手続規則10条に基づき、報告すべき期日を定めることもある、とされている（大阪地裁・実務ガイド158頁）。

　なお、報告書は検査役が申立人である株主と会社に写しを交付することとされているが（306条7項）、実務上、報告書はその写し（申立人が株主の場合は2通、会社の場合は1通）とともに裁判所に提出され、裁判所から申立人および会社に対して写しが交付される（東京地裁・類型別161頁）。

【文例39】　調査報告書

平成○年(ヒ)第○○号　総会検査役選任申立事件
申　立　人　　Ａ　株　式　会　社

118

… 総会検査役選任

総会検査役報告書

平成○年○月○日

東京地方裁判所民事第8部　御中

検査役
弁護士　○　○　○　○　㊞

　上記申立人の申立てにかかる総会検査役選任申立事件について，平成○年○月○日開催された株式会社Bの第○○回定時株主総会の招集の手続及び決議の方法の調査の結果を，次のとおりご報告申し上げます。

第1　検査の経過概要について
　1　当職は，平成○年○月○日，御庁において，上記総会検査役選任決定を受領した後，引き続き，当職補助者弁護士○○○○と共に，申立人代理人弁護士○○○○，同○○○○，株式会社B代理人弁護士○○○○，同○○○○，株式会社B総務課長○○○○，同法務室長○○○○に面接し，議場の設営，総会当日の受付，議事の録音，ビデオ撮影の方法，議決における採決方法，その他簡単な打合せを行うとともに，株式会社B代理人に会社の定款，株主総会招集通知等の資料の交付を依頼した。
　2　当職は，平成○年○月○日，○○法律事務所において，当職補助者○○と共に株式会社B代理人弁護士○○○○及び○○○○に面接し，会社の定款，株主総会招集通知等の交付を受けた。そして，その場で，招集通知発送に関して，同人らから事情を聴取し調査した。
　3　平成○年○月○日午前10時ころ，当職は，当職補助者○○○○と共に総会会場である○○ホテル（東京都中央区銀座○丁目○番○号）○階○○の間に到着した。到着後，当職らは，株式会社B代理人である○○弁護士と簡単に打ち合わせを行い，議場の設営，ビデオカメラの設置状況，録音テープ等につき，確認を行った。
　4　株主総会は，同日午前11時に，株式会社Bの代表取締役社長である○○○○が議長となって始まり，午後1時30分終了した。株主総会の進行についての調査内容は，後記第3，第4記載のとおりである。

第2　株主総会の招集手続について

第4章 総会に関する事件

 1　上記株主総会当日の株主名簿によると，株式会社Bの総株主の議決権数は〇〇万個，議決権を有する株主数は，次のとおり10名であった。

　　　　株　主　名　　　　議決権数
　(1)　〇〇株式会社　　　〇〇〇〇個
　(2)　株式会社〇〇〇〇　〇〇〇〇個
　　　　　・　　　　　　　　　・
　　　　　・　　　　　　　　　・
　　　　　・　　　　　　　　　・
　(10)　〇〇〇〇株式会社　〇〇〇〇個

 2　6カ月前より引き続き総株主の議決権の100分の1以上株式を有する株主A株式会社は，平成〇年〇月〇日，株式会社B代表取締役〇〇〇〇に対し，書面をもって，第4号議案を本定時株主総会の会議の目的とすること，並びに同号議案及び同提案の理由を株主総会招集通知及び添付の株主総会参考書類に記載することを請求した。

　　これに対し，株式会社Bは，上記提案を本定時株主総会の会議の目的とし，総会招集通知及び添付の株主総会参考書類に同号議案の内容及び提案の理由を記載した。

 3　株式会社Bは，定款の招集手続規定に基づき，平成〇年〇月〇日，上記(1)ないし(10)の株主に対し，株主総会参考書類、計算書類、監査報告書及び委任状を添付した株主総会招集通知を手渡しの方法にて交付し，株主総会の招集を通知した。

 4　以上より，株主総会の招集手続について，特に違法と疑うべき事実は見当たらなかった。

第3　総会当日の受付状況

 1　株主総会は，平成〇年〇月〇日，定刻の午前11時までに，株主総会会場として株式会社B側で設営した〇〇ホテル〇階〇〇の間に，次のとおりの株主（本人及び代理人）並びに取締役及び監査役が出席して，開催された。

　　(1)　　株　主　名　　　　代　理　人
　　　①　〇〇株式会社　　　　〇〇〇〇
　　　②　株式会社〇〇〇〇　　〇〇〇〇
　　　　　　　・　　　　　　　　・

　　　　　　　　　・
　　　　　　　　　・
　　　　　　　　　・
　　　　⑩　〇〇〇〇株式会社　　〇　〇　〇　〇
　　(2)　出席役員
　　　　　代表取締役　　　　　　〇　〇　〇　〇
　　　　　　同　　　　　　　　　〇　〇　〇　〇
　　　　　取締役　　　　　　　　〇　〇　〇　〇
　　　　　　同　　　　　　　　　〇　〇　〇　〇
　　　　　　同　　　　　　　　　〇　〇　〇　〇
　　　　　　同　　　　　　　　　〇　〇　〇　〇
　　　　　　同　　　　　　　　　〇　〇　〇　〇
　　　　　監査役　　　　　　　　〇　〇　〇　〇
　　　　　　同　　　　　　　　　〇　〇　〇　〇
　　　　　　同　　　　　　　　　〇　〇　〇　〇
 2　受付事務
　　受付事務は，当職ら立会の下に株式会社Ｂ法務室長〇〇〇〇ら従業員が行った。
　　本人出席の前記１，④⑤の株主については，資格証明書及び面識ある株式会社Ｂの従業員により，出席者が本人であることの確認をした。
　　その他の株主については，代理人出席であった。株式会社Ｂの定款には，「株主は代理人をもってその議決権を行使することができるが，その場合は，代理権を証する書面を被申立人に差し出すことを要する」旨の規定がある（定款第〇条）。
　　そこで，委任状，届出印又は印鑑証明書その他の方法により授権の確認をし，身分証明書又は面識ある株式会社Ｂの従業員により，代理人と出席者との同一性を確認した。
第４　株主総会決議の経過及びその方法について
 1　午前11時，株式会社Ｂ代表取締役社長〇〇〇〇（以下「議長」という。）が，会社定款第〇条〇項に基づき，自分がこの株主総会の議長になる旨宣言した。このとき，株主Ａ株式会社代理人〇〇〇〇から，…………に関する質問がなされたが，議長は総会の議題とは無関係であることを理由に

第4章　総会に関する事件

　　質問に回答せず，議事を進行した。
 2　そして，株式会社B総務課長○○○○から，平成○年3月31日現在の株主数は10名，総株主の議決権は○○個，本日の出席数は，代理出席を含め合計10名，その議決権は合計○○個であるとの報告があった。
　　また，議長は，本日出席している株主が特別決議の定足数を満たしていることを確認した。
　　その後，株式会社B監査役○○○○から監査報告がなされ，議長から，会社法438条3項，439条に基づき，事業報告の内容，計算書類の内容につき報告がなされた。
 3　決議事項第1号議案（第○○期剰余金処分案承認の件）について
　(1)　報告後，議長が，議案の審議及び決議に入る旨宣言し，第1号議案を上程し，同議案について説明した。
　(2)　その後，議長が，同議案についての質問を求めたところ，株主A株式会社代理人○○○○から，監査役及び取締役に対し，株式会社Bと株式会社Eとの間の取引に関して，「利益相反取引に該当しないのか，取締役会に対してどのような形で報告されていたのか」との質問があった。これに対し，株式会社B監査役○○○○及び議長から，監査報告と同旨である旨の説明があった。
　(3)　同議案の採決に先立ち，株主A株式会社代理人○○○○から，採決方法に関し，採決にあたっては，賛成，反対，棄権を明確に確認すべきとの動議が提出された。これに対し，議長は，賛成多数をもって採決することを提案し，議場に諮ったところ，株主の中から「異議なし」との声が挙がり，上記議長案は，賛成多数をもって了承された。
　(4)　その後，議長が，同号議案につき，採決したところ，株主の中から，「異議なし」との声が挙がり，議長が確認して，同号議案は賛成多数をもって承認可決された。
 4　決議事項第2号議案（取締役3名選任の件）について
　(1)　議長が，本定時総会終結の時をもって辞任する取締役○○○○氏，○○○○氏及び○○○○氏の補欠として，○○○○氏，○○○○氏及び○○○○氏の取締役選任の議案を上程し，同各氏の略歴等を説明した。
　(2)　議長が審議に入る旨宣言し，質問を受付けたところ，株主A株式会社

代理人〇〇〇〇から,「今回の取締役の交代は,実質的に株式会社Bによる取締役の解任であり,株主の取締役選任権を無視しているのではないか」との質問がなされ,これに対し,議長から,今回の取締役交代はあくまでも,取締役の辞任に伴うものである旨及び辞任の理由を説明した。
 (3) 同議案の採決に先立ち,株主A株式会社代理人〇〇〇〇から,採決方法に関し,「採決にあたっては,賛成,反対,棄権を明確に確認すべきである」との動議が提出された。これに対し,株主株式会社F代理人〇〇〇〇から,「賛成多数のみで採決するべきである」との提案がなされ,議長が上記株主株式会社Fの提案を議場に諮ったところ,株主の中から「異議なし」との声が挙がり,議長が確認して,上記提案は賛成多数をもって了承された。
 (4) さらに,株主株式会社C代理人〇〇〇〇から,取締役選任につき,「各候補者につき個別に採決をすべきである」との動議が提出された。これに対し,議長は,個別ではなくて,3名一括で採決をすることを提案し,上記議長案を議場に諮ったところ,株主の中から「異議なし」との声が挙がり,議長が確認して,上記議長案が賛成多数をもって了承された。
 (5) その後,議長が同議案に賛成する株主に挙手を求める形で採決し,同議案は賛成多数をもって承認可決され,上記3名が取締役に選任され,各氏はそれぞれ就任を承諾した。
5 決議事項第3号議案(退任取締役に対する退職慰労金贈呈の件)について
 (1) 議長は,本議案を上程し,「本総会終結の時をもって退任する取締役〇〇〇〇氏,〇〇〇〇氏及び〇〇〇〇氏の各氏に対し,在任中の労に報いるため,株式会社B所定の基準による相当額の範囲内で慰労金を贈呈し,具体的な金額,時期,方法等は取締役会の決議に一任し,株式会社Bの内規に基づき,従来の慣例を勘案の上決定することとしたい」旨,及び「株式会社Bの内規による基準は,退職時の本給月額に0.6を乗じた額に取締役在任月数を乗じた数値を基準にしている」旨説明し,審議に入った。
 (2) 審議に入ると,株主A株式会社代理人〇〇〇〇から,「上記規定以外に加算減算の規定はないのか」との質問があり,これに対し,議長は,「加算減算の規定はあるが,使用していない」旨説明した。

(3)　また，株主Ａ株式会社代理人○○○○から，「同号議案の採決方法につき，賛成，反対，棄権をそれぞれ確認すべきである」との動議が提出された。これに対し，株主株式会社Ｆ代理人○○○○より，「賛成のみの採決方法を採るべきである」との提案がなされた。

　　議長が株主株式会社Ｆの上記提案を議場に諮ったところ，株主の中から「異議なし」との声が挙がり，議長が確認して，上記提案が賛成多数をもって了承された。

　(4)　その後，議長が，同議案につき賛成する株主に挙手を求める形で採決し，同議案は賛成多数をもって承認可決された。

6　決議事項第4号議案（定款一部変更の件）について
　(1)　議長は，同議案を上程し，同議案を提出した株主Ａ株式会社に対しその説明を求めた。株主Ａ株式会社代理人○○○○は，株主総会招集通知に添付した書類の提案の理由に加えて，……旨説明した。

　　これに対し，議長から，同議案についての取締役会の意見として，「……であるので，同議案には反対する」旨の発言があった。

　　その後，同議案についての審議に入った。

　(2)　審議にはいると，株主株式会社Ｇ代理人○○○○より，……との質問がなされた。

　　これに対し，議長は，……と説明した。

　(3)　その後，議長は，同議案について，他の株主に意見を求めた。

　　これに応じて，株主株式会社Ｆ代理人○○○○から，「Ａ株式会社の同議案についての説明を十分に理解することができたので，定款を変更する必要はない」との意見，株主Ｈ株式会社代理人○○○○から，「……であるので同号議案については反対する」旨の意見が表明された。

　(4)　ここで，株主株式会社Ｉ代理人○○○○から，「同議案については，既に質問，説明が尽くされているので，採決すべきである」との動議が提出された。

　　これに対して，株主Ａ株式会社代理人○○○○から，質疑継続の要請があり，議長は，株主株式会社Ｉの動議を一旦保留し，質疑継続を認めた。

　　そして，株主Ａ株式会社代理人○○○○から，……との質問がなされ

　　　　た。
　　　　　これに対し，議長は，……との説明をした。
　　(5)　その後，議長が，保留されていた採決の動議を議場に諮ったところ，株主の中から「異議なし」との声が挙がり，議長が確認して，賛成多数により審議を打ち切り，採決を行うことが了承された。
　　(6)　そこで，議長が，同議案につき賛成する株主，反対する株主にそれぞれ挙手を求め，採決を行ったところ，賛成〇〇．〇パーセント（〇名），反対〇〇．〇パーセント（〇名），棄権〇．〇パーセント（〇名）で，同議案は承認否決された。
7　議長は，議案全ての決議が終了したので，午後1時30分，閉会を宣言した。

　　　　　　　　　　　　　添付書類
1　定款
2　株主提案権行使書
3　株主一覧表
4　株主総会招集通知書
5　委任状用紙
6　第〇〇回定時株主総会出席者名簿
7　株主資格審査チェックリスト
8　委任状，資格証明書，印鑑証明書
9　第〇〇回定時株主総会速記録
10　第〇〇回定時株主総会録音テープ反訳書

　　　　　　　　　　　　　　　　　　　　　　　　　　以　　上

II　株主総会招集許可

1　はじめに

　株主総会は、取締役会設置会社においては、原則として、取締役会の決議

に基づいて、代表取締役が招集する（298条4項・296条3項）。取締役会の設置されていない会社においては、原則として、取締役が決定し、招集する（298条1項・296条3項）。そこでは取締役が主導権を握り、株主は、基本的には取締役が提出する議案について、賛否の意思を表示するだけである。

　しかし、法定決議事項その他重要な事項について会社の意思決定が必要であるにもかかわらず、取締役会もしくは取締役が株主総会の招集を決議もしくは決定せず、または、代表取締役もしくは取締役が株主総会を招集しない場合、一定の要件を満たす株主は取締役に対して株主総会の招集を請求したうえ、株主自らが裁判所の許可を得て株主総会を招集することが認められている（297条1項・4項）。

　この制度は、ある事項について株主総会の決議を得ることが必要であるにもかかわらず、取締役が株主総会を招集しない場合に、少数株主に主導権の発動を認め、必要な決議を得られるようにしたものである（酒巻俊雄ほか編『逐条解説会社法(4)』（潘阿憲）46頁）。

[少数株主による総会招集手続]

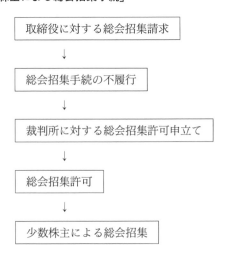

以下、株式会社の少数株主による株主総会招集請求について解説する。

2 申立ての要件

　公開会社において、一定の株主総会の目的事項について総株主の議決権の100分の3以上の議決権を6カ月前から引き続き有する株主(公開会社でない会社においては、「6箇月前から引き続き」との要件は不要とされている(297条2項))は、目的事項、招集の理由を示して取締役に対して株主総会の招集を請求することができ(297条1項・3項)、適法な総会招集請求がなされたにもかかわらず取締役が遅滞なく総会の招集手続をしなかった場合、または取締役が招集請求の日から8週間以内の日を会日とする総会の招集通知を発しなかった場合には、総会の招集を請求した株主は、裁判所に対し、総会の招集許可を申し立てることができる(297条4項)。

　なお、平成14年商法改正により、旧商法237条3項後段の規定により少数株主が株主総会を招集することができる要件について、請求があった日から6週間以内の日を会日とする総会の招集の通知が発せられなかったときという規定が、8週間以内の日を会日とする総会の招集の通知が発せられなかったときと変更され(平成14年改正後の旧商237条3項)、会社法上も同様となっている。

(1) 議決権保有要件

　裁判所に対して総会の招集許可の申立てをするためには、一定の株主総会の目的事項について、総株主の議決権の100分の3以上の議決権を有していなければならない。

(イ) 議決権のない株式の取扱い

　株式の内容として、招集請求において株主総会の目的事項とした事項について議決権の行使ができない株式(108条1項3号)、会社の有する自己株式(308

第4章　総会に関する事件

条2項)、子会社の有する親会社の株式およびいわゆる相互保有株式(308条1項括弧内)等の議決権のない株式は、総株主の議決権には参入されない。

　(ロ)　**公開会社における要件**

「公開会社における総株主の議決権の100分の3以上の議決権を6カ月前から引き続き有する」とは、「総会の招集請求時における総株主の議決権の100分の3以上の議決権を6カ月前から有する」という意味ではなく、「総会の招集請求前6カ月のいかなる時期においても、それぞれの時点における総株主の議決権の100分の3以上の議決権を有する」という意味であると解するのが通説である（酒巻ほか・前掲（潘）48頁）。

6カ月の期間は、総会の招集請求の日から逆算して丸6カ月の期間を意味する（提案権行使の持株要件に関する東京地判昭60・10・29商事1057号34頁、酒巻ほか・前掲（潘）48頁）。

複数の株主の合計保有議決権数がこの要件を満たす場合には、共同して総会の招集請求をすることができる。

なお、株式保有期間の終期は、裁判所の許可決定が確定した時ではなく、当該総会が終結する時であると解される（東京地裁・類型別14頁、山口・実務305頁）。

(2)　適法な株主総会招集請求がなされたこと

前記(1)の要件を満たす株主は、会議の目的たる事項および招集の理由を取締役に示して、総会の招集を請求することができる（297条1項）。

　(イ)　**会議の目的たる事項の範囲**

会議の目的たる事項の範囲について条文上の制限はないが、計算書類の承認および役員の改選を議題とすることについては、次の問題がある。

　　(A)　計算書類の承認

定時株主総会に計算書類を提出・提供するには、会社が計算書類を作成し、

監査役設置会社(監査役の監査の範囲を会計に関するものに限定する旨の定款の定めがある場合を含む)では監査役の監査を受け、さらに取締役会設置会社では取締役会の承認を受ける必要がある(435条ないし438条)。このように、株主が自ら計算書類を作成して株主総会に提出・提供することはできないから、会社において計算書類の作成・監査等を経る見込みがない限り、計算書類の承認を議題とする株主総会を招集しても無意味となる。少数株主による計算書類の承認を議題とする株主総会の招集請求ができないとまでは解されないが、実際に有効な株主総会を実施することは困難である（東京地裁・類型別16頁、山口・実務304頁)。

また、定時株主総会は、毎事業年度の終了後一定の時期に招集される株主総会であり(296条1項)、株主名簿の基準日にかかわる規制との関係から(124条2項)、その基準日後3カ月以内に開催すべきことになる。そうすると、定時株主総会の開催時期に関しては一定の範囲で会社の裁量が認められていると考えられるから、その期間内は、少数株主による計算書類の承認を議題とする株主総会の招集請求はできないと解される（東京地裁・類型別16頁、山口・実務303頁)。

⑻　役員の改選

取締役の任期は、定款で短縮している場合、あるいは公開会社でない会社において定款で伸長している場合を除き、選任後2年以内に終了する事業年度のうち最終のものに関する定時株主総会の終結の時までとされており(332条1項・2項)、また、監査役の任期については、公開会社でない会社において定款で伸長している場合を除き、選任後4年以内に終了する事業年度のうち最終のものに関する定時株主総会の終結の時までとされている（336条1項・2項)。これらを文字どおりに解釈すると、定時株主総会の終結がない限り、役員の任期は満了しないとも思える。

しかし、定時株主総会が所定の時期に開催されない場合には、その所定の

第4章　総会に関する事件

時期の経過とともに、取締役の任期は当然に終了すると解される(横浜地決昭31・8・8下民集7巻8号2133頁、岡山地決昭34・8・22下民集10巻8号1740頁)。同様に、定時株主総会が所定の時期に開催されない場合には、その所定の時期の経過とともに、監査役の任期は当然に終了すると解される(上柳ほか・注釈(6)（加美和照）438頁)。

　したがって、株主は、通常であれば定時株主総会を開催すべき時期を経過すれば、役員の改選を議題とする株主総会の招集を請求することができると解される。

　なお、任期満了による退任により役員に欠員が生じた場合、任期満了により退任した役員はなお役員としての権利義務を有するが(346条1項)、これを解任する必要はないので（最判平20・2・26民集62巻2号638頁)、議題としては、「取締役Aの任期満了による後任取締役1名選任」でよい(東京地裁・類型別17頁)。

　(ロ)　**招集請求の方法**

　　(A)　**招集請求の相手方**

　招集請求の相手方は取締役である（297条1項）が、取締役会設置会社においてこれが代表取締役に限られるか否かについては争いがある。代表取締役が死亡等により存在しない場合などを考えると、代表取締役に限定されるとするのは適当ではないように思われるが、このような特別な事情がない限り、招集請求は代表取締役に対して行うことが、無用の争いを避ける意味で妥当である。

　　(B)　**招集請求の記載事項**

　招集請求は、会議の目的たる事項（議題）および招集の理由を示して行う必要がある。議案を示す必要はない。

【文例40】 株主総会招集請求書

株主総会招集請求書

　請求人らは，A株式会社（以下「当社」といいます。）の株主であり，下記のとおり総株主の議決権の100分の3以上の議決権を有しておりますので，会社法297条1項に基づき，下記のとおり当社の株主総会の招集を請求します。

記

1　会議の目的たる事項
　(1)　取締役〇〇〇〇および同〇〇〇〇解任の件
　(2)　後任取締役2名選任の件
　(3)　監査役〇〇〇〇解任の件
　(4)　後任監査役1名選任の件
2　招集の理由
　(1)　取締役〇〇〇〇および同〇〇〇〇は，いずれも取締役として不適任であり解任相当である。
　　　この解任に伴い，請求人らとしては，後任取締役2名を選任したい。
　(2)　また，監査役〇〇〇〇は，監査役として不適任であり解任相当である。
　　　この解任に伴い，請求人らとしては，後任監査役1名を選任したい。
　(3)　よって，以上につき臨時株主総会の招集を求める次第である。
3　請求人らの議決権の表示
　　　　　請求人　〇〇〇〇　　100個
　　　　　同　　　〇〇〇〇　　100個
　　　　　以上合計　　　　　　200個

以　上

平成〇年〇月〇日

〇〇市〇〇区〇〇1丁目1番1号
請求人　〇　〇　〇　〇
〇〇市〇〇区〇〇2丁目2番2号
請求人　〇　〇　〇　〇

```
                            ○○市○○区○○7丁目8番9号　○○ビル
                            ○○法律事務所
                                上記請求人ら代理人
                                          弁護士　○　○　○　○


○○市○○区○○3丁目3番3号
  被請求人A株式会社
    代表取締役　○　○　○　○　　殿

                    この郵便物は平成○年○月○日第○○号
                    書留内容証明郵便物として差し出したことを証明します。
                                   日本郵便株式会社
```

(3) 総会招集手続がなされなかったこと

　株主が適法な総会招集請求を行ったにもかかわらず、遅滞なく総会招集手続がなされず、または、請求のあった日から8週間以内の日を会日とする総会招集通知が発せられなかった場合、その株主は、裁判所に対し、株主総会の招集許可を申し立てることができる（297条4項）。

(イ) 遅滞なく総会招集手続がなされなかったこと

　総会招集手続に遅滞があったか否かは、招集手続の段階ごとに判断される。総会招集を決議する取締役会の開催、基準日の公告、招集通知の発送等、いずれの段階に遅滞があってもこの要件を満たす。

　遅滞なく総会の招集手続がなされたとしても、株主が取締役に示した会議の目的たる事項の全部または一部が招集通知に掲げられていない場合は、この要件に該当する。

　なお、株主から総会招集許可の申立てがなされた後、招集許可決定前に、会社より総会の招集手続がなされた場合には、当該総会の会日が株主の請求

の日から8週間を超える日であっても、裁判所が少数株主による総会招集を許可したとしても会社の招集した総会より前に総会を開催できる見込みがない場合には、総会招集許可の申立ての利益は失われる（横浜地決昭54・11・27金商606号34頁、東京地決昭63・11・2判時1294号133頁）。

　㈿　請求の日から8週間以内の日を会日とする株主総会の招集の通知が発せられないこと

　総会招集手続が遅滞なくなされたとしても、総会の会日が請求の日から8週間以内の日でない場合には、総会招集請求をした株主は、裁判所に対し、株主総会の招集許可を申立てることができる。

3　申立ての手続

⑴　管　轄

管轄裁判所は会社の本店所在地の地方裁判所である（868条1項）。

⑵　申立手続

総会招集の許可申立ては、書面で行わなければならない（非訟43条1項、会社非訟規則1条）。

申立書の記載事項および添付書類については、第1章Ⅳ2⑴を参照されたい。

【文例41】　株主総会招集許可申立書

　　　　　　　　　　株主総会招集許可申立書

　　　　　　　　　　　　　　　　　　　　　　　平成○年○月○日

○○地方裁判所第○民事部　御中

第4章　総会に関する事件

申立人ら代理人
弁護士　〇　〇　〇　〇　㊞

〒000-0000　〇〇市〇〇区〇〇1丁目1番1号
申立人　〇　〇　〇　〇
〒000-0000　〇〇市〇〇区〇〇2丁目2番2号
申立人　〇　〇　〇　〇
（送達場所）〒000-0000　〇〇市〇〇区〇〇7丁目8番9号　〇〇ビル
　　　　　　〇〇法律事務所　電話　00-0000-0000
FAX　00-0000-0000
申立人ら代理人弁護士　〇　〇　〇　〇

申立ての趣旨

　申立人が，A株式会社（本店　〇〇市〇〇区〇〇3丁目3番3号）の取締役〇〇〇〇，同〇〇〇〇及び監査役〇〇〇〇の解任，並びに，後任取締役2名及び後任監査役1名の選任の件を株主総会の目的である事項とする同社の株主総会を招集することを許可する，との裁判を求める。

申立ての理由

1　A株式会社（以下「本件会社」という。）は，発行済株式総数が1000株の株式の譲渡制限に関する定款の定めを設けている株式会社である。
　　申立人らは，それぞれ本件会社の株式100株を保有し，総株主の議決権の100分の3以上の議決権を有する株主である。
2　本件会社の取締役〇〇〇〇及び同〇〇〇〇，並びに監査役〇〇〇〇は取締役又は監査役として不適任であり，早急に臨時株主総会を招集して同人らの取締役または監査役解任決議を得る必要がある。
3　そこで申立人らは平成〇年〇月〇日に，本件会社の代表取締役〇〇〇〇に対し，書面をもって申立ての趣旨記載の事項を目的とする臨時株主総会の招集を請求した。
4　これに対し，上記代表取締役〇〇〇〇は，株主総会の招集手続を怠り，今日に至っている。
5　よって，申立人らは会社法297条4項に基づき，申立ての趣旨記載の事項を

目的とする臨時株主総会招集の許可を求める。

添付資料

甲第1号証　履歴事項全部証明書
甲第2号証　定款
甲第3号証の1，2　株主名簿記載事項証明書
甲第4号証　株主総会招集請求書
甲第5号証　郵便物配達証明書
甲第6号証　陳述書

添付書類

1　申立書副本　　　　　　1通
2　甲号証写し　　　　　　各2通
3　委任状　　　　　　　　2通
4　履歴事項全部証明書　　1通

4　審　理

(1)　審理手続

　株主の総会招集請求後遅滞なく総会招集手続がなされなかった事実または請求の日から8週間以内の日を会日とする総会の招集通知がなされなかった事実が疎明されなければならない（869条）。
　裁判所は、法律上、会社の陳述を聴くことは必要とされていない（870条）が、実務的には会社の意見を聴取する機会が設けられている。会社および取締役は、「裁判の結果により直接の影響を受けるもの」として、利害関係参加許可の申立てをすることができる（非訟21条2項）。
　また、裁判所は、職権をもって裁判所書記官に調査させることができ（会社非訟規則5条）、必要と認める証拠調べをしなければならない（非訟49条1項）。

第4章　総会に関する事件

【文例42】　利害関係参加人の意見書

平成○年(ヒ)第○○号　株主総会招集許可申立事件
申立人　○　○　○　○　外1名

意　見　書

平成○年○月○日

○○地方裁判所第○民事部　御中

　　　　　　　　利害関係参加人Ａ株式会社代理人
　　　　　　　　　　　　　　弁護士　○　○　○　○　㊞

第1　申立ての趣旨に対する意見
　　　申立人らの申立てを却下する。
　　　との裁判を求める。
第2　申立ての理由に対する意見
　1　第1項は認める。
　2　第2項は否認する。
　3　第3項は認める。
　4　第4項中，利害関係参加人の代表取締役が株主総会の招集をしていないことは認め，怠っているとの点は否認する。
　5　第5項は争う。
第3　利害関係参加人の意見
　　　申立人らの本件株主総会の招集請求は権利の濫用である。
　1　申立人らの主張する決議が成立する可能性はない。
　　　申立人らの保有議決権数は合計200個であるが，利害関係参加人の株主である○○○○および○○○○は，それぞれ利害関係参加人の議決権を300個ずつ保有しており，その合計は総株主の議決権数の過半数を超える600個であるところ，両名とも申立人らの要求する決議内容に反対する意思を表明している。
　　　従って，本申立てに基づいて株主総会の招集許可が発令され，利害関係参加人の株主総会が招集されたとしても，その総会において申立人らの要求する決議が成立する可能性は全くない。

> 2　役員選任はわずか4カ月前に開催された定時株主総会においてなされた。
> 　申立人らが解任請求している役員は，いずれも平成〇年〇月〇日に開催された定時株主総会において選任されており，その時には，申立人らも同役員らの選任に賛成していた。
> 　その後，およそ4カ月の間，利害関係参加人は順調に経営を行っており，同人らが役員として不適任であると認めるべき事実は全く存在してしない。
> 3　よって，申立人らの本件株主総会招集許可申立ては，会社の利益に反することが明らかであり，権利の濫用にあたるから，却下されるべきである。
> 　　　　　　　　　　　　　　　　　　　　　　　　　　　　以　上

(2)　審理対象

　裁判所の審理対象は、前記の総会招集許可申立ての要件が具備されているか否かである。

　なお、総会招集許可申立てについても、権利濫用理論の適用があり得るが、株式会社における重要事項の最終的な意思決定は株主総会でなされるべきであることに鑑み、その適用は限定的になされるべきである。申立てが権利濫用に該当する可能性があるのは、次の要件を充足している場合であると解される（山口・実務306頁、東京地裁・類型別19頁、上柳ほか・注釈(5)（河本一郎）116頁）。

(イ)　客観的要件

　総会を招集することが、客観的に見て実益がないばかりか、かえって有害であること。たとえば、分配可能額がないことが明白なのに剰余金配当を議題とする場合、会社の信用を害する場合、経営が混乱に陥る場合等があげられる。

　なお、取締役側が議決権の過半数を有しており、決議成立の可能性がない場合でも、これのみで総会招集許可申立てが権利濫用に該当するということ

はできないと解される（東京地決昭63・11・2判時1294号133頁は、「少数株主の招集による総会において当該少数株主の期待する決議がなされるかどうかということは招集許可申請の当否を判断するにあたって考慮にいれる必要のない事項である」と説示する。これに対し、決議成立の可能性がないことを理由として権利濫用を認めたものとして、神戸地尼崎支決昭61・7・7商事1084号48頁があるが、この理由のみで却下するのは適切でない）。

　　　㈹　主観的要件

申立人に害意があること。害意とは、会社の信用を害することや取締役を困惑に陥れること等についての故意である。

5　裁　判

裁判所は、審理の結果、前記2（申立ての要件）記載の総会招集許可申立ての要件が認められる場合には申立てを認容し、この要件が認められない場合または申立てが権利の濫用に該当する場合には申立てを却下する。裁判は、決定によりなされ（非訟54条）、申立人に告知することによって効力を生じる（非訟56条2項・3項）。

招集許可の裁判では、通常、期間を限って招集を許可される。

招集許可の裁判に対しては不服申立ては許されず（874条4号）、却下決定に対しては、申立人は、即時抗告をすることができる（非訟66条2項）。即時抗告は、2週間の不変期間内にしなければならない（非訟67条）。

なお、手続費用は、旧非訟事件手続法では、申立人負担が原則とされ（旧非訟26条本文）、特別の事情があるときは「関係人」に費用の全部または一部を負担させることができるとされていた（旧非訟28条）。また、手続費用の負担の裁判については任意とされていた（旧非訟27条）。これに対し、新非訟事件手続法では、各自負担が原則とされ（非訟26条1項）、事情により当事者等26条2項各号に列挙されている者（新非訟事件手続法においては、裁判所が裁量により費

用を負担させることができる者の範囲が明確にされた）に費用の全部または一部を負担させることができるとされている。また、手続費用の負担の裁判は、事件を完結する裁判において必ず必要とされている（非訟28条1項、民訴67条1項）。

【文例43】 招集許可決定

```
平成○年(ヒ)第○○号　株主総会招集許可申立事件

                    決　　　定

        ○○市○○区○○1丁目1番1号
            申　　立　　人　　○　○　○　○
        ○○市○○区○○2丁目2番2号
            申　　立　　人　　○　○　○　○
            上記2名代理人弁護士　○　○　○　○
        ○○市○○区○○3丁目3番3号
            利害関係参加人　　A　株　式　会　社
            代表者代表取締役　○　○　○　○
            同代理人弁護士　　○　○　○　○

  上記申立事件につき，当裁判所は，会社法297条4項に基づき，次のとおり決定する。

                    主　　　文

1　申立人が，A株式会社（本店　○○市○○区○○3丁目3番3号）の取締役○○○○，同○○○○及び監査役○○○○の解任，並びに，後任取締役2名及び後任監査役1名の選任の件を株主総会の目的である事項とし，平成○○年○○月○○日までの日を株主総会の日とする同社の株主総会を招集することを許可する。
2　手続費用は各自の負担とする。
```

第4章　総会に関する事件

　　　平成○年○月○日
　　　　　　　　　　　　　○○地方裁判所第○民事部
　　　　　　　　　　　　　　　裁判官　　○　○　○　○

【文例44】　申立却下決定

平成○○年(ヒ)第○○○号　株主総会招集許可申立事件

　　　　　　　　　　決　　　　定

　　　○○市○○区○○1丁目1番1号
　　　　　　　申　　立　　人　　○　○　○　○
　　　○○市○○区○○2丁目2番2号
　　　　　　　申　　立　　人　　○　○　○　○
　　　　　上記2名代理人弁護士　　○　○　○　○
　　　○○市○○区○○3丁目3番3号
　　　　　　　利害関係参加人　A　株　式　会　社
　　　　　　代表者代表取締役　　○　○　○　○
　　　　　　　同代理人弁護士　　○　○　○　○

　　　　　　　　　　主　　　文
1　申立人らの申立てを却下する。
2　手続費用は各自の負担とする。

　　　　　　　　　　事実及び理由

　　（略）

　　平成○年○月○日
　　　　　　　　　　　　　○○地方裁判所第○民事部
　　　　　　　　　　　　　　　裁判官　　○　○　○　○

6　総会招集手続

　株主総会の招集は、少数株主の名義でなされるほかは、会社が行う招集と同じ方法でなされる。議決権を有する株主の数が1000人以上の会社にあっては、招集通知に株主総会参考書類および議決権行使書面を添付しなければならない（298条2項・1項3号・301条1項）。招集通知を発送するために基準日を設定する必要がある場合（124条1項）において、会社が基準日公告（124条3項）をしないときには、少数株主がこれをすることができる。株主総会の招集および開催に要する費用は、少数株主の負担であるが、決議が成立した場合等、会社にとって有益な費用であったときは、株主は会社に対し合理的な額を求償することができると解される（東京地裁・類型別22頁）。

　なお、裁判所が少数株主に対して総会の招集を許可した場合には、同一の議題については取締役は招集権限を失い、仮に取締役が招集したときは無権限者による招集となり、その決議は不存在と評価される。

【文例45】　株主総会招集通知

　　　　　　　　　　　　　　　　　　　　　　　　平成○年○月○日
株主各位

　　　　　　　　　　　　　　　○○市○○区○○3丁目3番3号
　　　　　　　　　　　　　　　　　Ａ株式会社
　　　　　　　　　　　　　　　　　　株　主　○　○　○　○
　　　　　　　　　　　　　　　　　　株　主　○　○　○　○

　　　　　　　　　　臨時株主総会招集通知書

冠省　ますますご清栄のこととお慶び申し上げます。
　私どもは下記目的事項のため、平成○年○月○日、Ａ株式会社代表取締役○○○○に対し、臨時株主総会の招集を請求しましたが、招集手続がなされなか

ったので，平成〇年〇月〇日，この臨時株主総会の招集につき〇〇地方裁判所の許可決定を得ました。

　よって，A株式会社につき下記内容の臨時株主総会を開催いたしますので，ご出席下さいますようご通知申し上げます。

記

1　日時
　　平成〇年〇月〇日午前〇時
2　場所
　　〇〇市〇〇区〇〇3丁目3番3号　〇〇ビル3階　大会議室
3　目的
(1)　取締役〇〇〇〇解任の件
(2)　取締役〇〇〇〇解任の件
(3)　後任取締役2名選任の件
　　　取締役候補者
　　　　・〇〇〇〇（住所　〇〇市〇〇区〇〇4丁目4番4号）
　　　　・〇〇〇〇（住所　〇〇市〇〇区〇〇5丁目5番5号）
(4)　監査役〇〇〇〇解任の件
(5)　後任監査役1名選任の件
　　　監査役候補者
　　　　・〇〇〇〇（住所　〇〇市〇〇区〇〇6丁目6番6号）

7　総会の運営

(1)　運営手続

　会社の定款に「議長は社長があたる」旨の規定がある場合でも、少数株主が裁判所の許可を得て招集した総会では、総会において議長を選任する。その際、社長を議長に選任することは差し支えない。また、監査役は、少数株主が株主総会に提出しようとする議題および書類を調査して株主総会にその

意見を報告する必要はない(384条参照。監査役の職務は取締役の職務執行の監査である)。その他の手続は通常の株主総会と同様である。

(2) 決議事項

少数株主が裁判所の許可を得て招集した株主総会における決議事項は、許可された議題の範囲に限られる（大判昭4・4・8民集8巻5号269頁、金沢地判昭34・9・23下民集10巻9号1984頁）。ただし、会社の業務および財産の調査のための検査役の選任は、裁判所の許可した議題に含まれておらず、かつ、招集通知に記載されていなくても、これをすることができる（316条2項）。

【文例46】 株主総会議事録

臨時株主総会議事録

　平成○年○月○日午前○時，○○市○○区○○3丁目3番3号所在の○○ビル3階大会議室において臨時株主総会を開催した。
　定刻，出席株主の議決権の過半数の賛成により○○○○が議長に選任され、議長席に着いて開会を宣し，本日の出席株主総数およびその議決権個数を次の通り報告し、本総会は有効に成立した旨述べて直ちに議事に入った。

　　　　当会社の議決権を有する株主数　　　　○名
　　　　総株主の議決権個数　　　　　　　　○○○○個
　　　　出席株主数　　　　　　　　　　　　○名
　　　　この議決権個数　　　　　　　　　○○○○個
第1号議案　取締役○○○○解任の件
　議長は取締役○○○○を解任する議案を上程しその賛否を問うたところ，過半数の多数をもってこれを承認可決した。
第2号議案　取締役○○○○解任の件
　議長は取締役○○○○を解任する議案を上程しその賛否を問うたところ，過

第4章　総会に関する事件

半数の多数をもってこれを承認可決した。
第3号議案　取締役2名選任の件
　議長は新たに取締役として2名の選任を内容とする議案を上程して総会に諮ったところ，過半数の多数をもってこれを承認可決した。新たに選任された取締役は以下の2名である。
　　　　取締役　　○○○○
　　　　　同　　　○○○○
　なお，これら候補者2名はいずれも直ちに取締役の就任を承諾した。
第4号議案　監査役○○○○解任の件
　議長は監査役○○○○を解任する議案を上程しその賛否を問うたところ，3分の2以上の多数をもってこれを承認可決した。
第5号議案　監査役1名選任の件
　議長は新たな監査役として1名の選任を内容とする議案を上程して総会に諮ったところ，過半数の多数をもってこれを承認可決した。新たに選任された監査役は以下の1名である。
　　　　監査役　　○○○○
　なお，候補者は直ちに監査役の就任を承諾した。
　議長は以上をもって本日の議事を終了した旨を述べ，午前○時○○分に閉会した。

　上記決議を明確にするため，この議事録を作成する。
　　平成○年○月○日
　　　　　　　　　　A株式会社
　　　　　　　　　　　議事録作成取締役　　○　○　○　○

第5章　株式に関する事件

I　募集株式の発行等の際の現物出資に関する検査役の選任

1　はじめに

(1)　募集株式の発行等における現物出資

　金銭以外の財産をもってする出資（現物出資）は、設立時のみならず、設立後の募集株式の発行等（株式の発行および自己株式の処分）においても行うことができる。

　旧商法下においては、自己株式の処分について、現物出資による新株発行の規定の準用がないため、金銭以外の財産を対価とする自己株式の処分は認められないとする見解と、検査役の調査等を要するとする規制がおかれていないだけで金銭以外の財産を対価とする自己株式の処分は認められるとする見解があったが、会社法においては、新株発行と自己株式の処分が、募集株式の発行等として手続が統一され、自己株式の処分においても金銭以外の財産を対価とすることができること、新株発行と同様に検査役の調査等を要するという規制に服することが明確化された。

(2)　検査役選任を要しない場合

　募集株式の発行等においても、金銭以外の財産を出資の目的とする場合には、設立時と同様、一定の要件を満たす場合を除き、検査役の調査を要する（207条1項）。

　検査役の調査を要しない場合としては、設立の際においては、①財産の価

額の総額が500万円を超えない場合、②出資される財産が市場価格のある有価証券であり、市場価格を超えない額で出資の目的とする場合、③出資財産の価額が相当であることにつき、弁護士等の証明がある場合（不動産の場合には更に不動産鑑定士の鑑定評価を要する）が定められている（33条10項）が、募集株式の発行等においてもこれらに該当する場合には検査役の調査は不要とされ（207条9項2号ないし4号）、募集株式の発行等においては、さらに、④募集株式の引受人に割り当てる株式の総数（発行する株式、処分する自己株式の総数）が発行済株式の総数の10分の1を超えない場合（同項1号）、⑤弁済期の到来している会社に対する金銭債権を、当該金銭債権に係る会社の帳簿価額を超えない額で出資の目的とする場合（同項5号）においても、検査役の調査は不要（上記③の弁護士等の証明も不要）とされている。後者は、旧商法下にはなかった制度であり、いわゆるデット・エクイティ・スワップを容易にするものである。

　なお、設立に際しての現物出資において上記の弁護士等による現物出資の目的たる財産の価額の証明を行うことができない者として、ⓐ発起人、ⓑ財産引受の目的物たる財産の譲渡人、ⓒ設立時取締役または設立時監査役、ⓓ業務の停止の処分を受け、その停止の期間を経過しない者、ⓔ弁護士法人、監査法人、税理士法人であって、その社員の半数以上が上記ⓐないしⓒに該当する場合がかかげられている（33条11項）が、募集株式の発行等においては、ⓐ取締役、会計参与、監査役、執行役、支配人その他の使用人、ⓑ募集株式の引受人、ⓒ業務の停止の処分を受け、その停止の期間を経過しない者、ⓓ弁護士法人、監査法人、税理士法人であって、その社員の半数以上が上記ⓐまたはⓑに該当する場合となっている（207条10項）。

(3) 検査役選任申立て、検査役の調査、変更決定

　上記(2)の①ないし⑤のいずれにも該当しない場合には、裁判所に対して検

査役選任の申立てをなし、選任された検査役の調査を受ける必要があること、検査役は裁判所にその調査結果を書面または電磁的方法により報告しなければならないこと、その報告を受けた裁判所は、その内容を明瞭にするためあるいは根拠を確認するために必要と認めたときは検査役にさらに報告を求めることができること、裁判所が出資される財産の価額を不当と認めるときはこれを変更する決定をしなければならないこと、この変更決定の確定後1週間以内に株式を引き受ける者が株式引受けにかかる意思表示を取り消せることは設立の際の現物出資(33条1項ないし8項)と同様である(207条1項ないし8項)。

なお、設立に際しての現物出資においては、発起人が株式引受けにかかる意思表示を取り消した場合、発起人全員の同意によって裁判所の決定により変更された事項に関する定めを廃止する定款の変更を行うことができることとされている (33条9項) が、募集株式の発行等においては出資される財産やその価額について定款に規定されることは前提とならないため、該当する制度は設けられていない。

そのほか、検査役選任の意義、検査役の地位・責任・職務・権限、弁護士等による現物出資の目的たる財産の価額の証明の制度、証明をした弁護士等の責任(213条3項)については、設立の際の現物出資と同様であるため、第2章を参照されたい。

2 現物出資に関する株式引受人、取締役等の責任

(1) 株式引受人の責任

募集株式の発行等において、募集株式の引受人が募集株式の株主となった時点において、出資の目的とされた財産が募集事項として定めた価額に著しく不足する場合においては、募集株式の引受人がその不足額を会社に対して

支払う義務を負う（212条1項2号）。

株式引受人は、財産の価額が不足することについて善意でかつ重大な過失がない場合には、株式引受けに関する意思表示を取り消すことができる（212条2項）。

(2) 取締役等の責任

株式引受人が不足額を会社に対して支払う義務を負う場合、一定の取締役等も、株式引受人と連帯して、不足額を会社に対して支払う義務(財産価額塡補責任）を負う（213条1項）。

取締役等は、出資された財産の価額について検査役の調査を経た場合(213条2項1号)、職務を行うについて注意を怠らなかったことを証明した場合(同項2号）には責任を負わない。

財産価額塡補責任を負う取締役等の範囲は、以下のとおりである。

① 当該募集株式を引き受ける者の募集に関する職務を行った業務執行取締役(委員会設置会社においては執行役)その他当該業務執行取締役の行う職務の執行に職務上関与した者（213条1項1号）

業務執行取締役その他当該業務執行取締役の職務の執行に職務上関与した者とは、出資の目的とされた財産の価額の決定に関する職務を行った取締役および執行役(施行規則44条1号)、価額の決定について株主総会決議があった場合の株主総会において価額に関する事項について説明をした取締役および執行役（同条2号)、価額の決定について取締役会決議があった場合の決議に賛成した取締役（同条3号）である。

② 出資の目的とされた財産の価額の決定について株主総会決議があった場合の株主総会に議案を提案した取締役（213条1項2号）

議案を提案した取締役とは、株主総会において議案を提案した取締役（施行規則45条1号)、取締役会の設置されていない会社において当該議案

の提案に同意した取締役（同条2号）、取締役会設置会社において当該議案を提案することについて取締役会決議に賛成した取締役（同条3号）である。
③　出資の目的とされた財産の価額の決定について取締役会決議があった場合の取締役会に議案を提案した取締役（委員会設置会社においては取締役または執行役）（213条1項3号、施行規則46条）

3　申立ての手続

(1)　手続の概要

募集株式の発行等の場合の現物出資に関する検査役選任の手続の概要は下記の図のとおりである。

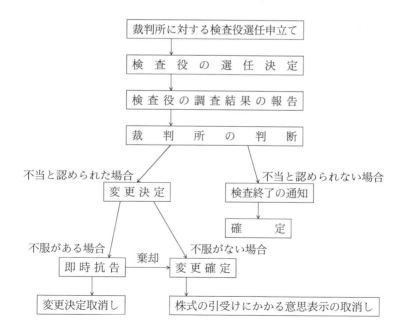

(2) 管　轄

検査役選任申立ての管轄は、会社の本店所在地を管轄する地方裁判所である（868条1項）。

(3) 申立人

申立権者は、会社である（207条1項）。

(4) 申立ての方式等

(イ) 書面による申立て

検査役の選任申立ては書面によらなければならない（非訟43条1項、会社非訟規則1条）。

(ロ) 記載事項

申立書の記載事項については、第1章Ⅳ2(1)を参照されたい。

なお、検査役の選任申立てをするときは、申立ての趣旨において、検査の目的を記載しなければならない（会社非訟規則2条3項）。

(ハ) 添付書類

申立書の添付書類については、第1章Ⅳ2(2)を参照されたい。具体的には、定款のほか、株主総会または取締役会の議事録、現物出資の株式引受申込書（【文例48】参照）等である。

【文例47】　検査役選任申立書

検査役選任申立書

平成○年○月○日

○○地方裁判所第○民事部　御中

I　募集株式の発行等の際の現物出資に関する検査役の選任

　　　　　　　　　　　　申立人代理人
　　　　　　　　　　　　　弁護士　〇　〇　〇　〇　㊞

　　　〒000-0000　〇〇市〇〇区〇〇4丁目5番6号
　　　　　　　　　　　　申立人　株式会社〇〇〇
　　　　　　　　　　　　同代表者代表取締役　〇　〇　〇　〇
（送達場所）〒000-0000　〇〇市〇〇区〇〇7丁目8番9号　〇〇ビル
　　　　　　　　　　〇〇法律事務所　電話　00-0000-0000
　　　　　　　　　　　　　　　　　FAX　00-0000-0000
　　　　　　　　　　申立人代理人弁護士　〇　〇　〇　〇

　　　　　　申立ての趣旨
　検査の目的記載の事項を調査させるため、検査役の選任を求める。

　　　　　　検査の目的
　現物出資財産の価額

　　　　　　申立ての理由
　株式会社〇〇〇は，その発行する株式の総数は3,000千株，平成〇年〇月〇日現在における発行済株式総数は1,273千株，資本金は636,500千円であり，電気機械器具及びその部品並びに電気材料の販売等を目的とするものであるが，平成〇年〇月〇日開催の取締役会において，発行する株式を引き受ける者の募集事項及び割当てについて下記のとおり決議した。
(1)　募集株式の数　　　　200,000株
(2)　募集株式の種類等　　普通株式
(3)　払込金額　　　　　　1株につき500円　合計100百万円
(4)　出資の目的とする財産　平成〇年〇月〇日付金銭消費貸借契約に基づき〇〇〇〇が株式会社甲に対して有する貸付債権元本金100百万円
(5)　出資の目的とする財産の給付の期日　　平成〇年〇月〇日
(6)　募集株式の割当てを受ける者　〇〇市〇〇区〇〇1丁目1番1号

151

第5章　株式に関する事件

○　○　○　○

　したがって，上現物出資につき下記事項を調査させるため，検査役の選任を申し立てる。

添付書類

1　履歴事項全部証明書　　　　　各1通
1　定款の写し　　　　　　　　　1通
1　取締役会議事録写　　　　　　1通
1　株式引受申込書　　　　　　　1通
1　金銭消費貸借契約書及び領収書写　各1通
1　委任状　　　　　　　　　　　1通

【文例48】　株式引受申込書

株式引受申込書

　　株式会社○○○の普通株式　　　200,000株

　私は貴社の上記株式の引受申込みをいたします。

平成○年○月○日

　　　　　　　　　　○○市○○区○○1丁目1番1号
　　　　　　　　　　　　株式引受申込者　○　○　○　○　㊞

株式会社○○○　御中

4　審理・裁判

(1)　審　理

現物出資による募集株式の発行等に関する検査役選任についても、会社法上特に関係者の陳述を聴くことは要求されていない（870条参照）。

(2)　裁　判

裁判所は、申立てが所定の方式および要件を具備しているときは、決定をもって検査役の選任をする（【文例49】参照）。

通常、申立人の推薦を考慮することなく、利害関係のない弁護士（または公認会計士）が検査役に選任されている。

選任の裁判は決定の形式で行われる（非訟54条）。検査役選任の裁判は、申立人と検査役に選任された者に告知されることにより効力を生ずる（非訟56条2項）。検査役を選任する決定に対しては不服申立てをなし得ない（874条1号）。

なお、手続費用は、旧非訟事件手続法では、申立人負担が原則とされ(旧非訟26条本文)、特別の事情があるときは「関係人」に費用の全部または一部を負担させることができるとされていた（旧非訟28条）また、手続費用の負担の裁判については、任意とされていた(旧非訟27条)。これに対し、新非訟事件手続法では、各自負担が原則とされ(非訟26条1項)、事情により当事者等26条2項各号に列挙されている者（新非訟事件手続法においては、裁判所が裁量により費用を負担させることができる者の範囲が明確にされた）に費用の全部または一部を負担させることができるとされている。また、手続費用の負担の裁判は、事件を完結する裁判において、必ず必要とされている（非訟28条1項、民訴67条1項）。

第5章　株式に関する事件

【文例49】　検査役選任決定

```
平成○年(ヒ)第○○号　検査役選任申立事件

                    決　　定

        ○○市○○区○○4丁目5番6号
              申　　立　　人　　株式会社○○○
              同代表者代表取締役　　○　○　○　○
              同　代　理　人　弁　護　士　　○　○　○　○

  申立人の申立てにかかる頭書事件について，当裁判所は，申立てを理由ある
ものと認め，会社法207条2項に基づき，次のとおり決定する。

                    主　　文
1　本件につき，申立人について，別紙記載の検査の目的である事項調査のた
  め，
    事務所　○○市○○区○○7丁目8番9号　○○ビル
              ○○法律事務所
    弁護士　○　○　○　○
  を検査役に選任する。
2　手続費用は各自の負担とする。


  平成○年○月○日
                          ○○地方裁判所第○民事部
                              裁判官　○　○　○　○
```

(別紙)

```
                    検査の目的

    現物出資財産の価額
```

154

Ⅰ　募集株式の発行等の際の現物出資に関する検査役の選任

5　検査役の報告

(1)　検査役の報告

　検査役は、公認会計士、不動産鑑定士を補助者とするなどして、現物出資の目的物の価格の当否を調査し、その結果を裁判所に書面または電磁的記録をもって報告し（207条4項。【文例50】参照）、会社に対しても報告の書面の写しを交付するか、報告の内容を電磁的方法で提供する（207条6項）。

　裁判所は、検査役の報告の内容を明瞭にするため、またはその根拠を確認するために必要なときは検査役にさらに報告を求めることができる（207条5項）。

　検査役の報酬は、会社および検査役の陳述を聴いたうえで（【文例51】参照）、会社の負担として裁判所が額の決定をする（207条3項・870条1項1号。【文例52】参照）。この決定については、即時抗告をすることができる（872条4号）。

(2)　財産の価額の変更の裁判

　検査後の報告を受けて、出資の目的とされる財産の価額を不当と認められるときは、裁判所は現物出資者および会社の陳述を聴いたうえで（870条1項4号）、理由を付した決定をもって出資の目的とされる財産の価額を変更する決定をしなければならない（207条7項・871条）。

　この変更決定について、現物出資者または会社は即時抗告をすることができる（872条4号）。

　現物出資者は、裁判所からの変更決定の確定後1週間以内に限り株式の引受けにかかる意思表示を取り消すことができる（207条8項）。この期間内に取り消されなかった場合は、変更決定に従って変更される。

155

第5章　株式に関する事件

【文例50】　検査役調査報告書

平成○年(ヒ)第○○号

検査役調査報告書

　　　　　　　　　　　　　　　　　　　　　　　平成○年○月○日

○○地方裁判所第○民事部　御中

　　　　　　　　　　　　　　　　　　　　検査役
　　　　　　　　　　　　　　　　　　　　弁護士　　○　○　○　○　㊞

第1　調査の目的たる事項
　1　株式会社○○○の平成○年○月○日付取締役会決議に基づく発行する株式を引き受ける者の募集及び割当てにつき，
　　　　出資の目的とする財産の価額

　2　出資の目的とする財産の価額
　(1)　財産
　　　○○○○の株式会社甲に対する平成○年○月○日付金銭消費貸借契約に基づく金1億円の貸付元本債権
　(2)　価額
　　　金1億円

第2　調査の経緯
　　　当職は，平成○年○月○日本件検査役に選任され，直ちに公認会計士○○○○を補助者に選任の上，平成○年○月○日，補助者とともに株式会社○○○を訪問して，代表取締役社長○○○○氏，監査役○○○○氏，経理部長○○○○氏及び申立人代理人○○○○弁護士から，同社及び株式引受申込者である○○○○の概要，株式会社○○○の設立の経緯，業種及び業績，最近の増資の概要，本件募集，割当に至る経過並びに株式会社○○○及び○○○○の各種計算書類・附属明細書及び契約書等の説明を受けた。
　　　その後，株式会社○○○より，株式会社甲の第○ないし○期の計算書類・

附属明細書，第○ないし○期の監査報告書，株式会社○○○の募集，割当についての取締役会議事録等の関係書類，その他必要な書類の各写しを受領し，また別途補助者を通じて必要な説明を受けた。

第3 出資の目的とする財産の存在
 1 出資の目的とする財産

出資の目的たる財産は，○○○○の株式会社甲に対する平成○年○月○日付金銭消費貸借契約に基づく金1億円の貸付債権（以下「本件貸付債権」という。）であり，その評価額は金1億円である。

本件貸付債権の存在に関しては，金銭消費貸借契約書，領収書及び銀行振込依頼書，○○○○及び株式会社甲の登記事項証明書等により確認した。

なお本件貸付債権は，○○○○の総勘定元帳・貸借対照表，及び株式会社甲の貸借対照表上においても確認された。

本件貸付債権については，担保は設定されておらず，また利息については前払の約定となっており（金銭消費貸借契約書），利息については既に全額支払済である。また，本件貸付債権の弁済期は，金銭消費貸借契約書によると平成○年○月○日である。

第4 出資の目的とする財産の評価
 1 本件貸付債権の評価額については，補助者である○○公認会計士の調査報告書によれば，債務者会社（株式会社甲）の資産・負債及び損益の状況からみると，本件貸付債権はその額面金額の資産性が認められるとされている。

株式会社甲は，資産として，現預金，有価証券，土地等を有しており，その合計額は金30億円であるところ，負債総額は10億円足らずであり，純資産額は20億円を超え，現預金も2億円以上存在する。また，過去3期にわたって，4000万円以上の純利益を計上している。

以上の事実を勘案すると，株式会社甲は平成○年○月○日に弁済期の到来する金1億円の債務の支払をすることは十分に可能であり，本件貸付債権については全額の回収可能性は十分にあるものと認められ，○○公認会計士の調査結果は首肯できるものと判断される。

第5 結 論

以上によれば，出資の目的とする財産の価額は，相当であると認められる。

第5章　株式に関する事件

以　上

添付書類

1　○○公認会計士作成の現物出資に関する調査報告書
1　株式会社甲の第○ないし○期の計算書類，附属明細書及び監査報告書
1　金銭消費貸借契約書，領収書及び振込依頼書

【文例51】　陳述書

陳　述　書

　御庁平成○年(ヒ)第○○号検査役選任申立事件につき，検査役に対する報酬については別段の意見はありませんので，裁判所においてしかるべく決定して下さい。

平成○年○月○日

検　査　役　○　○　○　○　㊞

○○地方裁判所第○民事部　御中

【文例52】　報酬決定

平成○年(ヒ)第○○号　検査役選任申立事件

決　　定

　　　　　○○市○○区○○4丁目5番6号
　　　　　　申　　立　　人　株式会社○○○
　　　　　　同代表者代表取締役　○　○　○　○
　　　　　　同代理人弁護士　○　○　○　○

158

頭書事件について，当裁判所は次のとおり決定する。

主　文

検査役○○○○に対して支払う報酬の額を○○万○○○○円と定める。

平成○年○月○日

○○地方裁判所第○民事部
裁判官　○　○　○　○

II　所在不明株主の株式の任意売却許可

1　はじめに

　会社法は、株主名簿に記載または記録された住所、あるいは、別に会社に通知された住所（126条1項）に対して行った株主に対する通知または催告が5年以上継続して到達しない場合には、会社は当該株主に対して通知または催告をすることを要しないとし(196条1項)、さらに、株主管理のコストの削減を可能とするため、通知または催告をすることを要しない株主で、継続して5年間剰余金の配当の受領をしなかった場合には、当該株主の株式を競売し、売却代金を当該株主に交付することができることとしている（197条1項）。

　継続して5年間剰余金の配当を受領しなかった場合には、会社がその間に剰余金の配当を行わなかった場合や剰余金の配当を行っていない期間がある場合も含まれる（江頭・会社法212頁）。

　また、この競売を行うにはあらためて利害関係人が異議を述べることがで

きる旨の公告と株主への各別の催告を行うこととされていることから（198条1項。公告および催告の記載事項については施行規則39条参照）、株主に対する通知または催告が5年以上継続して到達しない場合には、単元未満株主であるため当該株主に対して行うべき通知等がなかった場合も含まれるものとして差し支えない、とされている（東京地裁・類型別144頁）。

それ以外の場合においては、株主総会の招集通知等、法律上要求されている通知、催告は会社がすべて発出していることが前提となる。

2 競売に代わる任意売却

所在不明株主の株式の処理は、競売によるほか、市場価格のある場合には市場価格で、市場価格のない場合には裁判所の許可を得て、競売以外の方法により売却することができる（197条2項）。

市場価格とは、市場で取引を行う場合の当該取引による売却価格、それ以外の場合は売却日の市場における最終の価格（当日売買取引がない場合、市場の休業日の場合は、売買日の後最初になされた売買取引の成立価格）または公開買付が行われている場合の買付価格のいずれか高い価格とされている（施行規則38条）。

市場価格がない株式であっても、競売によるのでは費用、時間を要することから、裁判所の許可を得て任意の方法により売却することができ、市場価格による売却の場合も含めて、その全部または一部を会社が買い取ることもできる（197条3項）。

3 競売に代わる株式任意売却許可申立ての手続

(1) 管　轄

管轄裁判所は、会社の本店所在地を管轄する地方裁判所である（868条1

項)。

(2) 申立人

申立人は会社であり、申立ては会社の取締役全員の同意をもって行わなければならない（197条2項後段）。

(3) 申立書

申立書の一般的記載事項については、第1章Ⅳ2(1)を参照されたい。

申立ての趣旨としては、所在不明株主の株式について、「〇〇〇円で任意売却することを許可する」との決定を求める、となる。

申立ての原因となる事実としては、5年以上継続して通知および催告が到達しないこと、継続して5年間剰余金の配当が受領されていないこと、会社法198条1項に規定される公告および各別の催告を行ったこと、競売以外の方法によらなければならない理由、または競売以外の方法による方が有利であること、および、申立ての趣旨に記載の売却価格が相当であること、となる。会社による買取りの場合においては、買取りについて取締役会決議があったことも必要となる（197条4項）。

(4) 証拠書類等

5年以上継続して通知を行った際に返送されてきた封筒、当該封筒の住所の記載と合致する株主名簿等、剰余金の配当を行っていない事業年度の定時株主総会の議事録、会社法198条1項に規定される公告の写しおよび催告の写し等が考えられる。

第 5 章　株式に関する事件

4　審理・裁判

(1)　審　理

　5年以上継続して通知および催告が到達しないこと、継続して5年間剰余金の配当が受領されていないことおよび会社法198条1項に規定される公告および各別の催告を行ったことのほか、申立ての趣旨記載の売却価格の相当性が審理の中心となり、通知、催告、公告を行った際の書類のほか、株価鑑定書等の提出が求められる。
　利害関係人等の陳述を聞くことは必要とされていない（870条）。

(2)　裁　判

　裁判は決定による（非訟54条）。却下決定には理由の記載を要するが、許可決定の場合は不要である（871条2号・874条4号）。
　許可決定に対して不服申立てをすることはできず（874条4号）、却下決定に対しては申立人が即時抗告をすることができる。

III　1株に満たない端数が生じる場合の端数相当株式任意売却許可

1　1株に満たない端数が生じる場合

　会社法においては、旧商法下の端株の制度が廃止され、株式の併合等によって端数が生じる場合（10株を1株にする株式の併合が行われる場合において、10株未満の株式を保有する株主がいる場合など）には、端数については端株を交

162

付することは認められず、売却代金等の金銭の交付により処理されることとされている（234条・235条）。

　このような端数の処理がなされるのは、①取得条項付株式の対価として株式が交付される場合、②全部取得条項付株式の対価として株式が交付される場合、③株式の無償割当てがなされる場合、④取得条項付新株予約権の対価として株式が交付される場合、⑤合併により消滅会社の株主に新設会社・存続会社の株式が交付される場合、⑥株式交換により完全子会社となる会社の株主に完全親会社となる会社の株式が交付される場合、⑦株式移転が行われる場合（以上につき、234条1項）、⑧株式の併合が行われる場合、⑨株式の分割が行われる場合（以上につき、235条1項）である。

　取得請求権付株式の対価として株式が交付される場合、新株予約権の行使により端数が生じる場合については別途規定が設けられている（取得請求権株式につき167条3項・4項、新株予約権につき283条）。

2　1株に満たない端数の処理

　株式の併合等により端数が生じる場合、会社は、端数の合計数から1に満たない端数を切り捨てた数（10株を1株にする株式の併合を行う場合で、9株を保有する株主と8株を保有する株主がいる場合においては、端数である0.9と0.8を合計した1.7から1に満たない0.7を切り捨てた1）に相当する株式を競売し、その代金を、各株主が有する端数に応じて交付する（代金を1.7分の0.9と1.7分の0.8に分けて交付する）こととなる（234条1項・235条1項）。

　なお、端数が生じる行為の効力発生時までに反対株主等の買取請求が行われて買取りの効力が生じた場合（116条1項・117条6項等）や、全部取得条項付種類株式の取得に際して株主総会で定めた対価に反対する株主が取得価格決定の申立て（172条1項）を行った場合、当該買取請求、取得価格決定の申立ての対象となった株式については、株主総会で定めた対価である株式等が交

付されないこととなるため(173条2項)、これらの株式に対応する端数を除くと端数の合計が1に満たないこととなる場合には、端数相当株式の競売あるいは任意売却は行われない(234条1項柱書き括弧書き)。そのため、買取請求や取得価格決定の申立てを行った株主以外の株主には、端数の対価が交付されないこととなるので、この点に留意して、対価の設定や株式の併合の比率等を定める必要がある。

　株式に市場価格がある場合には、競売に代えて、市場価格(後記3参照)で売却してその売却代金を端数に応じて分配することができ、市場価格がない場合には、裁判所の許可を得ることにより競売以外の方法で売却することができる(234条2項・235条2項)。

　また、会社は、この株式を自己株式として取得することもできる(234条3項・235条2項)。この自己株式としての取得は、取締役会設置会社においては取締役会決議によって①買い取る株式の数(種類株式発行会社においては買取の対象となる株式の種類および数)、②買取りの対価となる金銭の総額、を定めて行い(234条5項、235条2項)、株主との合意による自己株式の取得の際の手続規制(156条ないし160条)は受けないが(155条9号)、分配可能額を超えてはならないとの制限はある(461条1項7号)。

3　市場価格

　競売に代わる売却が行われる際の市場価格については、会社法施行規則に定めがあり、①市場において売却される場合には、その市場における売却価格が市場価格であるとされ(市場における売却であれば市場価格による売却であると認められる)、②市場外で売却される場合には、ⓐ売却の日の市場における最終の価格(その日に売買がない、あるいは、市場が休業日である場合には、その日の後市場において最初になされた売買取引の成立価格)か、ⓑ売却の日に株式が公開買付けの対象となっている場合にはその公開買付けの買付価格、のい

ずれか高い価格が市場価格であるとされている（施行規則50条・52条）。

4 裁判所の許可による競売以外の方法による売却

　株式の併合等により端数が生じる場合の端数の合計数から1株に満たない端数を切り捨てた数の株式の売却は、市場価格がない場合には、競売による売却（234条1項）が原則であるが、競売を行うには費用、時間を要することから、裁判所の許可を得て、競売以外の方法により売却することができることとされている。

5 競売に代わる株式任意売却許可申立ての手続

(1) 管　轄

　管轄裁判所は、会社の本店所在地を管轄する地方裁判所である(868条1項)。

(2) 申立人

　申立人は会社であり、申立ては会社の取締役全員の同意をもって行わなければならない（234条2項・235条2項）。

(3) 申立書

　申立書の一般的記載事項については、第1章Ⅳ2(1)を参照されたい。
　申立ての原因となる事実としては、端数が生じた原因、これによって生じた端数株式数、競売以外の方法によって売却しなければならない理由、または競売以外の方法による売却が有利であること、売却する株式の売買価格が相当であること等を記載する。

第5章　株式に関する事件

(4) 証拠書類等

　申立ての際、競売以外の方法によって売却しなければならない理由、またはそのほうが有利であるということを疎明しなければならない。申立書には会社の登記事項証明書、当事者の資格証明、委任状（会社非訟規則3条1項1号、非訟規則12条・16条）のほか、証拠書類の写しを添付する必要がある（非訟規則37条3項）。証拠書類としては以下のものが考えられる。

① 定款
② 端数の計算書（各株主の所有株式数、割当株式数等、生じる端数がわかるもの）
③ 端数の生じる原因となった行為にかかる株主総会または取締役会の議事録、所要の公告の写し
④ 株券発行会社の場合の株券提出にかかる公告および通知書(219条1項)
⑤ 株価鑑定書
⑥ 直近の貸借対照表
⑦ 株式買受書あるいは買受に関する取締役会議事録
⑧ 申立てにかかる取締役全員の同意書（申立書に取締役全員の記名押印がある場合は不要）

【文例53】　端数相当株式任意売却許可申立書（株式分割）

　　　　　　　　端数相当株式任意売却許可申立書

　　　　　　　　　　　　　　　　　　　　　　　平成○年○月○日

東京地方裁判所民事第8部　御中

　　　　　　　　　　　　　申立人代理人
　　　　　　　　　　　　　　弁護士　　○　○　○　○　㊞

　　　　　　　申立人の表示　　別紙申立人目録記載のとおり

166

Ⅲ　1株に満たない端数が生じる場合の端数相当株式任意売却許可

申立ての趣旨
　申立人の別紙株式目録記載の株式を金〇〇〇円で任意売却することを許可する
との決定を求める。

申立ての理由
1　申立人は，平成〇年〇月〇日開催の取締役会において，平成〇年3月31日の最終の株主名簿及び実質株主名簿に記載された株主に対し，平成〇年〇月〇日を効力発生日として，その所有株式1株につき，1.1株の割合をもって分割を行い，分割の結果生ずる1株未満の端数の合計数から1株に満たない数を切り捨てた数の株式（以下「端数株式」という。）は，これを一括売却し，その処分代金を端数の生じた株主に対し，その端数に応じて分配することを決議した。
2　申立人が，上記決議に基づいて株式分割を行い，株式分割を行った結果，別紙株式目録記載のとおり15株の端数相当株式が生じた。そのため，同端数相当株式を処理する必要があるが，申立人は単元株制度を採用しており，同端数相当株式は単元未満株式であるため，申立人定款第〇条の定めにより，株券が発行されず，競売を行うことができない（会社法128条・189条3項）。したがって，このような場合には，発行会社である申立人自身が端数相当株式を買い受ける他ないものと思料される。
3　ところで，申立人の株式は取引所の相場のない株式であり，会社法施行規則52条に定める市場価格が存しない。
4　そこで，申立人は，平成〇年〇月〇日開催の取締役会で，裁判所の許可を条件として，株主と協議した価格である1株〇〇〇円にて，申立人が上記端数相当株式を買い受けることを決議した。
5　よって，会社法235条1項，同条2項，234条2項に基づき，本件申立てに及ぶ次第である。

添付書類
1　取締役会議事録（株式分割）
2　公告（写）

第5章 株式に関する事件

```
3   通知書
4   株主名簿
5   端数計算書
6   端数株式目録
7   貸借対照表
8   取締役会議事録（端数株式買取）
9   定款
10  登記事項証明書
11  取締役の同意書
12  委任状
```

申立人目録

〒000-0000　東京都中央区〇〇△丁目△番△号　〇〇ビル
　　　　　　申　　立　　人　株式会社　A
　　　　　　代表者代表取締役　〇　〇　〇　〇

（送達場所）〒000-0000　東京都千代田区〇〇△丁目△番△号　〇〇ビル
　　　　　　　　　　　　　　　　電　話　03-0000-0000
　　　　　　　　　　　　　　　　FAX　03-0000-0000
　　　　　　上記申立人代理人
　　　　　　　　　　弁　護　士　〇　〇　〇　〇

株式目録

株式15株
　但し，申立人が，平成〇年〇月〇日付で株式分割を行ったことにより生じた端数の合計15株に相当する株式（ただし，合計数のうち1株に満たない端数は切り捨て）

III　1株に満たない端数が生じる場合の端数相当株式任意売却許可

【文例54】　端数相当株式任意売却許可申立書（合併）

端数相当株式任意売却許可申立書

平成〇年〇月〇日

東京地方裁判所民事第8部　御中

　　　　　　　　　　　　　　　申立人代理人
　　　　　　　　　　　　　　　　弁護士　〇　〇　〇　〇　㊞

　　　　〒000-0000　東京都〇〇区〇〇△丁目△番△号
　　　　　　　　　　　　申　立　人　〇〇〇株式会社
　　　　　　　　　　　代表者代表取締役　〇　〇　〇　〇
　　　　　　　　　　　　　取　締　役　〇　〇　〇　〇
　　　　　　　　　　　　　取　締　役　〇　〇　〇　〇
　　　　〒000-0000　東京都〇〇区〇〇△丁目△番△号
　　　　　　　　　　　　　　電　話　00-0000-0000
　　　　　　　　　　　　　　FAX　00-0000-0000
　　　　　　　　　　上記申立人代理人
　　　　　　　　　　　　　　弁　護　士　〇　〇　〇　〇

申立ての趣旨

　別紙株式目録記載の株式を1株につき金750円で任意売却することを許可するとの決定を求める。

申立ての原因となる事実

1　申立人は，衣料品等の販売及び輸出入等を目的とする株式会社である。
2　申立人と株式会社C（以下，「C」という）は，平成〇年〇月〇日，平成〇年〇月〇日を効力発生日として合併し，申立人を存続会社とし，Cを消滅会社とする旨の合併契約書を締結し，上記合併契約書は，平成〇年〇月〇日開催の申立人及びCの臨時株主総会においてそれぞれ承認可決された。
3　上記合併契約書により，申立人は合併に際し，合併期日現在のCの株主名簿に記載された株主が所有する株式数にそれぞれ0.3を乗じた数の合計に相当する株式数の株式を発行し，Cの各株主に対し，その所有するCの株式1株

第5章　株式に関する事件

につき，申立人の株式0.3株の割合をもってこれを割り当てることとした。
4　上記新株の割当てにより，1株未満の端数を生じることになったが，その端数の合計数に相当する数の株式（以下，「端数相当株式」という）は，別紙端数相当株式目録記載のとおり342株である。
5　申立人の株式は，取引所の相場のない株式であるところ，申立人の株式の適正価格としては，株価の鑑定によれば1株につき金750円が妥当である。
6　端数相当株式については，会社法234条1項の規定により競売を行う必要が生じるが，競売には煩雑な手続が必要であり，また前記の価格以上に売却することは実際上困難であるため，競売によった場合Cの株主にとって不利益であることは明らかである。
7　申立人には，従業員によって構成される従業員持株会があり，上記持株会が端数相当株式を一括して1株当たり750円で買い取りたい旨を申し出ている。
　　したがって，端数相当株式を競売手続に代えて，上記従業員持株会に任意売却いたしたく，会社法234条2項の規定により本許可申立てに及ぶものである。

証拠書類

添付書類をもって申立ての理由を疎明する。

添付書類

1　登記事項証明書
1　定　　款
1　臨時株主総会議事録
1　合併公告
1　合併日程表
1　新株式割当簿
1　端数計算書
1　株価鑑定書
1　決算報告書
1　取締役の同意書

Ⅲ　1株に満たない端数が生じる場合の端数相当株式任意売却許可

　1　株式買受書
　1　委任状

株式目録

1　普通株式　342株
　但し，平成〇年〇月〇日開催の臨時株主総会の決議により，平成〇年〇月〇日をもって申立人が株式会社Cと合併するに際して，株式会社Cの株主に対して申立人の普通株式を株式会社Cの株式1株につき0.3株の割合をもって交付したことにより生じた端数の合計342株に相当する数の株式（ただし，合計数のうち1株に満たない端数は切り捨て）

【文例55】　端数相当株式任意売却許可申立書（株式併合）

端数相当株式任意売却許可申立書

　　　　　　　　　　　　　　　　　　　　　　　　平成〇年〇月〇日
大阪地方裁判所第4民事部　御中
　　　　　　　〒〇〇〇-〇〇〇〇　大阪市〇〇区〇〇町〇〇△丁目△番△号
　　　　　　　　　　　　　　　　申　立　人　〇〇〇株式会社
　　　　　　　　　　　　　　　同代表者代表取締役　〇　〇　〇　〇
（送達場所）〒〇〇〇-〇〇〇〇　大阪市〇〇区〇〇町〇〇△丁目△番△号
　　　　　　　　　　　　　〇〇法律事務所　電話　00-0000-0000
　　　　　　　　　　　　　　　　　　　　　FAX　00-0000-0000
　　　　　　　　　　　　　申立人代理人弁護士　〇　〇　〇　〇

申立ての趣旨

　「別紙株式目録記載の株式を金〇円で任意売却することを許可する。」との裁判を求める。

第5章　株式に関する事件

申立ての理由

1　申立人は，平成○年○月○日開催の定時株主総会において，当社株式について，平成○年○月○日を効力発生日として，○株を1株の割合で併合すること（以下「本件株式併合」という。）を承認する旨の決議をした（甲1）。

　　なお，申立人は平成○年○月○日に上記定時株主総会の招集通知を発しているところ，同日から上記定時株主総会開催までの間，株主に異動は生じていない（なお，申立人の株式については，譲渡による取得には取締役会の承認を要する旨の譲渡制限が付されている。甲2）。

　　また，代理行使による者も含めて，反対の議決権行使を行った株主はいなかった。

2　申立人は，本件株式併合に際して，効力発生日から○日以上前である平成○年○月○日に，本件株式併合にかかる会社法第181条第1項に規定される株主への通知を行うとともに（甲3），株券発行会社であり，定款により官報に掲載する方法を公告方法と定めていることから（甲2），効力発生日の1カ月以上前である平成○年○月○日付の官報に掲載する方法により，会社法第219条第1項に規定される株券提供公告を行った（甲4）。

3　本件株式併合の効力発生日における申立人の株主構成は別紙株主一覧に記載のとおりであり（甲5），本件株式併合により，1株に満たない端数が生じ，その合計は○株（1株に満たない部分は切り捨て。以下「本件端数相当株式」という。）となった。

4　本件端数相当株式については，競売をすべきであるが，申立人の株式は譲渡制限の付された市場価格のない株式であり，競売によって買受人が現れることも期待し難い。

5　○公認会計士の企業評価報告書（甲6）に照らしても，本件株式併合前の申立人の株式1株についての○円との価格は妥当性があるものと思料されるところであり，申立ての趣旨に記載の価格にて任意売却を行うことにより端数を有する株主に交付される金額が本件株式併合前の申立人の株式1株につき○円とすることができる。

　　また，上記定時株主総会の招集に際して，申立人は，株主に対し，本件株式併合に際して生じる端数に対し，本件株式併合前の申立人の株式1株につき○円が交付されるように価格を設定して売却する予定である旨説明してい

172

るところ（甲3），上記定時株主総会には議決権の○％を有する株主が出席し，本件株式併合を承認する議案について反対の議決権を行使した株主はなく，会社法第182条の3の規定に基づく差止請求や，会社法第182条の4の規定に基づく株式買取請求もなされていない。
6　そこで，申立人においては，平成○年○月○日開催の取締役会において，取締役全員の一致により，裁判所の許可を条件として，本件端数相当株式を申立人において金○円で買い受けることを決議した（甲7）。
7　よって，会社法第235条第2項が準用する会社法第234条第2項に基づき本申立てをする。

疎明方法

甲第1号証	定時株主総会議事録
甲第2号証	定款
甲第3号証	定時株主総会招集通知
甲第4号証	官報公告
甲第5号証	株主一覧
甲第6号証	企業評価報告書
甲第7号証	取締役会議事録

添付書類

甲号証写し	各1通
委任状	1通
申立人の登記事項証明書	1通
取締役の同意書	各1通

（別紙）

株式目録

○株
ただし，申立人の平成○年○月○日開催の定時株主総会決議に基づく株式の

第5章　株式に関する事件

併合に際して生じた1株に満たない端数の合計○株に相当する株式（ただし，合計数のうち1株に満たない端数は切り捨て）

以上

【文例56】　端数相当株式任意売却許可申立書（全部取得条項付種類株式の取得）

端数相当株式任意売却許可申立書

平成○年○月○日

○○地方裁判所　御中

　　　　　　　〒000-0000　○○県○○市○○町○丁目○番○号
　　　　　　　　　　　　　　　申　立　人　○○○株式会社
　　　　　　　　　　　　　　　同代表者代表取締役　○　○　○　○
（送達場所）〒000-0000　○○県○○市○○町○丁目○番○号
　　　　　　　　　　○○法律事務所　電　話　00-0000-0000
　　　　　　　　　　　　　　　　　　FAX　00-0000-0000
　　　　　　　　　　　　申立人代理人弁護士　○　○　○　○

申立ての趣旨

「別紙株式目録記載の株式を金○円で任意売却することの許可を求める。」との裁判を求める。

申立ての理由

1　申立人は，平成○年○月○日開催の臨時株主総会及び普通株主による種類株主総会において，種類株式を発行すること及び全部取得条項を付するための定款の変更，平成○年○月○日を取得日として全部取得条項付種類株式の全部を取得することを承認する旨の決議をした（甲1）。
　なお，代理行使による者も含めて，反対の議決権行使を行った株主はいなかった。
2　申立人は，定款により官報に掲載する方法を公告方法と定めていることから，上記全部取得条項付種類株式の取得に際して，定款変更及び全部取得条

項に基づく取得の効力発生日から20日以上前である平成〇年〇月〇日に，全部取得条項付種類株式についての定めを設ける定款の変更する旨及び全部取得条項に基づき当社が当該種類株式の全部を取得することについての株主への通知に代わる公告（会社法116条3項，172条2項）を官報に掲載して行った（甲2）。

　　なお，申立人は株券発行会社ではない（甲3）。
3　申立人は，上記全部取得条項付種類株式の取得に際して，全部取得条項付株式の取得日の前日の株主名簿に記載された申立人の株主に対して，その所有する株式1株に対して当該取得の対価として申立人の普通株式〇株の割合で新株を割り当てることとし（甲1），1株に満たない端数が合計〇株生じた（甲4）。
4　上記1株に満たない端数の合計〇株について競売をすべきであるが，申立人の株式は譲渡制限の付された市場価格のない株式であり，競売によって買受人が現れることも期待し難い。
5　〇〇〇〇作成の株式価値算定報告書（甲5）に照らしても，申立人が全部取得条項付株式の取得の日（効力発生日）における全部取得条項を付する前の申立人の普通株式1株について〇円との価格は妥当性があるものと思料されるところである。

　　また，前記臨時株主総会の招集に際して，申立人は，株主に対し，A種種類株式の端数が交付されることとなる場合には，保有していた全部取得条項付種類株式1株につき〇円が交付されるように価格を設定して売却する予定である旨説明しているところ（甲1），株主から会社法第116条第1項に基づく買取請求や会社法第172条に基づく取得価格決定の申立もなされていない。
6　A種種類株式〇株を金〇円で売却されると，申立人の株主に対し保有していた全部取得条項を付する前の普通株式1株あたり〇円の交付が可能となる。そこで，申立人においては，平成〇年〇月〇日開催の取締役会において，裁判所の許可を条件として，上記端数相当株式〇株を申立人において金〇円で買い受けることを承認可決した（甲6）。
7　よって，会社法234条2項に基づき本申立てをする。

第5章 株式に関する事件

疎明方法

甲第1号証	臨時株主総会及び普通株主による種類株主総会議事録
甲第2号証	平成○年○月○日付け定款変更の官報公告
甲第3号証	(変更後の)定款
甲第4号証の1	株主名簿
甲第4号証の2	株主名簿(端数相当株式計算書)
甲第5号証	株式価値算定報告書
甲第6号証	取締役会議事録

添付書類

甲号証写し	1通
委任状	1通
申立人の登記事項証明書	1通
取締役の同意書	各1通

(別紙)

株式目録

A種種類株式○株

　ただし,申立人の平成○年○月○日開催の臨時株主総会決議及び普通株主による種類株主総会決議に基づく申立人の全部取得条項付種類株式の取得に際して,当該取得の対価として割り当てられたA種種類株式の1株に満たない端数の合計○株(ただし,合計数のうち1株に満たない端数は切り捨て)

以上

Ⅲ　1株に満たない端数が生じる場合の端数相当株式任意売却許可

6　審理・裁判

(1)　審　理

　裁判所は申立原因となる事実について審査するが、審理は、主として、端数が生じる原因となった行為が適法に行われているか、売却価格が妥当であるかどうか、が中心となり、原則として株価鑑定書の提出が求められる。一定の要件を満たす株式併合、全部取得条項に基づく取得や組織再編に際しての場合は、会社が提示する条件に反対する株主は取得価格の決定の申立てや反対株主の買取請求に続く買取価格決定の申立てが可能であり、これらの申立てが行われていない場合には、会社が当初から提示していた条件は尊重される（東京地裁・類型別133頁、大阪地裁・実務ガイド311頁）。

　市場価格のない株式の場合、適切な最近の取引事例があるときはそれを参考とし、それがないときは、DCF方式、配当還元方式、収益還元方式、類似業種（会社）比準方式、純資産価額方式等の評価方法により評価されている。

(2)　裁　判

　裁判所は、決定をもって裁判する（非訟54条）。許可をする決定の場合、理由の記載は必要ない（871条2号・874条4号）。申立てを許可する裁判に対しては不服を申し立てることができない（874条4号）。却下決定に対しては、申立人は即時抗告をすることができる（非訟66条2項）。

【文例57】　端数相当株式任意売却許可決定

平成〇年(ヒ)第〇〇号　端数相当株式任意売却許可申立事件

177

第5章　株式に関する事件

　　　　　　　　　　決　　　定

　　　　　　　申立人の表示　別紙（略）のとおり
　当裁判所は上記申立人の申立てにかかる頭書事件につき，次のとおり決定する。

　　　　　　　　　　主　　　文
1　別紙株式目録記載の株式を金〇〇円で任意売却することを許可する。
2　手続費用は各自の負担とする。

平成〇年〇月〇日

　　　　　　　　　　　　　　　　　　　〇〇地方裁判所
　　　　　　　　　　　　　　　　　　　　裁判官　〇　〇　〇　〇

IV　株式・新株予約権の価格の決定

1　裁判所において株式・新株予約権の価格が決定される場合

　会社法においては、株主が保有する株式、新株予約権者が保有する新株予約権を、会社あるいは会社が指定する者が買い取ることを定める規定がある。取得条項付株式、取得請求権付株式、取得条項付新株予約権は、発行に際して、あるいは、発行後の定款変更により、定款においてその対価が定めるか、または株主総会決議により定められることから、会社が取得する場合における株式の価格、新株予約権の価格が問題となることはない（なお、全部取得条項付株式の取得の対価は取得を決める株主総会決議において定められるが、これに反対する株主は裁判所に対し、取得価格の決定を求めることができる）。このよう

な定款の規定や発行時の株主総会決議等に基づく取得ではない場合においては、会社等が買い取る株式の価格、新株予約権の価格は、原則として、会社等と株主あるいは新株予約権者との間の協議により定められる。しかし、協議が成立しないこともあり、そのような場合においては、会社等、株主あるいは新株予約権者の申立てにより、裁判所が価格を定めることとされている。

会社等が買い取る、あるいは取得する株式、新株予約権の価格を裁判所が決定するケースとしては、①会社が株主、新株予約権者に重大な影響を及ぼす事項を決定した際に、これに反対する株主、新株予約権者が買取請求権を行使する場合（後記(1)）、②組織変更が行われる場合や合併等により現に保有する新株予約権と引き換えの他の会社の新株予約権あるいは金銭が交付される場合に新株予約権者が買取請求権を行使する場合（後記(2)）、③単元未満株式の株主が、買取請求権、売渡請求権を行使する場合（後記(3)）（以上が、買取価格の決定）、④全部取得条項付種類株式を取得することを会社が決定した場合および特別支配株主による売渡請求の場合（後記(4)）、⑤譲渡制限が付された株式について、会社が譲渡を承認しない場合に、会社あるいは会社の指定する者が買い取る場合（後記(5)）（売買価格の決定）、⑥会社が相続人等に対する売渡請求権を行使する場合（後記(6)）がある。株式、新株予約権の価格を決定する必要があることは共通しているが、裁判所に対して価格の決定の申立てが所定の期間内に行われなかった場合の取扱い、裁判所が価格を決定する際の基準はそれぞれの場面で異なる。

(1) 反対株主の株式買取請求に際しての買取価格の決定

会社が一定の株式の内容の変更を行う定款変更、種類株式の株主に損害を及ぼすおそれのある株式の分割等、単元株式数を定めていない場合および単元株式数に併合の割合を乗じると1に満たない端数が生じる場合の株式併合、事業譲渡等（一定の場合の子会社株式譲渡を含む）、組織再編行為を行う場合に

おいて、これに反対する株主や新株予約権者には、会社の行為による株式、新株予約権の価値の下落等を避けて投資を回収する手段として株式、新株予約権を、会社に対し、「公正な価格」で買い取ることを請求することができる。この場合において、株式買取請求権を行使できる反対株主とは、これらの会社の行為が株主総会決議を要する場合においては、当該決議事項について議決権を有する株主のうち株主総会に先立ち反対の意思を会社に通知し(会社は一定の時期までに株主に対して当該行為を行うことを通知し、あるいは、公告しなければならない(事業譲渡、組織再編行為の場合には、公告で足りるのは公開会社である場合および株主総会決議による場合に限られる))、かつ株主総会において反対の意思を示した株主、および、議決権を有しない株主であり、株主総会決議を要しない場合(種類株式の株主に損害を及ぼすおそれのある場合については、定款の定めにより種類株主総会を要しないものと定めている場合(322条2項・3項・4項)に限定されているが、株式の分割等は取締役会決議で行われることがある。また、略式組織再編の場合も取締役会決議により行われる)においてはすべての株主(種類株式の株主に損害を及ぼすおそれのある場合は当該種類株式のすべての株主、略式組織再編の場合においては、特別支配株主を除くすべての株主)が反対株主として株式買取請求権を行使できる(なお、平成26年会社法改正により簡易組織再編を行う場合の株主総会の承認を要しない会社の株主の買取請求は認められないこととなった)。

　株式の内容を変更する定款変更の場合を例にとれば、その株式の買取価格は、会社と株主の間の協議により定められるが、定款変更の効力発生日から30日以内に協議が成立しない場合には、その期間の満了の日から30日以内(定款変更の日から60日以内)に、会社、株主は裁判所に対して株式の買取価格の決定の申立てをすることができる(117条1項・2項)。この期間内に買取価格の決定の申立てがなされない場合には、株主は買取請求を撤回することができる(117条3項)。

これらの場合の買取価格について、旧商法下では、「承認ノ決議ナカリセバ其ノ有スベカリシ公正ナル価格」と定められていた（旧商349条1項・245条の2第1項・408条の3第1項・374条の3第1項・374条の31第3項・355条1項・371条2項）が、会社法においては、「公正な価格」と定められており、会社法下においては、合併によるシナジー効果など、会社が行う行為の結果生じる株式等の価値の増加も考慮に入れなければならない趣旨であるとされている。

なお、これらの行為を行うことを会社が公表した後に取得した株式について買取請求が認められるかとの問題があり、法制審議会会社法部会が平成23年12月7日にとりまとめた会社法制の見直しに関する中間試案でも、これを制限することについてさらに検討することとされていたが、平成24年8月1日に取りまとめられた会社法制の見直しに関する要綱案には盛り込まれず、これまでの裁判例では、価格の判断において考慮されるとしても買取請求そのものは否定されていない（東京地決平22・3・31金商1344号36頁など）。ただし、特別支配株主による売渡請求の場合について、株主に対する通知、公告がなされた後に株式を譲り受けた者は売買価格の決定の申立てをすることができない（最決平29・8・30金商1530号8頁）。

反対株主の買取請求権が認められるのは次の場合である。

① 定款変更、種類株式の株主に損害を及ぼすおそれのある株式の分割等
　ⓐ 発行する株式全部の内容として譲渡制限を付する定款変更（116条1項1号）
　ⓑ ある種類の株式の内容として、譲渡制限を付する定款変更、全部取得条項を付する定款変更（116条1項2号）
　ⓒ 株式の併合、分割、無償割当て、株主に割当てを受ける権利を与える場合の株式を引き受ける者の募集、株主に割当てを受ける権利を与える新株予約権を引き受ける者の募集、新株予約権の無償割当てを行う場合で、ある種類株式の株主を有する種類株主に損害を及ぼすおそ

れのある場合（116条1項3号）

ⓓ　単元株式数の定めがない場合、および単元株式数に併合の割合を乗じると1未満の端数に生じる場合の株式併合（182条の4第1項・182条の2第1項）

② 事業譲渡等

ⓐ　事業の全部の譲渡（事業の全部の譲渡とともに解散を決議した場合を除く。469条1項・467条1項1号）

ⓑ　事業の重要な一部の譲渡（譲渡する資産の帳簿価格が総資産額の5分の1を超えない場合を除く。469条1項・467条1項2号）

ⓒ　帳簿価額が総資産の5分の1を超える子会社株式の譲渡で議決権の過半数を有しないこととなる場合（469条1項・467条1項2号の2）

ⓓ　他の会社の事業の全部の譲受（対価が純資産額の5分の1を超えない場合を除く。469条1項・467条1項3号・468条2項）

ⓔ　事業の全部の賃貸、事業の全部の経営の委任、他人と事業上の損益の全部を共通にする契約その他これらに準ずる契約の締結、変更または解約（469条1項・467条1項4号）

③ 合併

ⓐ　消滅会社となる吸収合併（株主全員の同意を要する場合を除く。785条1項）

ⓑ　存続会社となる吸収合併（簡易合併の場合を除く。797条1項）

ⓒ　新設合併（株主全員の同意を要する場合を除く。806条1項）

④ 会社分割

ⓐ　分割会社となる吸収分割（簡易分割の場合を除く。785条1項）

ⓑ　承継会社となる吸収分割（簡易分割の場合を除く。797条1項）

ⓒ　新設分割（簡易分割の場合を除く。806条1項）

⑤ 株式交換

ⓐ　完全子会社となる株式交換（株主全員の同意を要する場合を除く。785条1項）
　　ⓑ　完全親会社となる株式交換（簡易株式交換の場合を除く。797条1項）
　⑥　株式移転（806条1項）

(2) 定款変更、組織変更、組織再編に際しての新株予約権者の買取請求権行使に際しての新株予約権の買取価格の決定

　新株予約権者は、株主ではないから、会社が組織変更、組織再編等を行う場合も、株主総会において議決権を行使できないため、その意思にかかわらず、会社の基礎に重大な変更がなされ、あるいは行使により取得する株式の内容が変更され、権利内容が変更される可能性がある。
　そのため、一定の要件を満たす場合には、新株予約権者に対し、会社に対して新株予約権を買い取ることを請求することを認め、投資の回収を図ることができることとされている。
　新株予約権者がいる会社においては、発行する株式の全部について譲渡制限を設ける定款変更においては全部の新株予約権の新株予約権者に、ある種類の株式の内容として譲渡制限・全部取得条項を設ける定款変更においては当該種類株式を目的とする新株予約権の新株予約権者に、効力発生日の20日前までには定款変更を行う旨を通知し、あるいは、公告をしなければならず（118条3項・4項）、これらの新株予約権者には新株予約権の買取請求権が認められている（118条1項）。その新株予約権の買取価格は会社と新株予約権者の間の協議により定められるが、定款変更の日から30日以内に協議が成立しない場合には、その期間の満了の日から30日以内（定款変更の日から60日以内）に、会社、新株予約権者は裁判所に対して新株予約権の買取価格の決定の申立てをすることができる（119条1項・2項）。この期間内に買取価格の決定の

第 5 章　株式に関する事件

申立てがなされない場合には、新株予約権者は買取請求を撤回することができる（119条 3 項）。

　組織変更を行う会社は、その効力発生日の20日前までに、新株予約権者に対し組織変更をする旨の通知をし、あるいは、公告をしなければならない（777条 3 項・ 4 項）。また、吸収合併の消滅会社、吸収分割の分割会社、株式交換の完全子会社となる会社は、新株予約権者のうち、合併においてはすべての新株予約権者、会社分割・株式交換においては会社分割・株式交換に際して新株予約権に代わる対価を交付される新株予約権者に対し、組織再編を行う旨を、その効力発生日の20日前までに通知し、あるいは、公告しなければならない（787条 3 項・ 4 項）。新設合併、新設分割、株式移転を行う会社は、これを承認する株主総会決議の日（総株主の同意を得て行う場合には当該同意のあった日、簡易分割を行う場合には新設分割計画書を作成した日）から 2 週間以内に新設合併等を行う旨および設立される会社の商号・住所を、合併においてはすべての新株予約権者、会社分割・株式移転においては会社分割・株式移転に際して新株予約権に代わる対価を交付される新株予約権者に対して通知し、あるいは公告しなければならない（808条 3 項・ 4 項）。

　これらの通知を受けるべき新株予約権者のうち、その保有する新株予約権のそもそもの内容として定められた条件に合致する存続会社・承継会社・完全親会社・新設会社の新株予約権の交付を受ける者以外の新株予約権者は、会社に対する新株予約権の買取請求権が認められ（777条 1 項・787条 1 項・808条 1 項。なお、株式買取請求と異なり、簡易分割の場合も認められる）、買取を請求する新株予約権者は、組織変更・吸収合併・吸収分割・株式交換の場合においてはその効力発生日の20日前から効力発生日までの間に、新設合併・新設分割・株式移転の場合においては、通知または公告の日から20日以内に、新株予約権の内容および数を明らかにして会社に対して買取の請求をしなければならない（777条 5 項・787条 5 項・808条 5 項）。

この場合の新株予約権の価格は会社と新株予約権者の間の協議により定まるが、組織変更・吸収合併・吸収分割・株式交換の場合においてはその効力発生日から、30日以内に協議が定まらない場合、その日から30日以内(効力発生日から60日以内)に、会社、新株予約権者は裁判所に対して価格の決定の申立てをすることができる（778条2項・788条2項）。新設合併・新設分割・株式移転の場合においては、新設合併等により設立される会社の成立の日から、30日以内に協議が定まらない場合、その日から30日以内（会社の成立の日から60日以内）に、会社、新株予約権者は裁判所に対して価格の決定の申立てをすることができる（809条2項）。

この期間内に買取価格の決定の申立てがなされない場合には、新株予約権者は買取請求を撤回することができる（778条3項・788条3項・809条3項）。

(イ) 組織変更 (777条)

株式会社が組織変更により持分会社となる場合、持分会社は新株予約権に相当する制度が存しないことから、効力発生日において新株予約権は消滅し（745条5項）、新株予約権者はその権利を失うことなる。組織変更計画において組織変更に際して新株予約権者に対して金銭その他の財産の割当てが定められることもある（744条1項7号・8号）。組織変更は総株主の同意を要するだけで新株予約権者の同意は要しないから、割り当てられる金銭等が相当であるとは限らないため、会社に対して公正な価格で買い取ることを請求する権利が認められている。

(ロ) 吸収合併 (消滅会社787条1項1号)、新設合併 (808条1項1号)

会社が消滅会社となって吸収合併を行なう場合、あるいは、新設合併を行なう場合、当該会社が発行する新株予約権は、合併の効力発生日に消滅する（750条4項・754条4項）。合併契約において新株予約権者に対し金銭その他の財産の割当てが定められることもある（749条1項4号・753条1項10号）。合併契約について新株予約権者の同意等は要しないから、割り当てられる金銭等

が相当であるとは限らないため、会社に対して公正な価格で買い取ることを請求する権利が認められている。

ただし、新株予約権については、その内容として会社が消滅会社となる吸収合併あるいは新設合併を行う場合において、存続会社あるいは新設会社の新株予約権を交付することおよびその条件が定められており、その定めに従った新株予約権を交付することが合併契約で定められている場合には、新株予約権者の権利はその内容に従って変更されるだけであるから、買取請求権は認められない。

なお、吸収合併の存続会社の新株予約権者には買取請求の制度はない。

(ハ) 吸収分割（787条1項2号）、新設分割（808条1項2号）

会社が分割会社となって吸収分割を行う場合、あるいは、新設分割を行う場合、分割会社の新株予約権者に対し、分割契約、分割計画によりその保有する新株予約権に代わる承継会社、新設会社の新株予約権が交付されることがある（758条5号・763条10号）。分割契約、分割計画について新株予約権者の同意等は要しないから、割当てられる承継会社、新設会社の新株予約権が相当であるとは限らないため、会社に対して公正な価格で買い取ることを請求する権利が認められている（787条1項2号イ・808条1項2号イ）。

ただし、新株予約権の内容として、会社が分割会社となる吸収分割あるいは新設分割を行う場合において、承継会社あるいは新設会社の新株予約権を交付することおよびその条件が定められており、その定めに従った新株予約権を交付することが分割契約、分割計画で定められている場合には、新株予約権者の権利はその内容に従って変更されるだけであるから、買取請求権は認められない。逆に、このような定めがあるにもかかわらず、分割契約、分割計画においてその定めに従った承継会社、新設会社の新株予約権の割当てが行われない場合にも新株予約権者に買取請求権が認められる（787条1項2号ロ・808条1項2号ロ）。

なお、そのような定めがなく、会社分割によってその保有する新株予約権に代わる承継会社、新設会社の新株予約権が交付されず、引き続き新株予約権を保有することとなる新株予約権者については買取請求権は認められない。また、吸収分割の承継会社の新株予約権者には買取請求の制度はない。

(二) 株式交換（完全子会社787条1項3号）、株式移転（808条1項3号）

　会社が完全子会社となる株式交換を行う場合、会社が株式移転を行う場合、完全子会社となる会社の新株予約権者に対し、株式交換契約、株式移転計画によりその保有する新株予約権に代わる完全親会社となる会社の新株予約権、新設会社の新株予約権が交付されることがある（758条6号・763条7号）。分割契約、分割計画について新株予約権者の同意等は要しないから、割り当てられる完全親会社の新株予約権が相当であるとは限らないため、会社に対して公正な価格で買い取ることを請求する権利が認められている（787条1項3号イ・808条1項3号イ）。

　ただし、新株予約権の内容として会社が完全子会社となる株式交換あるいは株式移転を行う場合において、完全親会社となる会社の新株予約権を交付することおよびその条件が定められており、その定めに従った新株予約権を交付することが株式交換契約、株式移転計画で定められている場合には、新株予約権者の権利はその内容に従って変更されるだけであるから、買取請求権は認められない。逆に、このような定めがあるにもかかわらず、株式交換契約、株式移転計画においてその定めに従った完全親会社となる会社、新設会社の新株予約権の割当てが行われない場合にも新株予約権者に買取請求権が認められる（787条1項3号ロ・808条1項3号ロ）。

　なお、そのような定めがなく、株式交換、株式移転によってその保有する新株予約権に代わる完全親会社となる会社、新設会社の新株予約権が交付されず、引き続き新株予約権を保有することとなる新株予約権者については買取請求権は認められない。また、株式交換の完全親会社の新株予約権者には

187

第5章 株式に関する事件

買取請求の制度はない。

(3) 単元未満株式の株主の買取請求権、売渡請求権行使に際しての買取価格の決定

　単元未満株式は、株主総会における議決権が認められないほか、定款の定めによって一単元の株式と比較してその権利を制限されることがある（189条1項・2項）。そのため、株主が投資の回収を図ることができるようにするため、会社に対して買い取ることを請求する権利が認められている（192条）。

　さらに、会社は、定款に、単元未満株式を有する株主に、その有する株式の数と合わせて単元株式数となるべき数の株式を会社に売り渡すことを請求できることを定めることができる（194条）。

　この場合の株式の価格は、市場価格がある株式の場合にはその市場価格とされ（193条1項1号・194条4項。この場合の市場価格とは、買取請求、売渡請求がなされた日の取引市場における最終の価格（その日に売買取引がない場合、市場が休業日の場合はその後最初になされた売買取引の成立価格）である。施行規則36条1号・37条1号。施行規則36条2号・37条2号は当分の間適用されないこととされている）、市場価格のない株式の場合には、会社と株主の間の協議により定める金額とされるが（193条1項2号・194条4項）、当然のことながら、協議が成立しないことがある。

　市場価格のない株式の場合、単元未満株式の株主から買取請求、売渡請求がなされた日から20日以内の間、会社あるいは株主は、裁判所に対して価格の決定の申立てをすることができる（193条2項・194条4項）。この期間内に価格の決定の申立てがなされた場合には、株式の買取価格、売渡価格は、裁判所が決定した金額となる（193条4項・194条4項）。この場合において、裁判所は、買取り、売渡しの「請求のなされた時における株式会社の資産状態その他一切の事情を考慮しなければならない」とされている（193条3項・194条4

188

項)。

　会社と株主との間の協議が成立せず、買取請求、売渡請求の日から20日以内にこの申立てもなされない場合、買取価格、売渡価格は、1株当たりの純資産額(買取り、売渡しの請求のなされた日を基準として算定する。施行規則25条1項・3項・4項・6項6号・7号)に請求の対象となった株式の数を乗じた額とされる（193条5項・194条4項）。

(4) 全部取得条項付種類株式を会社が取得することを決定した場合および特別支配株主による売渡請求の価格の決定

　全部取得条項付種類株式の会社による取得は、株主総会の特別決議により、取得の対価の内容およびその数あるいは額、または、それらの算定方法、株主に対する取得対価の割当てに関する事項、取得日を決定して行われる（171条1項）。

　全部取得条項付種類株式は、その内容として、会社が取得する際の取得対価の価額の決定方法が定款において定められているが(108条2項7号)、取得条項付株式、取得請求権付株式と異なり、対価の具体的内容や数、算定方法までは定める必要がなく、この定款の定めの範囲内で、取得を決議する株主総会において決定される。

　したがって、会社は、取得日の20日前までに全部取得条項付種類株式の株主に対して全部を取得する旨を通知し、または、公告をしなければならず(172条2項・3項)、会社が株主総会決議により定める対価により全部取得条項付種類株式を取得することに反対する全部取得条項付種類株式の株主あるいは当該株主総会において議決権を行使できない全部取得条項付種類株式の株主は、取得日20日前から取得日の前日までの間に、株主総会において決議された取得の対価に満足しない場合、裁判所に対して、全部取得条項付種類株式の価格の決定を申し立てることができる（172条1項）。

第5章　株式に関する事件

　なお、全部取得条項を付する定款変更と同時、あるいは近接して取得を決議する場合、株主は定款変更に反対して買取請求権を行使することもできる。平成26年会社法改正前においては買取請求の効力発生が代金支払時とされていたことから(平成26年改正前117条5項)、代金支払時までに全部取得条項に基づく取得の取得日が到来してその効力が発生すると買取請求をした株主はその対象となる株式を保有していないことになり、買取価格の決定の申立適格を欠くことになるとされていたが（最決平24・3・28金商1392号28頁）、平成26年会社法改正により定款変更の効力発生日に買取請求の効力が生ずるものとされたことにより、買取請求権を行使すると会社法172条の取得価格結定の申立てはできないが、会社法117条2項の価格決定申立適格は否定されないこととなる（117条6項）。

　特別支配株主による売渡請求は、対象となる会社の特別支配株主が、対価として交付する金銭等の額を定めて対象となる会社に通知し、対象となる会社の取締役会がこれを承認して株主に通知することにより、特別支配株主が特別支配株主以外の株主の保有する株式を強制的に取得するものである（179条ないし179条の3）。対象となる会社の承認を要するものの、保有する株式を売り渡すこととなる株主の同意等は必要とされていないため、特別支配株主以外の株主の救済のために、裁判所において売買価格を決定する制度が設けられている。

　対象となる会社は、特別支配株主による売渡請求を承認する場合は、特別支配株主による取得の日の20日前までに、株主に対し、特別支配株主の氏名（名称）・住所、対価、新株予約権の売渡請求も行う場合にはその旨および対価、取得日、対価の確保の方法、その他の取得条件を通知し、または、公告しなければならず(179条の4第1項・2項、施行規則33条の6)、また、対価等の所定の事項を記載した書面または記録した電磁的記録の備え置きを開始して株主に閲覧等の請求に応じなければならず（179条の5第1項）、株主は、特別

支配株主による取得の日の20日前から取得の日までの間に、裁判所に対して売買価格の決定の申立てをすることができる（179条の8）。

なお、特別支配株主が株式に加えて新株予約権の売渡請求をする場合は、新株予約権者も新株予約権の売買価格の決定の申立てをすることができる。

(5) 譲渡制限株式の会社等による買取りに際しての売買価格の決定

定款の定めにより、株式の内容として、譲渡による取得については会社の承認を得なければならないとされている株式（承認する機関も定款で定められる。139条1項）について、株式を譲渡しようとする株主、あるいは、譲渡により株式を取得した者（株式取得者）が、譲渡による取得の承認の請求と合わせて、会社が譲渡による取得を承認しないことを決定した場合には会社あるいは会社の指定する者（指定買取人）において当該株式を買い取ることを請求した場合（138条1号ハ・2号ハ）において、会社が譲渡による取得を承認しないことを決定した場合、会社あるいは指定買取人において当該株式を買い取らなければならない（140条1項・4項）。この場合の売買価格は株主あるいは株式取得者と会社あるいは指定買取人との間の協議によって定められるが（144条1項・7項）、買取通知がなされた日から20日以内の間、会社、指定買取人あるいは株式取得者は、裁判所に対して価格の決定の申立てをすることができる（反対株主の買取請求等の場合と異なり、一定期間内に協議が調わないことは要件とされておらず、直ちに申し立てることができる。144条2項・7項）。この期間内に価格の決定の申立てがなされた場合には、株式の売買価格は、裁判所が決定した価格となる（144条4項・7項）。この場合において、裁判所は、承認「請求の時における株式会社の資産状態その他一切の事情を考慮しなければならない」とされている（144条3項・7項）。

また、買取通知の日から20日以内に会社等と株主等との間の協議が成立せ

第5章　株式に関する事件

ず、この申立てもなされない場合でも買取りの撤回はできず、売買価格は、1株当たりの純資産額（買取の通知のなされた日を基準として算定する。施行規則25条1項・3項・4項・6項3号・同項4号）に請求の対象となった株式の数を乗じた額とされる（144条5項・7項）。このような取扱いに合わせて、次のような制度が設けられている。

　すなわち、会社、指定買取人に対して一株あたりの純資産額を供託し、譲渡による取得の承認を請求した者に対して供託を証する書面を交付させることとし、この時点で売買契約が成立したものと扱われる（141条2項・142条2項）。この供託を証する書面の交付がなされない場合、会社は譲渡による取得を承認したものとみなされる（145条3号、施行規則26条1号・2号）。なお、株券発行会社においては、供託を証する書面の交付を受けた者は株券を供託しなければならない（141条3項・142条3項）が、この株券の供託がなされない場合、会社、指定買取人は売買契約を解除することができる（141条4項・142条4項）。

(6)　相続人等に対する売渡しの請求の場合の売買価格の決定

　相続その他（合併等一般）の一般承継による株式の移転は、株式の譲渡による取得についての定款の定めによる制限の対象とならない。旧商法下では、株主に相続等の一般承継が発生した場合に、他の株主にとって好ましくない者が株主となることを避ける手段がなかったが、会社法においては、定款に定めることにより、株主の相続人等の一般承継者に対して、その保有する株式を売り渡すことを請求することができることになった（174条）。

　相続人等に対する売渡しの請求は、会社が、売渡しを請求する株式の種類および数、並びに、売渡しを請求する株式を有する者を株主総会の決議により決定し（175条1項）、相続等の一般承継が発生したことを知った時から1年以内に、売渡しを請求する株式の種類および数を通知して行う（176条2項・

192

3項)。

　なお、この定款の定めは相続が発生してから定款変更により設けられたものでもよいとされ、また、共同相続人間の遺産分割協議が未了でどの相続人が何株を保有することとなるか不明であっても、売渡請求の期限は相続があったことを知った日から1年で到来し、一部の準共有者に対する請求は持分割合の限度で有効なものとされる（東京高決平19・8・16資料版商事法務285号146頁、東京高判平24・11・28資料版商事法務356号30頁）。

　売渡しの請求を決定する株主総会決議については、売渡しの請求を受ける者以外に議決権を行使できる株主がいない場合を除き、売渡しの請求を受ける者は議決権を行使できない（175条2項）。

　この場合における株式の売買価格は、会社と売渡しの請求を受けた者との間の協議により定めるが(177条1項)、会社、売渡しの請求を受けた者は、売渡しの請求の日から20日以内（請求があった後、直ちに申立てができることは譲渡制限株式の買取りにおいて買取通知があった場合と同様である）に裁判所に対して売買価格の決定の申立てをすることもでき（同条2項）、この場合は、裁判所が決定した価格が売買価格となる（同条4項）。裁判所が価格を決定する場合に、売渡しの請求があった時の会社の資産状態その他一切の事情を考慮しなければならないことは、譲渡制限株式の売買価格の決定、単元未満株式の買取請求・売渡請求の場合と同様であり（同条3項）、分配可能額による財源の規制を受けることは譲渡制限株式について会社が買い取る場合と同様である（461条1項6号）。

　会社は、いつでも売渡しの請求を撤回できる（176条3項）ほか、売渡請求の日から20日以内に価格についての協議が整わず、価格決定の申立てもなされない場合は、売渡しの請求はその効力を失う（177条5項）。

2 価格決定の基準

(1) 決定の基準

　裁判所において決定される株式、新株予約権の価格は、一定の定款変更、株式の併合等、事業譲渡等、組織変更、組織再編を行う場合の反対株主、新株予約権者から買取請求がなされた場合（上記1(1)(2)の場合）は「公正な価格」であり、単元未満株主から買取請求、売渡請求がなされた場合、譲渡制限のある株式の売買価格決定の場合、相続人等に対する売渡請求の場合（上記1(3)(5)(6)の場合）は、買取り、売渡しを請求した時、譲渡等承認請求の時、売渡請求の時における会社の「資産状態その他一切の事情を考慮」した価格である。なお、全部取得条項付種類株式の取得および特別支配株主による売渡請求の際の価格の決定（上記1(4)の場合）については特段の定めはないが、反対株主の買取請求の場合と同様「公正な価格」を定めるべきと解されている。

(2) 評価方法

　価格の決定にあたっては、会社の純資産額、収益力、配当額、事業の将来性、株式等の流通性、株主の持株割合等、会社支配の関係等の諸事情が考慮されて決定される。組織再編等を行う場合の「公正な価格」においては、組織再編等によるシナジー効果も考慮される。取引相場のある株式等については、取引において形成される価格が基準となり、取引相場のない株式等については、具体的に次のような評価方法によって決定される。
① DCF法　将来の予測されるフリー・キャッシュフローの総合計を現在価値に割り引くことにより株式価値を算出する方法である。旧商法下のものではあるが、カネボウの事例（東京高決平22・5・24金商1345号12頁）でも採用されている。

② 配当還元方式　　将来の各事業年度に期待される1株当たりの予測配当金額を一定の資本還元率で還元することによって、元本である株式の現在価格を算出する評価方法である。
③ 収益還元方式　　将来の各事業年度に期待される法人税課税後の1株当たりの予想純利益を一定の資本還元率で還元することによって、元本である株式の現在価格を算出する評価方法である。
④ 類似業種(会社)比準方式　　評価対象会社と類似性の高い業種の株式相場あるいは類似性の高い上場会社の株式相場の平均と比較して、評価対象会社の株価を算出する方法である。
⑤ (時価)純資産価額方式　　会社の資産、負債を帳簿価格から時価へと再評価し(簿価純資産価額方式の場合は、評価替えをしない)、会社の時価純資産額を基準として、1株当たりの株価を算出する評価方法である。
⑥ 取引先例価格方式　　評価対象会社の株式が過去に売買された実例を探し、その際の取引価格を基準として、株価を決定する評価方法である。

裁判例においては、配当還元方式や時価純資産価額方式などの2以上の方式を併用し、それらを単純平均または加重平均して算出する評価方法がとられている例もある。

(3) 裁判例の紹介

会社法施行後の事例についての裁判例としては、次のようなものがある。

(イ) 反対株主の買取請求における買取価格の決定

① あおみ建設(大阪地決平20・11・13金商1339号56頁)　　吸収合併に反対する吸収合併消滅会社の株主の買取請求において、互いに資本関係がなく、独立の当事会社と認めることのできる2社の間の吸収合併であること、買取請求権を行使した株主が2人にとどまることから、合併契約において定められた合併比率が不合理であって合併により生じるシナジー

の分配が不適切であるということはできないとし、買取りの効力が発生する吸収合併の効力発生日の直近の最終取引日の終値をもって公正な価格と判断した事例である。

② 三共生興（神戸地決平21・3・16金商1320号59頁）　子会社の吸収合併に反対する吸収合併存続会社の株主の株式買取請求について、買取請求の意思表示が会社に到達した日の終値が公正な価格であると判断された事例である。

③ 日興コーディアル（東京地決平21・3・31判時2040号135頁）　いわゆる三角合併（対象会社との間で、海外親会社の株式を対価として国内子会社を株式交換完全親会社とする株式交換を行い、その後に国内子会社と対象会社が合併）に反対する株主の買取請求において、公正な価格の算定基準日は、買取請求の効力が発生する株式交換効力発生日であり、株式交換に先立ち行われた公開買付けの買付価格をシナジーを考慮した公正な価格と判断した事例である。

④ 協和発酵キリン（東京地決平21・4・17金商1320号31頁、同平21・5・13金商1320号41頁）　株式交換に反対する株式交換完全親会社の株主の株式買取請求について、異常な価格形成がされたなど株式交換によりシナジーを含む客観的価値が反映されていないことをうかがわせる特段の事情がない限り、株式交換の効力発生日前1カ月の株価の終値の出来高加重平均値をもって、株式交換の効力発生日における公正な価格とするのが相当であるとされた事例である。

⑤ ノジマ（東京高決平21・7・17金商1341号31頁）　合併公表後に取得した株式についても反対株主の買取請求は認められるとし、上場会社の連結子会社との合併の事例について、合併公表以前の市場価格ではなく、買取請求時の市場価格が公正な価格であると判断した事例である。

⑥ カネボウ（東京地決平21・10・19金商1329号30頁）　清算株式会社を吸

収合併消滅会社とする吸収合併に反対した吸収合併消滅会社の株主の買取請求においては、吸収合併の効力発生日における吸収合併消滅会社の客観的価値、または、吸収合併を前提とした清算価値に基づいて算出するのが相当であるとして、吸収合併における合併交付金と同額が公正な価格であるとされた事例である。

⑦　ダイワボウ情報システムズ（大阪地決平22・3・30資料版商事法務314号31頁）　公開買付け後の株式交換による完全子会社化に際して、株式交換の公表後に株式交換完全子会社の株式を取得した株主の買取請求について、公開買付けにおける買付価格、株式交換における基準価格を下回る価格を公正な価格と判断した事例である。

⑧　保安工業（東京地決平22・11・15金商1357号32頁）　吸収合併消滅会社の反対株主による買取請求の事案で、買取請求の効力が生じることが確定する吸収合併の効力発生日を基準として、いわゆるナカリセバ価格（反対の対象となる決議等がされることがなければ株式が有していたであろう価格）、あるいは、ナカリセバ価格に吸収合併によるシナジーを適切に反映した客観的価値を基礎として算定するのが相当であるとして、吸収合併の効力発生日前1カ月の終値の出来高加重平均値を公正な価格と判断した事例である。

⑨　ダブルクリック（東京地決平23・3・30金商1370号19頁）　株式交換によるシナジーを反映させた価格を公正な価格とすべきとしつつ、株式交換の効力発生日前の1カ月の市場終値の出来高加重平均値を採用し、これを上回る会社の提示額をもって公正な価格とした事例である。

⑩　TBS（最決平23・4・19金商1366号9頁）　吸収合併等によりシナジーその他の企業価値の増加が生じない場合の「公正な価格」は株式買取請求がなされた日におけるナカリセバ価格であって、当日の市場の終値が公正な価格であると判断し、株主の支配権プレミアムを考慮すべきとの

主張を排斥した事例である。

⑪　インテリジェンス（最決平23・4・26金商1367号16頁）　シナジーその他の企業価値の増加が生じない場合の公正な価格は株式買取請求がなされた日におけるナカリセバ価格であるとした事例である。

⑫　松尾橋梁（大阪高決平24・1・31金商1390号32頁）　全部取得条項に基づく取得の効力が発生した後においても、当該効力発生以前になされた全部取得条項を付する定款変更に反対した株主の買取請求は効力を失わないとし、価格については、ナカリセバ価格は買取請求時のものを算定する必要があるとして、公開買付けの公表前1カ月の市場の終値の出来高加重平均から買取請求時までの株式市況等を勘案して修正して算出し、これにプレミアムを付して公正な価格を算出した事例である。

⑬　パナソニック電工（大阪地決平24・2・10判時2152号139頁）　株式公開買付けが先行して行われた完全子会社化のための株式交換について、公開買付価格が1110円であったのに対し、株式買取請求日前1カ月間の出来高加重平均の平均値である967円が買取請求日におけるシナジーをも分配した公正な価格であるとした事例である。

⑭　テクモ（最決平24・2・29金商1388号16頁）　株式移転によりシナジー効果その他の企業価値の増加が生じる場合には、公正な価格は、株式移転計画に定められた株式移転比率が公正なものであったならば株式買取請求日において有していると認められる価格と解するのが相当であり、相互に特別な資本関係がない会社間において、株主の判断の基礎となる情報が適切に開示され適法に株主総会で承認されるなど一般に公正と認められる手続により株式移転の効力が生じた場合には、株主の合理的な判断が妨げられたと認めるに足りる特段の事情がない限り、株式移転比率は公正とみるのが相当である、として、株式移転比率は企業価値の増加を適切に反映したものではなく、公正なものではないとした抗告審決

定を破棄した事案である。

⑮　三洋電機（大阪地決平24・4・27判時2172号122頁）　株式公開買付けが先行して行われた完全子会社化のための株式交換について、公開買付価格が138円であったのに対し、株式買取請求日前1カ月間の出来高加重平均の平均値である117円が買取請求日におけるシナジーをも分配した公正な価格であるとした事例である。

⑯　セイコーフレッシュフーズ（最決平27・3・26判時2256号88頁）　非上場会社を存続会社とする吸収合併に反対した当該非上場会社の株主の買取請求において、収益還元法を用いて買取価格を算定する際に、株式に市場性がないことを理由とする減価（非流動性ディスカウント）を行うことはできないと判断した事例である。

　　⒁　**全部取得条項付種類株式の取得価格決定**

①　レックスホールディング（最決平21・5・29金商1326号35頁（東京高決平20・9・12金商1301号28頁に対する特別抗告、許可抗告をいずれも棄却））　会社法172条に基づく申立てがなされた場合には、裁判所は、強制的に株式をはく奪されることとなる株主の保護を図るとの制度趣旨に照らして、当該株式の「取得日における公正な価格」をもって、取得価格を決定すべきであるとし、その公正な価格とは、「取得日における当該株式の客観的価値に加えて、強制的取得により失われる今後の株価の上昇に対する期待を評価した価額をも考慮するのが相当である」とし、全部取得条項付種類株式を利用したスクイーズアウトの手続に先立ち行われた公開買付の公表日の直前日から遡った6カ月間の終値の平均値を取得日における客観的価値とし、株価の上昇に対する期待の評価として20％を加算した額を取得価格と決定した事例である。

②　サンスター（大阪高決平21・9・1金商1326号20頁）　全部取得条項に基づく取得の対価が、全部取得条項を付する定款変更の際に定款で事実

上定められており、その後の株主総会決議が取得日を定めただけであるとしても、当該株主総会決議は取得日におけるものとしての取得価格を定めたと解することもできるので、会社法172条1項に基づく価格決定の申立てをすることができるとし、業績予想の下方修正の経緯、株価の変動の状況、実際の収益の状況を考慮し、MBOの準備を開始したと考えられる時期以降の株価は、企業価値を把握する指標として排除すべきであるとして、公開買付けを発表した1年前の株価に近似する額を取得日における公正な価格を算定する基準となる株価と算定し、公正な価格は、株式の客観的価値に支配プレミアム、スクイーズアウトプレミアムが考慮されるべきであるとし、付加すべきプレミアムについては、合理的な資料から裁判所の裁量により決せられるとして、過去のMBOの事例において付されたプレミアムを考慮し、20％を相当とすると判断した事例である。

③　オープンループ（札幌高決平22・9・16金商1353号64頁）　取得日における客観的価値に加えて強制的取得により失われる今後の株価の上昇に対する期待を評価した価額を考慮するとして、全部取得に先立ち行われた公開買付の直近1カ月程度の株価をもって客観的価値と考えるのが相当であるとし、これに66％のプレミアムを付した公開買付けにおける買付価格と同額が相当であるとした事例である。

④　サイバードホールディングス（東京高決平22・10・27資料版商事法務322号174頁）　取得日のナカリセバ価格（公開買付公表前1カ月の終値加重平均）に20％のプレミアムを付加した事例である。

⑤　カルチュア・コンビニエンス・クラブ（大阪地決平24・4・13金商1391号52頁）　MBOの一環として行われた全部取得条項付種類株式の取得に反対する株主が申し立てた取得価格決定において、MBOが行われることがなければ株式が有したであろう価格（「ナカリセバ価格」）とMBOの実

施によって増大が期待される価値のうち反対株主が享受してしかるべき部分の価格(「増加価値分配価格」)とを合算して算定すべきものであるとして、会社が設置した独立委員会が依頼した算定機関によるMBOの実施後に増大が期待される企業価値を前提とした株式価値と、ナカリセバ価格(全部取得条項付種類株式の取得に先立ち行われた公開買付けの公表前1カ月間の市場株価の終値の平均値)との差額を増加価値とし、その半分を増加価値分配価格としてナカリセバ価格に加算した価格を取得価格として決定した事例である。

⑥　ホリプロ(東京地決平25・3・14金商1429号48頁)　全部取得条項付種類株式の取得に先立ち行われた株式公開買付けの公表前の1カ月の市場株価(終値)の出来高加重平均値に約67.5%のプレミアムを付した価格を取得価格として決定した事例である。

⑦　エース交易(東京地決平25・11・6金商1431号52頁)　急激な上昇局面にあった株式市場の動向を踏まえ、ナカリセバ価格について全部取得条項付種類株式の取得に先立ち行われた株式公開買付けの公表前3カ月の市場株価の平均値を採用し、約30%のプレミアムを付した価格である公開買付価格と同額を取得価格として相当であると判断した事例である。

⑧　ジュピターテレコム(最決平28・7・1金商1507号19頁)　取得日における客観的価値の把握に際して、先行して行われた株式公開買付けに関する報道がなされた日の前日以前の市場株価を基礎とし、回帰分析の方法により補正を行うこととし、取得日の前日までの1カ月の予測株価を算出し、その平均値を採用したうえで、増加価値分配価格として25%を加算した価格が取得価格として相当であると判断した原決定を破棄し、株式公開買付が一般に公正と認められる手続により行われた場合は、予期しない事情の変動がない限り株式公開買付の買付価格と同額を取得価格とするのが相当であり、取得日までの株式市場全体の株価の動向を考

第 5 章　株式に関する事件

慮した補正を行った原決定の判断が否定された事例である。
⑨　東宝不動産（東京高決平28・3・28金商1491号32頁）　取得日における客観的価値の把握に際して、TOPIX および東証不動産インデックスの各終値の変動率による予測価格を用い、増加価値分配価格として20%を加算した価格が取得価格として相当であると判断した原決定を取り消し、⑧の最高裁決定と同旨の判断がされた事例である。

(ハ)　譲渡制限株式の株式売買価格

①　ホスピカ（福岡高決平21・5・15金商1320号20頁）　類似業種比準方式は、類似する適切な会社を上場企業から見出すことができないとして排斥し、配当還元方式については配当実績がないことからこれを排斥し、DCF 法についても事業収支計画の予測、割引率の決定が困難である点を考慮し、純資産価額方式を併用することとし、DCF 方式と純資産価額方式を 3：7 の割合で併用した事例である。

②　ミカサ（広島地決平21・4・22金商1320号49頁）　解散が予定されていないこと、相当程度の遊休資産の売却の予定もないこと、対象となる株式には解散決議を行うだけの議決権がないことを理由に純資産方式を排除し、配当還元法のうち実際配当還元法、標準配当還元法より収益の内部留保によって将来の配当の増加を計算の基礎に加える点で優れているとしてゴードン・モデル方式を採用し、DCF 方式とゴードン・モデル方式とを 1：1 の割合で併用した事例である。

③　テレネット・ジェイアール（東京高決平20・4・4判タ1284号273頁）　ベンチャー企業としての成長力が大きく、売上げは順調に推移しており、事業の経緯からすれば今後も過去 2 期と同程度の利益が確実に見込まれることから、純資産方式では過小評価になるとして、収益還元方式によるのが相当であるとした事例である。

④　大成土地（大阪地決平25・1・31金商1417号51頁）　会社の株主構成か

ら対象となる株式は支配権に影響を及ぼす可能性を否定できないとして、裁判所が選任した鑑定人が収益還元法による価格と配当還元法による価格を8：2の割合で加重平均して算出した価格が売買価格として相当であると判断した事例である。

⑤ 東京都観光汽船（東京地決平26・9・26金商1463号44頁）　指定買取人は会社と一体的な関係にあるとして、指定買取人から見た場合にはDCF法と純資産法を5：5の割合で、譲渡承認を請求した株主から見た場合にはDCF法、純資産法と配当還元法を2：2：6の割合で加重平均するのが相当であるとして、その中間値である、DCF法、純資産法と配当還元法を3.5：3.5：3の割合で加重平均した価格が売買価格として相当であると判断した事例である。

⑥ トーフレ、トーフレ企画（大阪地決平27・7・16金商1478号26頁）　発行済株式総数に占める割合が小さい事業会社の株式については配当還元法を採用し、資産管理会社の株式については時価純資産法を採用した事例である。

⑦ 社名未公表（東京地決平27・11・12金商1517号54頁）　従業員持株会の解散に伴い持株会会員への譲渡承認請求がなされた事例で、配当還元方式による算定額または額面相当額での買取りの黙示の合意があったと認めるのが相当であり、黙示の合意がないとしても持株会設立の目的、株式取得の経緯等の事情に照らし、同額を売買価格と定めることは裁判所の合理的な裁量の範囲内であると判示された事例である。

第5章　株式に関する事件

3　反対株主等の株式買取請求に際しての株式・新株予約権の価格決定

(1)　申立ての要件

㈥　決議等への反対

　決議に反対する株主は、株主総会に先立って会社に対して決議に反対の意思を通知し、かつ株主総会において実際に決議に反対し、かつ効力発生日の20日前から効力発生日(新設合併等の場合は、通知または公告の日から20日以内)までの間に、会社に対し、株式買取請求をしなければならない。

　議決権を行使できない株主、新株予約権者の場合、略式組織再編で株主総会が開催されない場合は事前の通知等は要求されず、効力発生日の20日前から効力発生日(新設合併等の場合は、通知または公告の日から20日以内)までの間に株式、新権予約権の買取請求をすれば足りる。

　株主総会決議を経て組織再編等を行う場合に、株主総会の基準日後に取得された株式の株主について、議決権を行使できない株主に該当するかどうかが問題となるところ、全部取得条項付種類株式の取得価格決定の申立ての事例ではあるが、該当するとするのが裁判例である(東京地決平27・3・4金商1465号42頁、東京地決平27・3・25金商1467号34頁)。ただし、株主総会決議後に取得された株式については否定されている(東京高決平24・12・28判例集未登載)。

㈠　買取請求

　買取請求は株式、新株予約権の種類および数を明らかにして行う(116条5項等。株券が発行されている場合は株券を提供して行わなければならない。116条6項等)。

　これにより、株主・新株予約権者と会社間で株式・新株予約権の買取りの

効力が発生する（116条7項等）。

なお、株主と会社間で買取価格の協議が調った場合は、会社は効力発生日（新設合併等の場合は会社成立の日）から60日以内にその代金を支払わなければならない。

(2) 申立ての手続

効力発生日の日から30日以内（新設合併等の場合は新設会社の成立の日から30日以内）に協議が調わない場合は、株主、新株予約権者あるいは会社はその30日が満了した後30日以内に裁判所に対し買取価格の決定の申立てをしなければならない。

(イ) 管　轄

管轄裁判所は、会社の本店所在地を管轄する地方裁判所である（868条1項）。

(ロ) 申立人

申立人は反対株主等または会社である。

(ハ) 申立書

申立書の一般的記載事項については、第1章Ⅳ2(1)を参照されたい。

申立ての趣旨としては、単に、「価格の決定を求める」とすることも可能であるが、審理の進行を考慮して申立人が主張する価格の記載をすることが望まれる。

申立書には、会社の登記事項証明書、当事者の資格証明、委任状、申立書写しのほか証拠書類として、次のような書類の写しを添付する（870条の2第1項、会社非訟規則3条1項1号、非訟規則12条・16条・37条3項）。

① 　株主証明書（【文例59】）等あるいは個別株主通知の申出受付票
② 　株主総会招集通知書
③ 　決議反対通知書（【文例60】）および配達証明書
④ 　株主総会議事録（【文例61】）

第5章　株式に関する事件

⑤　株式買取請求書（【文例62】）および配達証明書
⑥　計算書類
⑦　定款
⑧　株価鑑定書

【文例58】　合併に反対する株主の株式買取価格決定申立書

株式買取価格決定申立書

平成〇年〇月〇日

東京地方裁判所民事第 8 部　御中

　　　　　　　　　　　　　　　申立人代理人
　　　　　　　　　　　　　　　弁護士　〇　〇　〇　〇　㊞

　　　〒000-0000　東京都豊島区〇〇 2 丁目30番 2 号
　　　　　　　　　　　　　　　申立人　〇　〇　〇　〇
　（送達場所）〒000-0000　東京都中央区〇〇 1 丁目 5 番 3 号
　　　　　　　　　　　　　　　電話　00-0000-0000
　　　　　　　　　　　　　　　FAX　00-0000-0000
　　　　　　　　　　　　　　上記申立人代理人
　　　　　　　　　　　　　　　弁　護　士　〇　〇　〇　〇
　　　〒000-0000　東京都港区〇〇 3 丁目 5 番 1 号
　　　　　　　　　　　　　　　関係人　A 株 式 会 社
　　　　　　　　　　　　　　　代表者代表取締役　〇　〇　〇　〇

株式買取価格決定申立事件

申立ての趣旨

申立人が所有する関係人〇〇株式会社の普通株式 3 万株の買取価格は 1 株に

つき金2,850円とする。
との裁判を求める。

申立ての理由

1 関係人○○株式会社（以下「関係人」という。）は，東京都港区○○３丁目５番１号を本店所在地とし，医薬品の製造及び販売並びに輸出入を目的として，昭和41年○月○日に設立された。同会社の発行済株式の総数は300万株である。
2 申立人は，関係人の普通株式３万株を所有する関係人の株主である。
3 関係人は，平成○年○月○日株主総会を開催し，同総会において関係人を存続会社とし，株式会社○○を消滅会社とし，平成○年○月○日を効力発生日とする，吸収合併契約を承認する決議がなされた。
4 申立人は，当初より上記合併には反対であったので，上記総会に先立ち同年○月○日到達の書面をもって，関係人に対し合併契約の承認に反対する旨の通知を行い，同総会において上記合併契約の承認に反対した。そして，申立人は，上記効力発生日の20日前から効力発生日の前日までの間の同年○月○日到達の書面により，関係人に対し申立人所有の上記株式を買取ることを請求した。その後関係人と買取価格について協議をし，同会社は，１株を340円で買い取る旨の回答をしてきたが，上記価格は適正価格を著しく下回るものであり，結局，上記効力発生日より30日以内に協議が調わなかった。
5 株式の買取価格の決定にあたっては，時価に基づく純資産価額方式により評価すべきである。買取請求時点における同会社の資産の合計額は105億4,332万5,000円，負債の合計額は19億9,332万5,000円であり（いずれも帳簿価格を再評価して時価に直した価格である），純資産価額は85億5,000万円である。したがって，これを発行済株式総数300万株で除した価格，すなわち１株当り2,850円が，関係人の株式の公正な価格である。
6 そこで，申立人は，申立人所有の上記株式の買取価格の決定を求めるため，本申立てに及んだ次第である。

証拠方法

甲１ 株主証明書

第5章　株式に関する事件

甲2　株主総会招集通知書
甲3　決議反対通知書
甲4　株主総会議事録
甲5　株式買取請求書
甲6　平成〇年度事業報告書及び計算書類
甲7　株価鑑定書

　　　　　　　　　　添付書類

1　登記事項証明書
2　委任状
3　甲号証写し　　各1通
4　申立書写し

【文例59】　株主証明書

　　　　　　　　　　株主証明書

1　A株式会社　　株式3万株
　　　　記号番号　　〇〇号ないし〇〇号
　私が上記株式を所有し，貴社の株主であることの証明を願います。

平成〇年〇月〇日

　　　　　　　　　　　　　東京都豊島区〇〇2丁目30番2号
　　　　　　　　　　　　　　株主　〇　〇　〇　〇　㊞

　　　A株式会社　御中

　　　　　　上記証明する。

平成〇年〇月〇日

　　　　　　　　　　　　　東京都港区〇〇3丁目5番1号
　　　　　　　　　　　　　　A　株　式　会　社
　　　　　　　　　　　　　　代表取締役　〇　〇　〇　〇　㊞

208

IV 株式・新株予約権の価格の決定

【文例60】 決議反対通知書

決議反対通知書

　前略　貴社より合併契約の承認を議題とする臨時株主総会を平成○年○月○日に開催する旨の通知を受けましたが，私は，株式会社○○との合併契約の承認については反対ですので，その旨あらかじめ本書をもってご通知いたします。
　平成○年○月○日

　　　　　　　　　　　　　　　東京都豊島区○○２丁目30番２号

　　　　　　　　　　　　　　　　　　　　○　○　○　○　㊞

東京都港区○○３丁目５番１号
　Ａ株式会社
　　代表取締役　　○　○　○　○　殿

【文例61】 株主総会議事録

株主総会議事録

　平成○年○月○日（○曜日）午前10時東京都港区○○３丁目５番１号，本社会議室において，臨時株主総会を開催した。

　定刻，代表取締役社長○○○○は定款第○○条の規定により議長となり開会を宣し，本日の出席株主数及びその所有株式数を次のとおり報告した。なお，本総会には議長のほか取締役○○○○、取締役○○○○、監査役○○○○が出席した。

株主総数	○,○○○名
総株主の議決権数	○○○個
出席株主数	○○名（委任状による出席○○名を含む。）
出席株主の議決権数	○○○個

209

第5章 株式に関する事件

　議長は，本日総株主の議決数の過半数に相当する議決権を有する株主が出席し，議案を適法に審議できる旨述べたのち，審議に入った。

第１号議案　株式会社〇〇との合併契約承認の件

　議長は，当会社と株式会社〇〇との間でかねて交渉が進められてきた合併について，別紙合併契約書に記載のとおり，両社間において合併契約が成立した旨を報告し，合併の目的，趣旨等を説明ののち，合併契約の承認を求めたところ，出席株主のうち〇〇〇〇（議決権〇〇個）以外はこれに賛成したので，原案どおり承認可決された。

　以上をもって議長は，本総会の目的事項の全てを終了した旨を述べ，株主総会の閉会を宣した。

以　上

　　　平成〇年〇月〇日
　　　　　　Ａ株式会社　臨時株主総会
　　　　　　　　　議事録作成者　取締役　　〇　〇　〇　〇　㊞

【文例62】　株式買取請求書

株式買取請求書

前略　平成〇年〇月〇日に開催された貴社株主総会において，株式会社〇〇との合併について，私が反対したにもかかわらず，合併契約を承認する決議がなされました。つきましては，私は貴社に対し，私が所有している下記株式を公正な価格をもって買い取るよう，本書をもって請求いたします。なお，株券は別途提出いたします。

記

　　　　貴社普通株式　　　　３万株
　　　　　（内訳）　1,000株券30枚（〇〇号ないし〇〇号）

平成○年○月○日

東京都豊島区○○２丁目30番２号
　　　　　○　○　○　○　㊞

東京都港区○○３丁目５番１号
　A株式会社
　　代表取締役　○　○　○　○　殿

4　単元未満株式の買取請求に際しての株式の価格決定

(1)　申立ての要件

(イ)　買取請求

　単元未満株式の株主は会社に対し、株式の種類および数を明らかにして単元未満株式を買い取ることを請求する(192条１項)。この請求は、株主は会社の承諾を得なければ撤回できない（192条３項参照）。

(ロ)　売買価格決定の請求

　市場価格のない株式の場合、株主と会社の間で売買価格について協議し、協議が調わない場合、株主と会社は買取請求があった日から20日以内に裁判所に対し価格決定の申立てをする(192条２項)。20日以内に価格決定の申立てがなされないときは、請求の時における一株当たりの純資産額が買取価格となる（193条・192条５項、施行規則25条）。

(2)　申立ての手続

(イ)　管　轄

　管轄裁判所は、会社の本店所在地を管轄する地方裁判所である（868条１項）。

211

第5章　株式に関する事件

　(ロ)　申立人

申立人は買取請求をした株主または会社である。

　(ハ)　申立書

申立書の一般的記載事項については、第1章Ⅳ2(1)を参照されたい。

申立書には、会社の登記事項証明書、当事者の資格証明、委任状、申立書写しのほか証拠書類として、次のような書類の写しを添付する（870条の2第1項、会社非訟規則3条1項1号、非訟規則12条・16条・37条3項）。

① 　単元未満株式買取請求書
② 　貸借対照表
③ 　株価鑑定書
④ 　定款

【文例63】　単元未満株式の株式買取価格決定申立書

株式買取価格決定申立書

平成○年○月○日

東京地方裁判所民事第8部　御中

申立人代理人
弁護士　○　○　○　○　㊞

〒000-0000　東京都八王子市○○1丁目460番地
申立人　○　○　○　○

（送達場所）〒000-0000　東京都新宿区○○7丁目4番3号
電話　00-0000-0000
FAX　00-0000-0000
申立人代理人弁護士　○　○　○　○

〒000-0000　東京都千代田区○○2丁目2番2号
関係人　○○株式会社

212

代表者代表取締役　○　○　○　○

申立ての趣旨
　申立人が所有する関係人○○株式会社の単元未満株式普通株式20株についての買取価格の決定を求める。

申立ての理由
1　関係人の普通株式の単元株式数は100株であり、申立人は同社の普通株式20株を有する単元未満株式の株主である。
2　申立人は，関係人に対し，会社法192条1項に基づき，平成○年○月○日申立人が所有する普通株式20株を買取ることを請求した。
3　その後，申立人は関係人と買取価格について協議をしたが，協議が調わなかったので，上記単元未満株式の買取価格の決定を求めるため本申立に及ぶ。

証拠方法
甲1　関係人の会社登記事項証明書
甲2　関係人の定款
甲3　関係人の第○期報告書
甲4　株主証明書
甲5　株式買取請求書

添付書類
1　登記事項証明書
2　委任状
3　甲号証写し　　各1通
4　申立書写し

5 全部取得条項付種類株式の取得および特別支配株主の売渡請求における価格決定の申立て

(1) 要 件

(イ) 全部取得条項付種類株式の取得

　全部取得条項付種類株式の取得においては、取得日の20日前までに株主に対する通知または公告が行われるとともに、取得の対価等の所定の事項を記載した書面または記録した電磁的記録の備え置きが開始され、株主はその閲覧、謄本の交付等の請求をすることができる（172条2項・3項・171条の2第1項・2項）。

　対価に不満のある株主は、裁判所に対して取得日の20日前から取得日の前日までの間に取得価格決定の申立てを行うことができるが、全部取得条項付種類株式の取得は株主総会の決議を経て行われることから、当該株主総会において議決権を行使することのできる株主が取得価格決定の申立てを行うには、株主総会に先立ち反対の意思表示をしたうえで、株主総会においても反対の議決権行使を行うことが必要とされている（172条1項）。

(ロ) 特別支配株主の売渡請求

　特別支配株主による売渡請求においても、対象となる会社が特別支配株主による売渡請求を承認する場合は、特別支配株主による取得日の20日前までに、株主に対し、特別支配株主の氏名（名称）・住所・対価等を通知し、または、公告しなければならず（179条の4第1項・2項。株主に対しては通知が必要である）、また、対価等の所定の事項を記載した書面または記録した電磁的記録の備え置きを開始して株主に閲覧等の請求に応じなければならず（179条の5第1項）、株主は、特別支配株主による取得の日の20日前から取得の日までの間に、裁判所に対して売買価格の決定の申立てをすることができる（179条

の8）。なお、特別支配株主による売渡請求について対象となる会社の株主総会の決議は不要であるため事前の反対通知や株主総会における反対の議決権行使は要件とされていない。

(2) 申立ての手続

(イ) 管　轄

管轄裁判所は、会社の本店所在地を管轄する地方裁判所である（868条1項）。

(ロ) 申立人

申立人は株主（特別支配株主の売渡請求の場合は売渡請求の対象となった株主）である。

(ハ) 申立書

申立書の一般的記載事項については、第1章Ⅳ2(1)を参照されたい。

申立書には、会社の登記事項証明書、当事者の資格証明、委任状、申立書写しのほか証拠書類として、次のような書類の写しを添付する（870条の2第1項、会社非訟規則3条1項1号、非訟規則12条・同16条・同37条3項）。

① 全部取得条項付種類株式の取得を行う旨の通知または特別支配株主の売渡請求を承認した旨等の通知
② 全部取得条項付種類株式の取得の場合の事前の反対通知の通知書およびその配達証明書、株主総会議事録
③ 株主名簿、株主証明書、個別株主通知申出書の受付票等、株主であることを証する書面
④ 株価算定書等

第5章 株式に関する事件

6　譲渡制限株式の売買価格の決定

(1)　申立ての要件

(イ)　譲渡による取得の承認請求

　株式を譲渡しようとする株主あるいは株式を譲り受けた者は、会社に対し、譲渡の相手方および譲渡にかかる株式の種類および数を明らかにして、また、譲渡による取得を承認しない場合には会社あるいは会社の指定する者(指定買取人)が株式を買い取ることを請求する場合にはその旨を明らかにして、譲渡による取得を承認すべきことを請求する（138条）。

(ロ)　譲渡相手方指定通知

　譲渡による取得を会社が承認しない場合で、会社あるいは指定買取人による買取りが請求されている場合は、会社が、承認しない旨の通知をした日から40日以内に会社が買い取る旨、株式の種類および数を株主に通知するか（会社による買取りには株主総会決議を要する。140条2項）、あるいは、指定買取人が、承認しない旨の会社の通知の日から10日以内に指定買取人が買い取る旨、買い取る株式の種類および数を通知しなければならない（141条1項・142条1項・145条）。

(ハ)　1株あたりの純資産額の供託

　会社、指定買収人が買い取る旨を通知する場合は、最終の貸借対照表による会社の純資産額を基準とした金額を供託し、供託証明書を株主に対し交付する（141条2項・142条2項）。

(ニ)　株券供託

　株券発行会社においては、株主は、供託証明書の交付のあった日から1週間以内に株券を供託して、会社あるいは指定買取人に通知する（141条3項・142条3項）。

216

IV　株式・新株予約権の価格の決定

(ホ)　売買価格決定の申立て

売買価格は株主と会社あるいは指定買取人との間で協議により決定される（144条1項）。

協議が調わない場合は、株主または株式取得者あるいは会社または指定買取人は、買取りの通知があった日から20日以内に裁判所に対し売買価格決定の申立てをすることができる（144条2項・7項）。

協議が調わず20日以内に株価決定の申立てもなされないときは、供託した額が売買価格となる（144条5項・7項）。

なお、会社が買い取る場合には、売買価格について財源規制が設けられている（461条1項1号）。

(2)　申立ての手続

(イ)　管　轄

管轄裁判所は、会社の本店所在地を管轄する地方裁判所である（868条1項）。

(ロ)　申立人

申立人は売買の当事者である。

(ハ)　申立書

申立書の一般的記載事項については、第1章IV 2(1)を参照されたい。

申立ての趣旨としては、単に、「価格の決定を求める」でも足りることは反対株主等の買取請求の場合と同様である。

申立書には、会社の登記事項証明書、当事者の資格証明、委任状、申立書写しのほか証拠書類として、次のような書類の写しを添付する（870条の2第1項、会社非訟規則3条1項1号、非訟規則12条・16条・37条3項）。

① 　最終の貸借対照表
② 　株式譲渡承認・買取請求書（【文例65】）

217

第5章　株式に関する事件

③　株式譲渡不承認通知書（【文例67】）
④　株式買取通知書（【文例68】）
⑤　供託証明書
⑥　供託書

　　ただし、株券の供託がないことが、会社あるいは指定買取人による解除の要件となっているだけであるので（141条4項・142条4項）、東京地方裁判所、大阪地方裁判所では申立書の添付書類としては要求されていないとのことである（東京地裁・類型別83頁、大阪地裁・実務ガイド182頁）。

⑦　株価鑑定書
⑧　定款

【文例64】　株式売買価格決定申立書

株式売買価格決定申立書

平成○年○月○日

大阪地方裁判所　御中

申立人代理人
弁護士　○　○　○　○　㊞

〒000-0000　大阪市○○区○○2丁目3番3号
申　立　人　○　○　○　○
（送達場所）〒000-0000　大阪市○○区○○1丁目1番2号
電話　00-0000-0000
FAX　00-0000-0000
上記申立人代理人弁護士　○　○　○　○
〒000-0000　大阪府○○市○○4丁目561番地
関　係　人　○　○　○　○

申立ての趣旨
　関係人○○○○が保有するＢ株式会社の普通株式4,300株の売買価格の決定を求める。

申立ての理由
1　関係人は，Ｂ株式会社の株主であるが，同会社の定款第○条には，同会社の株式の譲渡による取得には取締役会の承認を必要とするとの規定がある。
2　関係人は，平成○年○月○日付書面をもって同会社に対し，同会社の普通株式4,300株（以下「本件株式」という。）を○○○に譲渡することの承認並びに譲渡を承認しないときは会社または指定買取人において買い取ることを請求した。
3　同会社は，同年○月○日付書面をもって関係人に対し，本件株式譲渡を承認しないこと及び指定買取人を申立人と指定することを通知した。
4　同会社は平成○年○月○日開催の取締役会において，申立人を買取人として指定することを決議した。
5　申立人は，同会社の最終の貸借対照表（平成○年○月○日現在）に基づく同会社の会社法施行規則25条3項に規定される純資産額12億3,259万5,000円を自己株式を除く発行済株式総数38万7,000株で除した1株当り3,185円に本件株式の株式数である4,300株を乗じた1,369万5,500円を大阪地方法務局に供託し，上記供託証明書を，同月○日付書面をもって関係人に対して送付し，指定買取人に指定された旨，および同会社の普通株式4,300株を買い取る旨を通知した。
　関係人は，同月○日，本件株式の株券を上記法務局に供託し，同月○日付で申立人に対し供託の通知をした。
6　申立人と関係人との間で，本件株式の売買価格について協議を行ったが，協議が調わなかったので，本申立てに及んだものである。

証拠方法
甲1　Ｂ株式会社定款
甲2　第○期Ｂ株式会社貸借対照表
甲3　株式譲渡承認・買取請求書写（【文例65】参照）

第5章　株式に関する事件

- 甲4　株式譲渡不承認通知書写（【文例67】参照）
- 甲5　取締役会議事録
- 甲6　株式買取通知書写（【文例68】参照）
- 甲7　供託証明書写
- 甲8　株券供託通知書

添付書類

1　登記事項証明書
2　委任状
3　甲号証写し　　各1通
4　申立書写し

【文例65】　株式譲渡承認・買取請求書

株式譲渡承認並びに買取請求書

　私は，この度私の所有する下記株式を下記譲受人に譲渡いたしたく，本件譲渡を承認していただくよう請求いたします。
　なお，承認いただけない場合，会社もしくは指定買取人にて買い取りしていただくよう請求いたします。

記

（譲渡する株式の種類及び数）
　貴社普通株式　　　　　　　　4,300株
　　（内訳）　株式100株券43枚（A第1号から第43号まで）
（譲受人）
　　　　　　住所　　大阪市〇〇区〇〇町205番地
　　　　　　氏名　　〇　〇　〇　〇
平成〇年〇月〇日
　　　　　　　　　　　大阪府〇〇市〇〇4丁目561番地
　　　　　　　　　　　　　　　〇　〇　〇　〇　㊞

大阪市○○区○○2丁目2番1号
　　B株式会社　御中

【文例66】　取締役会議事録

取締役会議事録

1　日　　時　　平成○年○月○日　午前11時
2　場　　所　　大阪市○○区○○2丁目2番1号　当社会議室
3　出席者　　取締役総数　　○名　　出席取締役　　○名
　　　　　　　監査役総数　　○名　　出席監査役　　○名

　上記のとおり出席があり，取締役会は有効に成立したので，代表取締役社長○○○○は，定款の定めに従い議長となり議長席に着き審議に入った。

　　　　　　議案　　当社株式の譲渡による取得の承認の件

　議長は，株主○○○○より平成○年○月○日付で下記のとおり当社株式の譲渡による取得承認及び不承認の場合の買取請求がなされている旨報告し，その内容について慎重協議の結果，これを議場に諮ったところ，反対多数をもって否決された。

記

1　譲渡する株式の種類及び数
　　　　普通株式　　4300株
2　譲渡人
　　　　　大阪府○○市○○4丁目561番地
　　　　　　　○　○　○　○
　　　譲受人
　　　　　大阪市○○区○○町205番地
　　　　　　　○　○　○　○
　次いで議長は，他に指定買取人を指定する必要がある旨を説明し，取締役○

221

第5章　株式に関する事件

○○○から下記の者を指定買取人として指定してはどうかとの意見が出され，これを議場に諮ったところ，全員異議なく承認可決した。

記

1　指定買取人
　　　　大阪市○○区○○2丁目3番3号
　　　　　　　○　○　○　○

以上をもって議事の全部を終了したので，議長は午前11時30分閉会を宣言した。

以上の決議の結果を明らかにするため，出席取締役及び監査役は，次に記名捺印する。
平成○年○月○日　　　　B株式会社
　　　　　　　　　議長　代表取締役社長　○　○　○　○　㊞
　　　（以下，出席取締役および出席監査役が記名捺印する）

【文例67】　株式譲渡不承認通知書

株式譲渡不承認通知書

貴殿より平成○年○月○日付で請求のありました当社の下記株式の譲渡による取得の承認の件につきましては，平成○年○月○日開催の当社取締役会においてこれを承認しないことと決定しましたので，その旨ご通知いたします。

記

（譲渡する株式の種類及び数）
　当社普通株式　　　　　4,300株
　　（内訳）　株式100株券43枚（A第1号から第43号まで）
（譲渡の相手方）
　　　　　住所　大阪市○○区○○町205番地
　　　　　氏名　○　○　○　○
平成○年○月○日
　　　　　　　　　大阪市○○区○○2丁目2番1号

```
                    Ｂ株式会社
                        代表取締役　〇　〇　〇　〇　㊞
  大阪府〇〇市〇〇4丁目561番地
    〇　〇　〇　〇　殿
```

【文例68】　株式買取通知書

```
                    株式買取通知書

　私は，Ｂ株式会社から貴殿の所有する同社の額面普通株式4,300株の指定買取
人として指定されましたので，供託証明書を添え，本書をもって同株式全部を
私が買い取る旨通知いたします。
　　平成〇年〇月〇日
                    大阪市〇〇区〇〇2丁目3番3号
                                〇　〇　〇　〇　㊞
  大阪府〇〇市〇〇4丁目561番地
    〇　〇　〇　〇　殿
```

7　審理・裁判

(1)　審　理

　裁判所は、必ず審問期日を開いて、価格決定の申立てをすることができる者（会社、指定買取人、株主、株式取得者、新株予約権者）の陳述を聴かなければならない（870条2項2号ないし4号）。

　審理の対象は株式の価格であるが、その前提として買取請求等の要件を満たしていることが必要となるため、申立人が株主である場合には、その株式保有（会社が争う場合）のほか、反対の通知、反対の議決権行使、買取請求等（反対株主の買取請求の場合）、譲渡承認等の請求、供託等（譲渡制限株式の買取

第 5 章　株式に関する事件

の場合)の手続が適法に行われているかどうかも審理され、要件を満たしていないと判断されれば申立ては却下される。

(2) 裁　判

　価格決定の裁判および申立却下の裁判は理由を付した決定でなされ（871条。【文例69】参照)、価格を決める決定に対しては、裁判の告知を受けた日から2週間以内に、申立人と申立人が会社、指定買取人の場合は株主、株式取得者、申立人が株主、株式取得者の場合は会社、特別支配株主、指定買取人が即時抗告をすることができる(872条5号・870条2項2号ないし5号。【文例70】参照)。価格決定の裁判に対する即時抗告は執行停止の効力を有する（873条)。

　裁判の費用（鑑定費用等）の負担は、裁判所が負担者を定める以外は原則として各自の負担となる(非訟26条1項)。裁判所は、事情に応じて当事者、利害関係参加人等に全部または一部を負担させることができる(非訟26条2項)。費用の裁判をする場合は、負担者とその額を確定し、価格決定の裁判と一緒に決定する。

　なお、審理中に価格について合意に至った場合には、和解により事件を終了させることも可能である（非訟65条)。

【文例69】 株式売買価格決定

```
平成〇年(ヒ)第〇〇号　株式売買価格決定申立事件

                決　　　定

        大阪府〇〇市〇〇△丁目△番△号
            申　　立　　人　　〇〇〇株式会社
            同代表者代表取締役　〇　〇　〇　〇
            同代理人弁護士　　　〇　〇　〇　〇
        大阪府〇市〇〇△番地
            利害関係参加人　　　株式会社〇〇〇
            代表者代表取締役　　〇　〇　〇　〇
            同代理人弁護士　　　〇　〇　〇　〇

                主　　　文
1　利害関係参加人が申立人から買い取るべき利害関係参加人の株式〇〇株について，売買価格を1株につき〇〇〇円と定める。
2　手続費用は各自の負担とする。

                理　　　由
（略）

    平成〇年〇月〇日
                大阪地方裁判所第4民事部
                    裁判長裁判官　〇　〇　〇　〇
                        裁判官　　〇　〇　〇　〇
                        裁判官　　〇　〇　〇　〇
```

第5章　株式に関する事件

【文例70】　即時抗告申立書

即時抗告申立書

平成○年○月○日

大阪高等裁判所　御中

抗告人ら代理人　弁護士　　○　○　○　○　㊞

株式買取価格決定申立抗告事件

当事者の表示　　別紙のとおり

　上記当事者間の平成○年(ヒ)第○○号　株式買取価格決定申立事件について，大阪地方裁判所が平成○年○月○日になした決定の決定謄本の送達を同日受けたが，一部不服につき，即時抗告の申立てをする。

原決定の表示
主　　文

1　利害関係参加人が申立人から買い取るべき利害関係参加人の株式○○株について，売買価格を1株につき○○円と定める。
2　手続費用は各自の負担とする。

理　　由

(略)

抗告の趣旨

1　原決定を次のとおり変更する。
2　相手方が抗告人から買い取るべき相手方の株式○○株について，売買価格を1株につき○○円と定める。

抗告の理由

226

IV 株式・新株予約権の価格の決定

追って抗告理由書を提出する。

添付書類

1 資格証明書　　1通
2 委任状　　　　1通
3 抗告状写し　　1通

当事者目録

〒000-0000　大阪府〇〇市〇〇2丁目〇番〇号
　　　　　　抗　　告　　人　〇〇〇株式会社
　　　　　　同代表者代表取締役　〇　〇　〇　〇
（送達場所）〒000-0000　大阪市〇〇区〇〇3丁目〇番〇号　〇〇ビル
　　　　　　〇〇法律事務所　電話　00-0000-0000
　　　　　　　　　　　　　　FAX　00-0000-0000
　　　　　　抗告人代理人弁護士　〇　〇　〇　〇

〒000-0000　大阪府〇〇市〇〇町〇〇番地
　　　　　　相　　手　　方　　株式会社〇〇〇
　　　　　　同代表者代表取締役　〇　〇　〇　〇

第5章 株式に関する事件

V 新株発行無効判決、自己株式処分無効判決、新株予約権発行無効判決による払戻金増減の申立て

1 はじめに

　新株発行、自己株式処分、あるいは新株予約権発行(以下、「新株発行等」という)を無効とする判決が確定したときは、新株発行等は将来に向かってその効力を失う(839条)。この場合においては、会社は株主・新株予約権者から払込みを受けた金額あるいは、給付を受けた財産の給付時における価額に相当する金銭の支払い等をする必要がある（840条1項・841条1項・842条1項)。この金額が新株発行等を無効とする判決確定の時における会社財産の状況に照らし著しく不相当なときは、裁判所は会社または株主・新株予約権者の申立てにより払戻額の増減を命ずることができる（840条2項・841条2項・842条2項)。

2 申立ての要件

　新株発行等無効判決による払戻金増減の申立ては、新株発行等を無効とする判決が確定した日から6カ月以内に行う必要がある(840条3項・841条2項・842条2項)。

3 申立ての手続

(1) 管　轄

　管轄裁判所は、会社の本店所在地の地方裁判所である（868条)。

Ⅴ 新株発行無効判決、自己株式処分無効判決、新株予約権発行無効判決による払戻金増減の申立て

(2) 申立人

申立人は、会社または株主、新株予約権者である（840条2項・841条2項・842条2項）。

(3) 申立ての方式等

(イ) 申立ての方式

新株発行等無効判決による払戻金増減の申立ての方式については、書面でしなければならない（会社非訟規則1条）。

(ロ) 記載事項

申立書の記載事項については、申立ての一般的記載事項を定める会社非訟事件等手続規則2条1項・2項による。

具体的な記載事項については、第1章Ⅳ2を参照されたい。

(ハ) 添付書類

申立書には、会社の登記事項証明書（会社非訟規則3条1項1号）、新株発行等の無効判決の判決書の写しおよび確定証明（会社非訟規則3条1項3号）を添付するほか、証拠書類がある場合はその写しを添付する（非訟規則37条3項）

証拠書類としては、通常は、申立人資格の証拠資料や会社財産の状況を示す資料、等が考えられる。

【文例71】 新株発行の無効判決による払戻金増額の申立書

新株発行の無効判決による払戻金増額申立書

平成○年11月3日

大阪地方裁判所　御中

申立人代理人

229

第5章　株式に関する事件

　　　　　　　　　　　　　　　弁護士　乙　野　次　郎　㊞

　　　　　〒000-0000　大阪市中央区〇〇〇丁目〇番〇号
　　　　　　　　　　　　申　　立　　人　Ｉ商事株式会社
　　　　　　　　　　　　代表者代表取締役　甲　野　太　郎
（送達場所）〒000-0000　大阪市中央区〇〇〇丁目〇番〇号
　　　　　　　　　　　　　　　　　　電話　00-0000-0000
　　　　　　　　　　　　　　　　　　FAX　00-0000-0000
　　　　　　　　　　　　申立人代理人弁護士　乙　野　次　郎
　　　　　〒000-0000　大阪市中央区〇〇〇丁目〇番〇号
　　　　　　　　　　　　関　　係　　人　Ｆ株式会社
　　　　　　　　　　　　代表者代表取締役　丙　野　三　郎

　　　　　　　　　　　　申立ての趣旨
　関係人発行の新株発行を無効とする判決の確定により，関係人が申立人から払込みを受けた金額の払戻しをする額を〇〇円に増額せよ，との決定を求める。

　　　　　　　　　　　　申立ての理由
1　関係人は平成〇年6月1日，新株を〇〇株発行し，そのうち〇株を申立人に割り当てた。
2　同年8月1日，前項の新株発行に関して，新株発行無効の訴えが提起され，これに対し，新株発行無効の判決が言い渡され，同年12月10日同判決が確定した。
3　これにより，申立人は，新株発行に際し関係人に払い込んだ金額の払戻しを受けたが，その額は別紙（略）の会社の財産状況に照らし，著しく不相当である。
4　払戻額の相当性については，別紙払戻額の相当性検討資料（略）にて説明しているとおりである。
5　よって，申立人は本申立てに及んだ次第である。

Ⅴ　新株発行無効判決、自己株式処分無効判決、新株予約権発行無効判決による払戻金増減の申立て

証拠方法

甲1号証　　　登記事項証明書
甲2号証の1ないし2　　判決書及び確定証明
甲3号証の1ないし○　　株券
甲4号証　　　定款
甲5号証の1ないし○　　決算書類

添付書類

1　資格証明書　　2通
1　委任状　　　　1通
1　甲各号証　　　各1通

以上

4　審理・裁判

(1)　審　理

　新株発行無効判決、自己株式処分無効判決、新株予約権発行無効判決による払戻しの増減について数個の申立事件が同時に係属するときは審問および裁判は併合して行わなければならない（877条）。

　裁判所は、会社の陳述を聴くことは必要とされていない（870条参照）。

(2)　裁　判

　裁判は理由を付した決定の形式による（871条、非訟54条）。

　なお、裁判所は、終局決定については費用負担の裁判をしなければならない（非訟28条、民訴67条1項）。

　会社および株主、新株予約権者は、決定に対して即時抗告をすることができ（872条2号・3号）、これには執行停止効がある（873条）。

231

第5章 株式に関する事件

【文例72】 新株発行無効判決による払戻金増額決定

決　　　定

　　　当事者の表示　　別紙（略）のとおり
　上記当事者間の平成〇年(ヒ)第〇号新株発行無効判決による払戻金増額申立事件について，当裁判所は，会社法840条2項により，次のとおり決定する。

主　　　文

　申立人に，関係人から新株発行無効判決による払戻金を払うにあたり，その額を〇〇円に増額する。

理　　　由

　（略）
　平成〇年〇月〇日
　　　　　　　　　　　　　　大阪地方裁判所民事第〇部
　　　　　　　　　　　　　　　　　裁判官　〇　〇　〇　〇

【文例73】 即時抗告申立書

即時抗告の申立書

　　　　　　　　　　　　　　　　　　　　　　平成〇年〇月〇日
大阪高等裁判所　御中
　　　　　　　　　　　　　抗告人代理人
　　　　　　　　　　　　　　弁護士　〇　〇　〇　〇　㊞

　　　　当事者の表示　　別紙（略）の通り
　　　　原判決の表示　　別紙（略）の通り

抗告の趣旨

1　上記当事者間の大阪地方裁判所平成〇年(ヒ)第〇号新株発行無効判決によ

232

V　新株発行無効判決、自己株式処分無効判決、新株予約権発行無効判決による払戻金増減の申立て

　　　る払戻金増額申立事件につき，同裁判所が平成○年○月○日になした決定を取り消す。
　　２　相手方の申立を却下する。
との決定を求める。

抗告の理由

１　相手方は，新株発行時より，抗告人の会社財産が著しく増加しているので，このことをもって，新株発行無効判決による払戻額が不当に低い旨主張する。
２　しかしながら，抗告人の会社財産が増加したのは，新規事業立ち上げの必要性から設備投資を行う必要があるために，その不動産の一部を売却したことから，その簿価との差額が生じたためである。
３　当該会社財産の増加は一時的なものに過ぎず，抗告人は新規設備投資に莫大な資産を用いる必要がある。
４　したがって，新株発行無効判決による払戻額は，不当に低いわけではなく，相当な額である。
５　以上のとおり，相手方の申立てには理由がなく，また，権利濫用として許されないものであるので，本抗告に及んだものである。

　　　　　　　　　　　　　　　　　　　　　　　　　　　　以上

第6章　社債に関する事件

I　社債管理者に関する事件

1　はじめに

　平成5年商法改正により、社債を募集するには、会社は原則として社債権者のために社債の管理事務を行う社債管理会社をおくことが義務づけられた（旧商297条、会702条）。社債については、多数の社債権者が存在し、かつ、個々の社債権者ではその権利の保全を十分になし得ないことから、社債権者保護のため、設置されたものである。

　平成18年5月施行の会社法では、各社債の金額が1億円以上の場合、その他社債管理者を置かなくても社債権者の保護に欠けるおそれがないものとして法務省令（施行規則169条）で定める場合（ある種類（681条1号、施行規則165条）の社債の総額を当該種類の各社債の最低額で除して得た数が50未満の場合（社債権者の数が50人以上となる可能性がない場合）には、社債管理者を設ける必要がない（施行規則169条））を除き、発行会社は、社債を発行する場合には、社債管理者を委託しなければならない（702条本文・976条33号）。

　社債管理者には債権管理の能力が要求されるので、その資格は、銀行、信託会社または担保付社債信託法3条の免許を受けた者等に限られている（703条、施行規則170条）。

　社債管理者は、社債権者全体のいわば法定代理人の立場に立って、社債権の保全や債権回収の権限を行使するものであり（705条1項）、社債権者のために公平かつ誠実に社債の管理をなし、社債権者に対し、善良な管理者の注意をもって社債の管理を行う義務を負っている（704条）。また、社債管理者は、

その権限を行使するにあたり必要があるときは、裁判所の許可を得て発行会社の業務および財産の状況を調査することができる(705条4項)。さらに、社債管理者が会社法または社債権者集会の決議に違反した行為をなし、これにより社債権者に損害が生じたときは損害賠償責任を負う（710条1項)。

また、社債管理者は、発行会社が、社債の償還もしくは利息の支払いを怠り、もしくは発行会社について支払の停止があった後またはその前3カ月以内に社債管理者の発行会社に対する債権等について弁済その他の利益相反行為があった場合、これにより社債権者に損害が生じたときは損害賠償責任を負う（710条2項)。

一方、社債の募集事務の委託は、発行会社との間の任意の契約に委ねられている。

2 社債管理者による発行会社の業務財産状況調査許可申立て

(1) はじめに

会社法705条1項の行為(社債権者のために弁済を受けまたは債権の実現を保全するに必要なる一切の裁判上または裁判外の行為)または会社法706条1項各号に掲げる行為(①総社債のためになす支払いの猶予、不履行によって生じた責任の免除または和解、②会社法705条1項の行為を除く、総社債についてなす訴訟行為または破産手続、再生手続、更生手続もしくは特別清算に関する手続に属する一切の行為)をなすため必要あるときは、社債管理会社は裁判所の許可を得て社債を発行したる会社の業務および財産の状況を調査することができる（705条4項・706条4項)。

235

(2) 許可申立手続

(イ) 管　轄

管轄裁判所は、社債を発行した会社の本店所在地の地方裁判所である(868条4項)。

(ロ) 申立人

申立人は、社債管理者である（705条4項・706条4項）。

(ハ) 申立ての方式等

(A) 申立ての方式

申立ては、書面をもって行う（会社非訟規則1条）。

(B) 記載事項

申立書の記載事項については、第1章Ⅳ2(1)を参照されたい。

(C) 証拠書類

会社法869条は、申立ての原因となる事実を疎明することを要求している。

したがって、通常は、会社の履歴事項全部証明書のほか、社債管理委託契約書や申立ての要件の疎明資料等の写しを申立書に添付しなければならない（非訟規則37条3項）。

【文例74】　社債管理者による発行会社の業務財産状況調査許可申立書

社債管理者による発行会社の
業務財産状況調査許可申立書

平成○年○月○日

大阪地方裁判所　御中

申立人代理人
弁護士　乙　野　次　郎　㊞

〒000-0000　大阪市中央区○○△丁目△番△号
　　　　　　　申　　立　　人　Ｆ　株　式　会　社
　　　　　　　同代表者代表取締役　甲　野　太　郎
（送達場所）〒000-0000　大阪市中央区○○△丁目△番△号
　　　　　　　　　　　　　　　　電　話　00-0000-0000
　　　　　　　　　　　　　　　　FAX　00-0000-0000
　　　　　　　申立人代理人弁護士　乙　野　次　郎

申立ての趣旨
　申立人がＩ商事株式会社（本店　大阪市中央区○○△丁目△番△号）の業務及び財産の状況を調査することを許可する
との裁判を求める。

申立ての理由
1　Ｉ商事株式会社（本店　大阪市中央区○○△丁目△番△号）は，婦人服の製造・販売を目的とする株式会社である。
2　申立人は，Ｉ商事株式会社との間において，平成○年○月○日，Ｉ商事株式会社第○○回無担保社債の社債権者（以下「本件社債権者」という。）のために社債を管理することの委託契約を締結し，会社法702条に規定する社債管理者となった。
3　Ｉ商事株式会社は，平成○年○月○日に突然，材料の仕入れを全く行わなくなった。
4　そこで，申立人は，Ｉ商事株式会社に対し，業務及び財産の状況，財産目録，貸借対照表の計算書類の閲覧及び調査を要求したが，Ｉ商事株式会社はこれらを拒絶し続けた。
5　のみならず，平成○年○月○日，申立人がＩ商事株式会社の営業所を訪問した際，営業所内の什器，備品が既に持ち出されていた。
6　上記事情からすると，Ｉ商事株式会社の業務及び財産の状況を調査する重要な事由があるというべきである。
7　よって，申立人は会社法705条4項の規定に基づき本申立てに及んだ次第である。

第6章　社債に関する事件

疎明方法

疎甲1号証	履歴事項全部証明書	1通
疎甲2号証	社債管理委託契約（写）	1通
疎甲3号証	定款	1通

添付書類

1	履歴事項全部証明書	2通
1	委任状	1通
1	甲各号証	各1通

以上

3　審理・裁判

(1)　審　理

　社債管理者による発行会社の業務財産状況調査許可申立ての審理について、非訟事件手続法および会社法は格別の規定をおいていない。

(2)　裁　判

　裁判所は、利害関係人の陳述を聴く必要がなく（870条参照）、許可決定については理由を付記する必要はない（871条2号・874条4号）。却下決定については、理由を付記した決定をもって裁判しなければならない（871条本文）。
　却下決定に対しては、申立人に限り即時抗告をすることができる（非訟66条2項）が、許可決定に対しては不服申立てをすることができない（874条4号）。

Ⅰ　社債管理者に関する事件

【文例75】　社債管理者による発行会社の業務財産状況調査許可決定

決　　定

　　　　　　　　　当事者の表示　　別紙（略）のとおり
　上記当事者間の平成○年㈲第○○号社債管理者による発行会社の業務財産状況調査許可申立事件について，当裁判所は，申立人の申立てを理由あるものと認め，会社法705条4項の規定を適用して，次のとおり決定する。

主　　文

　申立人がⅠ商事株式会社（本店　大阪市中央区○○△丁目△番△号）の業務及び財産の状況を調査することを許可する。
　　平成○年○月○日
　　　　　　　　　大阪地方裁判所民事第○部
　　　　　　　　　　　　　裁判官　○　○　○　○

【文例76】　即時抗告申立書

即時抗告申立書

　　　　　　　　　　　　　　　　　　　　　　　　　平成○年○月○日
大阪高等裁判所　御中
　　　　　　　　　　　　抗告人代理人
　　　　　　　　　　　　　　弁護士　○　○　○　○　㊞

　　　　　　　当事者の表示　　別紙（略）の通り

　抗告人は別紙当事者目録記載の相手方の申立てにかかる大阪地方裁判所平成○年㈲第○号社債管理者による発行会社の業務財産状況調査許可申立事件について，同裁判所が平成○年○月○日になした決定について，同年○月○日に決定書謄本の送達を受けたが，不服があるので，即時抗告の申立てをする。

239

原決定の表示

主　文

本件申立てを却下する。

抗告の趣旨

1　上記当事者間の大阪地方裁判所平成○年(ヒ)第○○号社債管理者による発行会社の業務財産状況調査許可申立事件につき，同裁判所が平成○年○月○日になした却下決定を取り消す。

2　申立人の申立てを許可する。

との裁判を求める。

抗告の理由

1　Ｉ商事株式会社（本店　大阪市中央区○○△丁目△番△号）の実態及び抗告人との交渉の経緯については，別紙経過一覧表（略）記載のとおりである。

2　上記決定は，Ｉ商事株式会社が抗告人に対して財務諸表の提出をはじめ十分な情報提供を行っている旨述べる。

　しかしながら，Ｉ商事株式会社は取引先への支払いが遅滞しており，取引先との間で支払繰延の交渉を行っている。さらに，一部社債権者への弁済義務も遅滞に陥っている。かかる状況からすると，Ｉ商事株式会社の資産評価が適正に行われていない可能性があり，簿外債務の存在の可能性も否定できない。

　社債管理者としては，総社債権者のためにＩ商事株式会社の実況を調査し，その結果を報告する義務がある。

3　したがって，本件業務財産状況調査許可申立ては，上記2の目的のため，必要不可欠の手段である。

4　以上のとおり，抗告人の申立ては理由があり，財務諸表の真ぴょう性に疑いがある以上，財務諸表の提出をもってこれを不許可とすることは理由がないものであるので，本抗告に及んだものである。

以上

4　特別代理人の選任

(1)　はじめに

　社債権者と社債管理者との利益が相反する場合（社債管理者がその義務に違反して職務を怠り社債権者に対して損害賠償債務を負う場合など）において、社債権者のために裁判上または裁判外の行為をする必要があるときは、裁判所は、社債権者集会の申立てにより特別代理人を選任してその行為をさせることができる（707条）。

(2)　申立ての手続

　管轄裁判所は、発行会社の本店所在地を管轄する地方裁判所である（868条4項）。
　申立人は社債権者集会である（707条）。
　申立ては、書面をもって行う（会社非訟規則1条）。
　申立書の記載事項については、第1章Ⅳ2(1)を参照されたい。
　証拠書類としては、会社の履歴事項全部証明書のほか、社債権者集会議事録、社債管理委託契約書等の写しを申立書に添付しなければならない（非訟規則37条3項）。

(3)　審理・裁判

　裁判所は、利害関係人の陳述を聴く必要はなく（870条参照）、社債管理者の特別代理人を選任する旨の決定については、理由を付記する必要もないが（871条2号・874条1号）、却下決定については、理由を付記する必要がある（871条本文）。
　なお、却下決定に対しては、申立人に限り即時抗告することができる（非訟

第6章 社債に関する事件

66条2項)。他方で、社債管理者の特別代理人を選任する旨の決定に対しては、不服申立てをすることができない (874条1号)。

【文例77】 特別代理人選任申立書

特別代理人選任申立書

平成○年○月○日

○○地方裁判所　御中

申立人代理人
弁護士　○　○　○　○　㊞

　　　　　〒000-0000　○○市○○区○○△丁目△番△号
　　　　　　申立人　株式会社A第○○回社債権者
　　　　　　　　　　同代表者執行者　C

(送達場所)〒000-0000　○○市○○区○○△丁目△番△号
　　　　　　　　　　　　　電話　00-0000-0000
　　　　　　　　　　　　　FAX　00-0000-0000
　　　　　　　申立人代理人弁護士　○　○　○　○

申立ての趣旨

　株式会社B (本店　○○市○○区○○△丁目△番△号) に対する裁判外および裁判上の損害賠償請求をなすための株式会社A第○○回社債権者の特別代理人の選任を求める。

申立ての理由

1　申立外株式会社A (本店　○○市○○区○○△丁目△番△号) は、○○を目的とする株式会社である。
2　株式会社B (本店　○○市○○区○○△丁目△番△号) は、申立外株式会社Aとの間において、平成○年○月○日、同会社が発行する株式会社A第○○回無担保社債の社債権者 (以下「本件社債権者」という。) のために社債を管理することの委託契約を締結し、会社法702条に規定する社債管理

242

者となった。
3 　株式会社Bは，……の事由により，本件社債権者に対し，損害賠償義務を負担し，本件社債権者との間において利益が相反するに至った。
4 　本件社債権者は，平成○年○月○日，社債権者集会において，株式会社Bに対して，裁判上または裁判外の損害賠償請求を行うため，貴庁に対し特別代理人の選任の請求を求める決議をなし，Cがその執行者に選任された。
5 　よって，申立人は，本件社債権者の特別代理人の選任を求めるため，本申立てに及んだ次第である。

添付書類
1 　社債権者集会議事録　　　1通
1 　社債管理委託契約（写）　1通
1 　履歴事項全部証明書　　　2通
1 　委任状　　　　　　　　　1通

5　社債管理者の辞任

(1)　はじめに

　社債管理者は、発行会社および社債権者集会の同意を得て、辞任することができる（711条1項前段）。なお、その場合に他に社債管理者がいないときは、あらかじめ、その事務を承継すべき社債管理者を定めなければならない（711条1項後段）。また、やむを得ない事由があるときは、裁判所の許可を得て、辞任することができるとされている（同条3項）。

　711条は、社債権者保護のために、社債管理者の委任の解除（告知）の事由に対し制限を加えたものであるから、本条3項に定める「やむを得ない事由」とは、社債管理者の財務状況の悪化等により、社債管理の事務処理が著しく

第6章　社債に関する事件

困難となる場合などである。

(2) 申立ての手続

　管轄裁判所は、発行会社の本店所在地を管轄する地方裁判所である（868条4項）。
　申立人は、社債管理者である（711条3項）。
　申立ては、書面をもって行う（会社非訟規則1条）。
　申立書の記載事項については、第1章Ⅳ2(1)を参照されたい。
　証拠書類としては、会社の履歴事項全部証明書のほか、社債管理委託契約書や社債管理者の財務状況を表す書類の写しを申立書に添付しなければならない（非訟規則37条3項）。

(3) 審理・裁判

　裁判所は、利害関係人の陳述を聴く必要がなく（870条参照）、許可決定については理由を付記する必要はない（871条2号・874条4号）ものの、却下決定については、理由を付記した決定をもって裁判しなければならない（871条本文）。
　なお、却下決定に対しては、申立人に限り即時抗告することができる（非訟66条2項）が、申立人は許可決定に対しては不服申立てをすることができない（874条4号）。

【文例78】　社債管理者辞任許可申立書

社債管理者辞任許可申立書

平成○年○月○日

○○地方裁判所　御中

I　社債管理者に関する事件

申立人代理人
弁護士　○　○　○　○　㊞

〒000-0000　○○市○○区○○△丁目△番△号
申　　立　　人　株　式　会　社　B
同代表者代表取締役　○　○　○　○
（送達場所）〒000-0000　○○市○○区○○△丁目△番△号
電話　00-0000-0000
FAX　00-0000-0000
申立人代理人弁護士　○　○　○　○

申立ての趣旨

　下記委託者・受託者間の，株式立会社A第○回無担保社債に関する，平成○年○月○日付社債管理委託契約に基づく申立人の受託者たる地位を辞任することを許可する

記
○○市○○区○○△丁目△番△号
委　　託　　者　株　式　会　社　A
同代表者代表取締役　○　○　○　○
○○市○○区○○△丁目△番△号
受　　託　　者　株　式　会　社　B
同代表者代表取締役　○　○　○　○
との裁判を求める。

申立ての理由

1　申立外株式会社Aは，○○を目的とする株式会社である。
2　申立人は，申立外株式会社Aとの間において，平成○年○月○日，同会社が発行する株式会社A第○○回無担保社債の社債権者のために社債を管理することの委託契約を締結し，会社法702条に規定する社債管理者となり，その任務を執行している。
3　ところが，申立人は，取引先の破産等の事由により，財務状況が悪化し，

第6章　社債に関する事件

　　　社債管理の事務処理の継続が著しく困難となった。
4　よって，申立人は，平成○年○月○日付社債管理委託契約に基づく受託者たる地位を辞任したく，会社法711条3項に基づき，本申立てに及んだ次第である。

疎明方法

1　社債管理委託契約
1　第○期決算書

添付書類

1　疎明方法写し　　　　各1通
1　履歴事項全部証明書　　2通
1　委任状　　　　　　　　1通

6　社債管理者の解任

(1)　はじめに

　社債管理者がその義務に違反し，または，その事務を処理するに不適任であるとき，その他正当な理由があるときは，裁判所は，発行会社または社債権者集会の申立てにより，社債管理者を解任することができる（713条）。

(2)　申立ての手続

　管轄裁判所は，発行会社の本店所在地を管轄する地方裁判所である（868条4項）。
　申立人は，発行会社または社債権者集会である（713条）。
　申立ては，書面をもって行う（会社非訟規則1条）。
　申立書の記載事項については，第1章Ⅳ2(1)を参照されたい。

証拠書類としては、会社の履歴事項全部証明書のほか、社債管理委託契約や解任事由の疎明書類の写しを申立書に添付しなければならない(非訟規則37条3項)。

(3) 審理・裁判

裁判所は、社債管理者の陳述を聴いたうえで(870条1項2号)、理由を付した決定をもって裁判しなければならない(871条)。認容しない裁判に対しては申立人が即時抗告することができ(872条4号)、認容する裁判に対しては社債管理者が即時抗告をすることができる(872条4号・870条1項2号)。

なお、認容する裁判に対する即時抗告に執行停止の効力はない(873条ただし書・870条2号)。

しかし、申立てにより、即時抗告についての裁判があるまで、原裁判の執行停止を命じることを求めることができる(非訟72条1項ただし書)。ただし、担保で立てるよう求められることがあり、求められた場合、担保を立てるべきことを命じた裁判所の所在地を管轄する地方裁判所の管轄区域内の供託所に供託しなければならない(同条2項)。

【文例79】 社債管理者解任請求申立書

社債管理者解任請求申立書

平成〇年〇月〇日

〇〇地方裁判所　御中

申立人代理人
弁護士　〇　〇　〇　〇　㊞

〒000-0000　〇〇市〇〇区〇〇△丁目△番△号
申　　立　　人　株式会社Ａ

第6章 社債に関する事件

　　　　　　　　　　　　　　同代表者代表取締役　○　○　○　○
　　　（送達場所）〒〇〇〇-〇〇〇〇　○○市○○区○○△丁目△番△号
　　　　　　　　　　　　　　　　　　電　話　00-0000-0000
　　　　　　　　　　　　　　　　　　FAX　　00-0000-0000
　　　　　　　　　　　　　　申立人代理人弁護士　○　○　○　○

　　　　　　　　　　　　　申立ての趣旨
　委託者株式会社A（本店　○○市○○区○○△丁目△番△号）と受託者株式会社B（本店　○○市○○区○○△丁目△番△号）間の株式会社A第○回無担保社債に関する，平成○年○月○日付社債管理委託契約に基づく社債の管理事務について，受託者株式会社Bを社債管理者から解任する
との裁判を求める。

　　　　　　　　　　　　　申立ての理由
1　申立人は，○○を目的とする株式会社である。
2　申立外株式会社B（本店　○○市○○区○○△丁目△番△号）は，申立人との間において，平成○年○月○日，申立人が発行する株式会社A第○○回無担保社債の社債権者のために社債を管理することの委託契約を締結し，会社法702条に規定する社債管理者となり，その任務を執行している。
3　ところが，申立外株式会社Bは，……の事由により，その義務に違反した。
4　よって，申立人は，申立外株式会社Bを社債管理者から解任したく，会社法713条に基づき，本申立てに及んだ次第である。

　　　　　　　　　　　　　　疎明方法
1　社債管理委託契約（写）　　1通

　　　　　　　　　　　　　　添付書類
1　疎明方法写し　　　　　　　各1通
1　履歴事項全部証明書　　　　2通
1　委任状　　　　　　　　　　1通

7 社債管理者の承継社債管理者の設置

(1) はじめに

　社債管理者の資格喪失、辞任、解任または解散等の理由により、社債管理者がなくなった場合には、発行会社は、その事務を承継すべき社債管理者を定めて、社債の管理を委託しなければならず(714条1項前段)、この場合、発行会社は、社債権者集会の同意を得るため遅滞なく社債権者集会を招集しなければならない（同項後段）。

　会社法714条1項後段において社債権者集会の同意を要件とするのは、社債権者が事務を承継すべき社債管理者がどのような者であるかについて強い利害関係を有しているからであり、社債権者の任意に委ねられているのである。もっとも、社債権者集会において同意が得られなかった場合には、発行会社はその同意に代わる裁判所の許可を求めなければならない。

　さらに、発行会社が事務を承継すべき社債管理者の選任を怠っている場合などやむを得ない事由があるときは、利害関係人は、事務を承継すべき社債管理者の選任を裁判所に請求することができる（714条3項）。

(2) 申立ての手続

　管轄裁判所は、発行会社の本店所在地を管轄する裁判所である(868条4項)。
　申立人は、発行会社または利害関係人である（714条1項・3項）。
　申立ては、書面をもって行う（会社非訟規則1条）。
　申立書の記載事項については、第1章Ⅳ2(1)を参照されたい。
　証拠書類としては、会社の履歴事項全部証明書のほか、社債管理委託契約等の写しを申立書に添付しなければならない（非訟規則37条3項）。

第 6 章　社債に関する事件

(3) 審理・裁判

　裁判所は利害関係人の陳述を聴く必要はなく(870条参照)、許可決定または選任の決定については理由を付記する必要はない（871条 2 号・874条 4 号・871条 2 号・874条 1 号）ものの、却下決定については、理由を付記した決定をもって裁判しなければならない（871条本文）。

　却下決定に対しては、申立人に限り即時抗告することができる(非訟66条 2 項)が、許可決定または選任の決定に対しては、不服申立てをすることができない（874条 4 号・ 1 号）。

【文例80】　社債管理者の承継社債管理者選任許可申立書

```
                社債管理者の承継社債管理者選任許可申立書

                                                平成○年○月○日
○○地方裁判所御中
                              申立人代理人
                                 弁護士　○　○　○　○　㊞


         〒000-0000　○○市○○区○○△丁目△番△号
                     申　　立　　人　株式会社A
                     同代表者代表取締役　○　○　○　○
         (送達場所) 〒000-0000　○○市○○区○○△丁目△番△号
                              電話　00-0000-0000
                              FAX　00-0000-0000
                     申立人代理人弁護士　○　○　○　○

                    申立ての趣旨
  株式会社D（本店　○○市○○区○○△丁目△番△号）を，委託者株式会社
```

Ａ（本店　○○市○○区○○△丁目△番△号）と受託者株式会社Ｂ（本店　○○市○○区○○△丁目△番△号）間の，株式会社Ａ第○回無担保社債に関する，平成○年○日付社債管理委託契約に基づく受託者の事務承継社債管理者に選任することを許可する
との裁判を求める。

申立ての理由

1　申立人は，○○を目的とする株式会社である。
2　申立外株式会社Ｂ（本店　○○市○○区○○△丁目△番△号）は，申立人との間において，平成○年○月○日，申立人が発行する株式会社Ａ第○○回無担保社債（以下「本件社債」という。）の社債権者のために社債を管理することの委託契約を締結し，会社法702条に規定する社債管理者となり，その任務を遂行してきた。
3　ところが，申立外株式会社Ｂは，……の事由により，その資格を喪失したことから，本件社債に関し社債管理者が不存在となるに至った。
4　よって，申立人は，株式会社Ｄ（本店　○○市○○区○○△丁目△番△号）を株式会社Ｂの本件社債に関する事務承継社債管理者とするため，平成○年○月○日，社債権者集会を招集し，株式会社Ｄを社債管理者の事務承継社債管理者とすることにつき同意を求めたところ，出席した議決権を有する社債権者の同意を得られなかった。
5　したがって，申立人は，貴庁において，会社法714条1項に基づく社債権者集会の同意に代わる許可をなされたく，本申立てに及んだ次第である。

疎明方法

1　社債管理委託契約（写）　　1通
1　社債権者集会議事録　　　　1通

添付書類

1　疎明方法写し　　　　　　　各1通
1　履歴事項全部証明書　　　　3通
1　委任状　　　　　　　　　　1通

8 報酬・費用

(1) はじめに

　社債管理者は、その報酬、費用およびその利息並びに事務処理のために自己の過失なくして受けた損害の賠償額につき、発行会社との契約にその定めがある場合を除き、裁判所の許可を得て発行会社の負担とさせることができるとされ(741条1項)、かつ、弁済を受けた金額から優先的にそれらの支払いを受けることができるとされている（741条3項）。

(2) 申立ての手続

　管轄裁判所は、発行会社の本店所在地を管轄する地方裁判所である（868条4項）。
　申立人は、社債管理者、代表社債権者または決議執行者である（741条1項）。
　申立ては、書面をもって行う（会社非訟規則1条）。
　申立書の記載事項については、第1章Ⅳ2(1)を参照されたい。
　証拠書類としては、会社の履歴事項全部証明書のほか、社債権者集会議事録、社債管理委託契約書等の写しを申立書に添付しなければならない（非訟規則37条3項）。

(3) 審理・裁判

　裁判所は、発行会社の陳述を聴いたうえで(870条9号)、理由を付記した決定をもって裁判しなければならない(871条本文)。許可決定に対しては発行会社が即時抗告することができ（872条4号・870条1項9号）、却下決定に対しては申立人が即時抗告することができる（872条4号）。

I 社債管理者に関する事件

なお、当該即時抗告には執行停止の効力がある（873条本文）。

【文例81】 社債管理者に対する報酬および費用の負担許可申立書

社債管理者に対する報酬及び費用の負担許可申立書

平成○年○月○日

○○地方裁判所　御中

申立人代理人
弁護士　○　○　○　○　㊞

〒000-0000　○○市○○区○○△丁目△番△号
　　　　　申　　立　　人　株式会社Ｂ
　　　　　同代表者代表取締役　○　○　○　○
（送達場所）〒000-0000　○○市○○区○○△丁目△番△号
　　　　　　　　　　　　　電　話　00-0000-0000
　　　　　　　　　　　　　FAX　00-0000-0000
　　　　　申立人代理人弁護士　○　○　○　○

申立ての趣旨

　委託者株式会社Ａ（本店　○○市○○区○○△丁目△番△号）と受託者株式会社Ｂ（本店　○○市○○区○○△丁目△番△号）間の、株式会社Ａ第○回無担保社債に関する、平成○年○月○日付社債管理委託契約に基づく事務に関する別紙（略）記載の受託者株式会社Ｂの報酬及び費用を委託者株式会社Ａの負担とすることを許可する

記

○○市○○区○○△丁目△番△号
　　　委　　託　　者　株　式　会　社　Ａ
　　　同代表者代表取締役　○　○　○　○
○○市○○区○○△丁目△番△号
　　　受　　託　　者　株　式　会　社　Ｂ

253

第6章　社債に関する事件

　　　　　　　　同代表者代表取締役　○　○　○　○
との裁判を求める。

　　　　　　　　　　　申立ての理由
1　株式会社A（本店　○○市○○区○○△丁目△番△号）は，○○を目的とする株式会社である。
2　申立人は，株式会社Aとの間において，平成○年○月○日，株式会社Aが発行する株式会社A第○○回無担保社債の社債権者のために社債を管理することの委託契約を締結し，会社法702条に規定する社債管理者となり，その任務を執行している。
3　ところが，上記契約において，報酬及び費用に関する規定が存しない。
4　よって，申立人は，別紙記載の申立人の報酬及び費用を，発行会社たる株式会社Aに負担させるべく，会社法741条1項に基づき，本申立てに及んだ次第である。

　　　　　　　　　　　疎明方法
1　社債管理委託契約（写）　　1通

　　　　　　　　　　　添付書類
1　疎明方法写し　　　　各1通
1　履歴事項全部証明書　　2通
1　委任状　　　　　　　1通

II 社債権者集会に関する事件

1 社債権者集会の招集

(1) はじめに

　社債権者集会の招集権者は、発行会社および社債管理者とされるが（717条2項）、ある種類の社債の社債総額（償還済みの額を除く）の10分の1以上に当たる社債権者にも社債権者集会招集請求権が認められている（718条1項）。

　上記社債権者は、集会の目的たる事項および招集の理由を記載した書面を発行会社または社債管理者に提出しなければならない。請求を受けた会社が遅滞なく招集しないか、遅滞なく招集したとしてもその会日が少数社債権者からの請求があった日より8週間以後の日である場合には、請求をなしたる社債権者は、裁判所の許可を得て、社債権者集会の招集をすることができる（718条3項）。

(2) 申立ての手続

　管轄裁判所は、発行会社の本店所在地を管轄する地方裁判所である（868条4項）。

　申立人は招集請求をなしうる社債権者である（718条1項・3項）。

　申立ては、書面をもって行い（会社非訟規則1条）、申立人が招集の請求をした相手方である発行会社または社債管理会社の代表取締役が招集を怠ったことを疎明しなければならない（869条）。

　申立書の記載事項については、第1章Ⅳ2(1)を参照されたい。

　証拠書類としては、会社の履歴事項全部証明書のほか、社債券や社債権者集会招集請求通知の写しを申立書に添付しなければならない（非訟規則37条3

255

第6章　社債に関する事件

項)。

(3) 審理・裁判

　裁判所は、利害関係人の陳述を聴く必要はなく(870条参照)、許可決定については理由を付記する必要はない（871条2号・874条4号）ものの、却下決定については、理由を付記した決定をもって裁判しなければならない（871条本文)。

　なお、許可決定に対しては不服申立てをすることができないが（874条4号)、却下決定に対しては、申立人に限り即時抗告することができる（非訟66条2項)。

【文例82】　社債権者集会招集許可申立書

```
                社債権者集会招集許可申立書

                                         平成○年○月○日
○○地方裁判所　御中
                              申立人代理人
                                 弁護士　○　○　○　○　㊞


              〒000-0000　○○市○○区○○△丁目△番△号
                         申　　　立　　　人　○　○　○　○
     (送達場所)〒000-0000　○○市○○区○○△丁目△番△号
                                    電　話　00-0000-0000
                                    FAX　　00-0000-0000
                         申立人代理人弁護士　○　○　○　○


                         申立ての趣旨
　……を目的とする，○○社債の社債権者集会を申立人において招集することを許可する
```

256

との裁判を求める。

申立ての理由

1 　申立外株式会社Ａ（本店　〇〇市〇〇区〇〇△丁目△番△号）は，〇〇を目的とする株式会社である。
2 　申立人は，申立外株式会社Ａの〇〇社債額面〇〇円を保有し，同種の社債総額の10分の1以上に当たる社債を保有している。
3 　申立人は，申立外株式会社Ａ代表取締役Ｂに対して，平成〇年〇月〇日付同〇日到達の内容証明郵便をもって，申立ての趣旨記載の決議を目的とする社債権者集会（以下「本社債権者集会」という。）の招集の請求をした。
4 　しかるに，代表取締役Ｂは，今日まで何らの正当な事由がないのに社債権者集会招集の手続をとらない。
5 　よって，申立人において，本社債権者集会の招集をなすべく，会社法718条3項1号に基づき，本申立てに及んだ次第である。

疎明方法

1　定款
1　社債券
1　社債権者集会招集請求通知
1　報告書

添付書類

1　疎明方法写　　　　各1通
1　履歴事項全部証明書　1通
1　委任状　　　　　　1通

第6章　社債に関する事件

2　社債権者集会の決議

(1)　社債権者集会決議許可申請の廃止

　社債権者集会の決議は、出席した社債権者の議決権の総額の過半数による普通決議を原則とし(724条1項)、社債権者の利害に重大な影響を与える一定の事項については特別決議を要するとされている（724条2項）。

　社債権者集会の決議事項としては、法律で定められているもののほか、社債権者の利害に重大な関係を有する事項につき、裁判所の許可を得て決議することができることになっていたが（旧商319条）、会社法では、裁判所の許可を得ることなく決議することができるようになった（716条）。

　従来の法制は、少数者の不利益に権利内容が変更されることを懸念した法制であったが、社債権者集会の決議は、事後に裁判所の認可を得なければ効力がないこと（734条1項）に鑑みると、事前許可制は過剰な規制と考えられ、会社法制定時に廃止された（江頭・株式会社法814頁注1）。

　会社法に定められた決議事項には、①当該社債の全部についてする支払いの猶予・責任の免除等または社債管理者・受託会社が社債権者のために当該行為をすることの承認(706条1項1号、担信35条)、②社債管理者・受託会社が訴訟行為・破産手続等に属する行為をすることの承認（706条1項2号、担信35条)、③資本金・準備金の減少または合併等に対する異議申述の決定（740条1項)、④元利金支払遅延の場合の期限の利益喪失措置(739条1項)、⑤代表社債権者・決議執行者の選任・解任（736条1項・737条1項ただし書・738条)、⑥代表社債権者等による発行会社の弁済等の取消しの訴えの提起の決定（865条3項)、⑦社債管理者・受託会社の辞任の同意・解任請求・事務承継者の決定（711条1項・713条・714条1項、担信50条1項・51条)、⑧特別代理人の選任（707条、担信45条)、⑨発行会社に対して、代表者または代理人を社債権者集会に出席

させるよう求めること（729条2項）、⑩集会の延期・続行（730条）などがあり、担保付社債のみに関する事項として、⑪担保の変更（担信41条1項）、⑫担保権の順位の変更等（担信42条）などがある。

(2) 社債権者集会決議認可申立て

⑴ はじめに

社債権者集会における決議は、その効力が生ずるためには裁判所の認可が必要とされ（734条1項）、認可があれば欠席者・反対者も含め、当該種類の総社債権者を拘束する（734条2項）。なお、社債権者集会の決議があったときは、招集者は、当該決議があった日から1週間以内に裁判所に対し当該決議の認可の申立てをしなければならない（732条）。

⑵ 申立ての手続

管轄裁判所は、発行会社の本店所在地を管轄する裁判所である（868条4項）。

申立人は、社債権者集会の招集者である（732条）。

申立ては、書面をもって行う（会社非訟規則1条）。

申立書の記載事項については、第1章Ⅳ2⑴を参照されたい。

証拠書類としては、会社の履歴事項全部証明書のほか、会社の定款、社債権者集会議事録、社債管理委託契約書等の書類の写しを申請書に添付しなければならない（非訟規則37条3項）。

⑶ 審理・裁判

裁判は、利害関係人の陳述を聴かなければならず（870条1項7号）、理由を付記した決定をもって裁判をしなければならない（871条本文）。

認可する裁判に対しては利害関係人からの即時抗告が認められており（872条4号・870条1項7号）、却下する裁判に対しては申立人からの即時抗告が認められている（872条4号）。また、その申立てには執行停止効がある（873条本

第6章 社債に関する事件

文）。

【文例83】 社債権者集会決議認可申立書

社債権者集会決議認可申立書

平成○年○月○日

○○地方裁判所　御中

申立人代理人
弁護士　○　○　○　○　㊞

〒000-0000　○○市○○区○○△丁目△番△号
　　申　　立　　人　株　式　会　社　Ｂ
　　同代表者代表取締役　○　○　○　○
〒000-0000　○○市○○区○○△丁目△番△号
　　　　　　　　　　　　電話　00-0000-0000
　　　　　　　　　　　　FAX　00-0000-0000
　　　　　　申立人代理人弁護士　○　○　○　○

申立ての趣旨

　平成○年○月○日午後○時開催の株式会社Ａ（本店　○○市○○区○○△丁目△番△号）が発行した株式会社Ａ第○○回無担保社債の社債権者集会における別紙（略）記載の決議を認可する
との裁判を求める。

申立ての理由

1　申立外株式会社Ａ（本店　○○市○○区○○△丁目△番△号）は，○○を目的とする株式会社である。
2　申立人は，申立外株式会社Ａとの間において，平成○年○月○日，同会社が発行する株式会社Ａ第○○回無担保社債の社債権者(以下，「本件社債権者」という)のために社債を管理することの委託契約を締結し，会社法702条に規

260

定する社債管理者となり，その任務を執行している。
3　申立人は，平成○年○月○日午後○時より，申立ての趣旨記載の事項を会議の目的として本件社債権者集会を招集し，下記のとおり決議された。

記

　　社債権者数　　　　　○○名
　　議決権総額　　　　　○○百万円

　　出席社債権者　　　　○名
　　議決権の額　　　　　○○百万円
　　うち賛成　　　　　　○○百万円
　　うち反対　　　　　　○百万円

　　上記のとおり，申立ての趣旨記載の事項は，議決権者の総額の5分の1以上で，かつ出席した議決権者の議決権の総額の3分の2以上に当たる多数をもって承認可決されたものである。
4　よって，会社法732条に基づき，本申立てに及んだものである。

疎明方法

1	定款	1通
1	社債管理委託契約（写）	1通
1	社債権者集会議事録	1通
1	社債権者集会招集通知	1通
1	社債権者集会招集参考書類	1通
1	議決権行使書面	2通

添付書類

1	履歴事項全部証明書	2通
1	委任状	1通
1	疎明方法写	各1通

（別紙）
1　社債権者集会決議事項

以上

3　社債権者集会費用の負担

　招集の通知・公告・会場の借入に要する費用など、社債権者集会に関する費用は、発行会社が負担する（742条1項）。

　社債権者集会決議認可請求の費用は、原則として発行会社が負担するが、裁判所は発行会社その他利害関係人の申立てにより、または、職権で、その費用の全部または一部を他の者に負担させることができる(742条2項)。抗告審により決議の却下決定があった場合などで請求費用が多額となり、その全部を発行会社に負担させるのは適切ではないこともあり得るからである。

4　社債権者異議期間伸長の申立て

(1)　はじめに

　会社が資本金の額の減少を行うには、株主総会の特別決議（309条2項）によることが必要である（同項9号・447条1項）が、債権者の利益を害することがあるので、債権者保護手続として異議申立制度が設けられている（449条）。その他にも、合同会社が資本金の額の減少をする場合（627条）、合同会社が社員に対して行う持分の払戻額が当該払戻日における剰余金額を超える場合（635条）、持分会社が任意清算を行う場合に財産処分の方法を定めた場合（670条）、株式会社が組織変更を行う場合（779条）、吸収合併をする場合、吸収分割をする場合、株式交換契約新株予約権が新株予約権付社債に付された新株予約権である場合（789条・799条）、新設合併をする場合、新設分割をする場合、株式移転計画新株予約権が新株予約権付社債に付された新株予約権である場合（810条）にも、債権者は異議を申し立てることができる。

さらに、社債権者が異議を述べるには、社債権者集会の決議によることが必要であるが(740条1項前段)、この場合には、裁判所は利害関係人の申立てにより社債権者のために異議の期間を伸長することができる（同項後段）。

(2) 申立ての手続

管轄裁判所は、社債を発行した会社の本店所在地の地方裁判所である(868条4項)。

申立人は、利害関係人である（740条1項後段）。

申立ては、書面をもって行う（会社非訟規則1条）。

申立書の記載事項については、第1章Ⅳ2を参照されたい。

証拠書類としては、履歴事項全部証明書のほか、社債管理委託契約書や、申立ての要件の疎明資料等の写しが申立書に添付されている(非訟規則37条3項)。

(3) 審理・裁判

裁判所は、発行会社の陳述を聴かなければならず(870条1項8号)、理由を付記した決定をもって裁判しなければならない（871条本文）。

認容しない裁判に対しては申立人が即時抗告することができ（872条4号）、認容する裁判に対しては発行会社が即時抗告することができる（同号・870条1項8号）。

なお、当該即時抗告に執行停止の効力はない（873条ただし書・870条1項8号）。

しかし、申立てにより、即時抗告についての裁判があるまで、原裁判の執行停止を命じることを求めることができる（非訟72条1項ただし書）。ただし、担保を立てるよう求められることがあり、求められた場合、担保を立てるべきことを命じた裁判所の所在地を管轄する地方裁判所の管轄区域内の供託所

263

第6章 社債に関する事件

に供託しなければならない（同条2項）。

【文例84】 社債権者異議期間伸長申立書

社債権者異議期間伸長申立書

平成○年○月○日

大阪地方裁判所　御中

申立人代理人
弁護士　乙　野　次　郎　㊞

　　〒000-0000　大阪市中央区○○△丁目△番△号
　　　　　　　申　　立　　人　F社債管理株式会社
　　　　　　　同代表者代表取締役　甲　野　太　郎
（送達場所）〒000-0000　大阪市中央区○○△丁目△番△号
　　　　　　　申立人代理人弁護士　乙　野　次　郎

申立ての趣旨

　申立人が，I商事株式会社（本店　大阪市中央区○○△丁目△番△号）の資本金の額の減少について異議を述べる期間を，平成○年○月○日まで伸長するとの裁判を求める。

申立ての理由

1　申立外I商事株式会社（本店　大阪市中央区○○△丁目△番△号）は，婦人服の製造・販売を目的とする株式会社である。
2　申立外I商事株式会社は，平成○年○月○日，資本金の額の減少の株主総会特別決議を行った。
3　申立外I商事株式会社は，平成○年○月○日，その債権者に対し，資本金の額の減少に異議があれば平成○年○月○日までにこれを述べるべき旨を官報をもって公告し，知れたる債権者に催告した。

264

4　しかしながら，申立人は申立外Ｉ商事株式会社が発行するＩ商事株式会社第○○回無担保社債の社債権者のために社債を管理する社債管理者であるところ，上記期日までに社債権者集会を開催することは，社債権者への通知，開場の手配等の都合により困難である。

5　よって，申立人は，上記異議期間を平成○年○月○日まで伸長することを求めるため，本申立てに及んだ次第である。

疎明方法

疎甲1号証	履歴事項全部証明書	1通
疎甲2号証	社債管理委託契約（写）	1通
疎甲3号証	定款	1通

添付書類

1	資格証明書	2通
1	委任状	1通
1	疎明方法写し	各1通

以上

【文例85】　社債権者異議期間伸長決定

決　　定

当事者の表示　　別紙（略）のとおり

上記当事者間の平成○年(ヒ)第○○号社債権者異議期間伸長申立事件について，当裁判所は，申立人の申立てを理由あるものと認め，会社法740条1項の規定を適用して，次のとおり決定する。

主　文

Ｉ商事株式会社（本店　大阪市中央区○○△丁目△番△号）の資本金の額の減少に対する異議を述べることができる期間を平成○年○月○日まで伸長する。

第6章 社債に関する事件

> 平成○年○月○日
>
> 　　　　　　　　大阪地方裁判所民事第○部
> 　　　　　　　　　　裁判官　○　○　○　○

【文例86】　即時抗告申立書

> 　　　　　　　　　　即時抗告申立書
>
> 　　　　　　　　　　　　　　　　　　　平成○年○月○日
>
> 大阪高等裁判所　御中
>
> 　　　　　　　　　　　　抗告人代理人
> 　　　　　　　　　　　　　弁護士　○　○　○　○　㊞
>
> 　　　　当事者の表示　　別紙（略）の通り
> 　抗告人は別紙当事者目録記載の相手方の申立てにかかる大阪地方裁判所平成○年(ヒ)第○○号社債権者異議期間伸長申立事件について，同裁判所が平成○年○月○日になした決定について，同○月○日に決定書謄本の送達を受けたが，不服があるので，即時抗告の申立てをする。
>
> 　　　　　　　　　　原決定の表示
> 　　　　　　　　　　　主　　　文
> 　Ｉ商事株式会社（本店　大阪市中央区○○△丁目△番△号）の資本金の額の減少に対する異議を述べることができる期間を平成○年○月○日まで伸長する。
>
> 　　　　　　　　　　抗告の趣旨
> 　1　上記当事者間の大阪地方裁判所平成○年(ヒ)第○○号社債権者異議期間伸長申立事件につき，同裁判所が平成○年○月○日になした認容決定を取り消す。
> 　2　申立人の申立てを却下する。
> との裁判を求める。
>
> 　　　　　　　　　　抗告の理由
> 　1　相手方の実態及び抗告人との交渉の経緯については，別紙経過一覧表(略)

記載のとおりである。
2　抗告人の社債権者は○○名であり，その住所及び居所も全て知れており，これへの通知には時間を要しない。
3　また，上記2の事情により，社債権者集会の会場の確保は容易であり，これにも時間を要しない。
4　したがって，本件社債権者異議期間伸長申立ては，不当に異議期間を伸長して抗告人に圧力をかける意図の下になされたものにすぎない。
5　以上のとおり，抗告人は，相手方の申請には理由がなく，また，権利濫用として許されないものであるので，本抗告に及んだ次第である。

以上

第7章　会社組織に関する事件

I　合併に関する事件

1　はじめに

　会社法上、株式会社、合名会社、合資会社および合同会社の間では会社の種類のいかんを問わず合併をすることができるようになった（748条・749条・751条・753条・755条）。

　株式会社同士が合併した場合、新設合併であれば、新設会社を株式会社とする（753条1項）以外に、持分会社とすることもできる（755条1項）。後者は、一種の組織変更（744条）である。特例有限会社（旧有限に基づき設立された会社）は、特例有限会社を存続会社とする吸収合併をすることができない（整備37条）。

　株式会社と持分会社との合併につき、会社法制定前は、その存続会社・新設会社は、株式会社でなければならないとする制限があった（平成17年改正前商法56条2項）が、会社法制定時に、規制緩和の趣旨から制限は緩和された（751条1項2号～6号・2項・755条1項6号～8号）。

2　合併無効による負担部分または持分決定申立事件

(1)　はじめに

　合併の無効は、合併の効力が生じた日から6カ月以内に、訴えのみをもって主張することができ（828条1項7号・8号。形成訴訟）、合併無効判決の確定

により、将来に向かって、吸収合併の存続会社が合併に際し割り当てた株式は無効になり、新設合併の新設会社は解散し、消滅会社は将来に向かって復活する(839条)。解散会社が合併当時有した財産で、合併無効の判決確定時において存続会社または新設会社に現存するものは、復活した解散会社に帰属すると解されているが、合併後、合併無効判決の確定までの間に存続会社または新設会社が取得した財産については合併をなした会社の共有に属し(843条2項)、存続会社または新設会社が負担した債務については合併をなした会社が連帯して弁済する責任を負う（843条1項1号・2号）。この場合、財産の共有持分と債務の負担部分は、合併をなした会社の協議によって定められるが(843条3項)、この協議が調わない場合は、共有持分および負担部分の決定を裁判所に請求することができ、裁判所は、合併時における各会社の財産の額その他一切の事情を斟酌して決定するものとされている（843条4項）。

(2) 申立ての手続

㈦ 管　轄

合併無効の訴えの第1審の受訴裁判所の管轄に属する(868条6項)。合併無効の訴えの第1審の管轄裁判所は、存続会社および新設会社の本店所在地を管轄する地方裁判所に専属する（835条1項）。

㈣ 申立人

合併をした会社が申立てをする。合併をした会社の双方から申立てをする必要はなく、一方からの申立てで足りるものと解される(「各会社の申立て」、843条4項)。

㈥ 申立方式等

申立ては書面によって行わなければならない（会社非訟規則1条）。

申立書の記載事項については、会社非訟事件等手続規則2条1項・2項が適用される。具体的な記載事項については、第1章Ⅳ2(1)を参照されたい。

第7章　会社組織に関する事件

　添付書類としては、①会社の登記事項証明書、②合併無効判決の判決書及び当該判決の確定証明書、③証拠書類の写し、等を申立書に添付する（会社非訟規則3条1項1号、非訟規則37条3項）。

【文例87】　合併無効による負担部分および持分決定申立書

```
　　　　　　　　　合併無効による負担部分及び持分決定申立書

　　　　　　　　　　　　　　　　　　　　　　　　平成○年○月○日
東京地方裁判所民事第○部　御中
　　　　　　　　　　　　　　上申立人代理人
　　　　　　　　　　　　　　　　　弁護士　○　○　○　○　㊞
　　　　　　　　〒000-0000　東京都○○区○○△丁目△番△号
　　　　　　　　　　　　　　　　申立人　株　式　会　社　A
　　　　　　　　　　　　　　上記代表者代表取締役　○　○　○
（送達場所）〒000-0000　東京都○○区○○△丁目△番△号
　　　　　　　　　　　　　　○○法律事務所　電　話　00-0000-0000
　　　　　　　　　　　　　　　　　　　　　FAX　00-0000-0000
　　　　　　　　　　　　　　上記申立人代理人弁護士　○　○　○

　　　　　　　　　　　　　申立ての趣旨
　株式会社Bと合併して存続した申立人の負担した別紙1（略）記載の債務について申立人，株式会社Bの各負担部分及び申立人の取得した別紙2（略）記載の財産について申立人，株式会社Bの各持分割合の決定を求める。

　　　　　　　　　　　　　申立ての理由
1　申立人Aと株式会社Bは，平成○年○月○日合併し，申立人Aを存続会社
　として合併した。
2　上記合併について平成○年○月○日○○地方裁判所において無効の判決が
　なされ，上記判決は平成○年○月○日確定した。
```

3　そこで，申立人Aと株式会社Bは，合併後合併無効判決確定までの間に，申立人Aが負担した別紙1記載の債務の各負担部分及び申立人Aの取得した別紙2記載の財産の各持分割合につき協議をなしたが，調わないので本申立ておよんだ。

添付書類
1　登記事項証明書　　　　　　2通
2　合併無効判決写　　　　　　1通
3　合併無効判決の確定証明書　1通
4　委任状　　　　　　　　　　1通

(3)　審理・裁判

(イ)　審理

債務の負担部分または財産の共有持分について裁判所は合併時における各会社の財産額その他一切の事情を斟酌して決定をする（843条4項）。

なお、非訟整備法により、以下のとおり、会社法が改正された。

- 裁判所は、申立書の写しを、合併をした会社に送付しなければならない（870条の2第1項・870条2項6号）。
- 裁判所は、原則として、審問の期日を開いて、申立人および合併をした会社の陳述を聴かなければならない（870条2項6号）。
- 裁判所は、原則として、相当の猶予期間をおいて、審理を終結する日を定め、申立人および合併をした会社に告知しなければならない（870条の2第5項）。
- 裁判所は、審理を終結したときは、裁判をする日を定め、申立人および合併をした会社に告知しなければならない（同条6項）。

㈹ 裁　判

　裁判は理由を付した決定による（871条）。なお、裁判所は、終局決定については費用負担の裁判をしなければならない（非訟28条。民訴67条1項）。

　決定に対しては即時抗告をすることができる（872条5号・870条2項5号）。この即時抗告には執行停止の効力がある（873条）。

II　会社分割に関する事件

1　はじめに

　会社分割とは、株式会社または合同会社が、その事業に関して有する権利義務の全部または一部を、分割後の他の会社（承継会社）または分割により設立する会社（設立会社）に承継させることを目的とする会社の行為である（2条29号・30号）。

　会社分割は平成12年改正法で認められた制度であるが（旧商373条・374条の16）、会社（分割会社）の権利義務を既存の他の会社に承継させる「吸収分割」と（2条29号・757条〜761条、782条〜802条）、手続中で新たに設立する会社に承継させる「新設分割」（2条30号・762条〜766条・803条〜816条）とがある。事業に関して有する権利義務のどの部分が承継されるかは、吸収分割契約(吸収分割)・新設分割計画（新設分割）の定めに従って定まる。

2　分割無効による負担部分または持分決定申立事件

(1)　はじめに

　会社分割の無効は、分割の効力が生じた日から6カ月以内に、訴えをもっ

てのみ主張することができ（828条1項9号・10号）、会社分割を無効とする判決の遡及効は否定されている（839条）。

吸収分割の無効が確定した場合は、分割後に承継会社に帰属した財産は分割会社および承継会社の共有となり、債務は分割会社および承継会社の連帯債務となる（843条1項3号・2項）。新設分割の無効が確定した場合は、設立会社は解散するが、分割後に設立会社に帰属した財産および債務は分割会社に帰属し（843条1項4号・2項ただし書）、共同新設分割の場合には、財産は各分割会社の共有、債務は各分割会社の連帯債務となる（843条1項4号・2項）。

上記の場合、財産の共有持分と債務の負担部分は、分割をした会社の協議によって定められるが（843条3項）、この協議が調わない場合は、共有持分および負担部分の決定を裁判所に請求することができ、裁判所は、会社分割の効力が生じた時における各会社の財産の額その他一切の事情を考慮して決定するものとされている（843条4項）。

(2) 申立ての手続

(イ) 管　轄

分割無効の訴えの第1審の受訴裁判所の管轄に属する（868条6項）。分割無効の訴えの第1審の管轄裁判所は、分割会社または承継会社・設立会社の本店所在地を管轄する地方裁判所である（835条1項）。

(ロ) 申立人

会社分割をした会社が申立てをする。分割をした会社の一方からの申立てで足りるものと解される（「各会社の申立て」、843条4項）。

(ハ) 申立ての方式等

申立ては書面により行わなければならない（会社非訟規則1条）。

申立書の記載事項については、会社非訟事件手続規則2条1項・2項が適

用される。具体的な記載事項については、第1章Ⅳ2(1)を参照されたい。

　添付書類としては、①会社の登記事項証明書、②分割無効の判決の判決書の写しおよび当該判決の確定証明書、③証拠書類の写し等を申立書に添付する（会社非訟規則3条1項1号、非訟規則37条3項）。

【文例88】　会社分割無効判決確定の場合の分割会社の債務負担部分決定の申立て

会社分割無効判決確定の場合の
分割会社の債務負担部分決定申立書

　　　　　　　　　　　　　　　　　　　　　　　　平成〇年11月3日

大阪地方裁判所　御中

　　　　　　　　　　　　　　　　申立人代理人
　　　　　　　　　　　　　　　　　　弁護士　乙　野　次　郎　㊞

　　　〒000-0000　大阪市〇〇区〇〇△丁目△番△号
　　　　　　　　　　　　　申　　立　　人　Ａ商事株式会社
　　　　　　　　　　　　　代表者代表取締役　甲　野　太　郎
（送達場所）〒000-0000　大阪市〇〇区〇〇△丁目△番△号
　　　　　　　　　　　　　　　　　　電　話　00-0000-0000
　　　　　　　　　　　　　　　　　　FAX　00-0000-0000
　　　　　　　　　　　申立人代理人弁護士　乙　野　次　郎
　　　大阪市〇〇区〇〇△丁目△番△号
　　　　　　　　　　　　　関　　係　　人　Ｂ株式会社
　　　　　　　　　　　　　代表者代表取締役　丙　野　三　郎

申立ての趣旨

　関係人が会社分割後負担した債務合計金500万円につき，申立人と関係人との間の負担割合をそれぞれ金250万円ずつとする
との決定を求める。

申立ての理由

1　申立人は平成〇年6月1日，申立人を分割会社，関係人を承継会社として吸収分割を行った。
2　同年8月1日，前項の吸収分割に関して，分割無効の訴えが提起され，これに対し，分割無効の判決が出され，同年12月10日同判決が確定した。
3　関係人は会社分割後，△△に対する買掛金債務及び□□に対する借入金債務として合計金500万円の債務を負担している。
4　前項の債務については，申立人及び関係人は連帯してその債務を負担するところ（会社法843条1項3号），各々の負担部分について申立人及び関係人間で協議するも（会社法843条3項）協議が調わなかった。
5　よって，本申立てに及んだ次第である。

証拠方法

甲1号証　　登記事項証明書
甲2号証　　定款
甲3号証　　買掛金明細
甲4号証　　借用証
甲5号証　　決算書
甲6号証1ないし10　　請求書

添付書類

1　資格証明書　　　　　　　　　2通
1　委任状　　　　　　　　　　　1通
1　分割無効判決の写し　　　　　1通
1　分割無効判決の確定証明書　　1通
1　甲各号証　　　　　　　　　各1通

以上

(3) 審理・裁判

(イ) 審 理

　裁判所は、債務の負担部分または共有持分について、会社分割の効力が生じた時における各会社の財産の額その他一切の事情を考慮して決定する（843条4項）。

　なお、非訟整備法により、以下のとおり、会社法が改正された。

- 裁判所は、申立書の写しを、分割を行った会社に送付しなければならない（870条の2第1項）。
- 裁判所は、原則として、審問の期日を開いて、申立人および分割をした会社の陳述を聴かなければならない（870条の2第1項・870条2項6号）。
- 裁判所は、原則として、相当の猶予期間をおいて、審理を終結する日を定め、申立人および分割をした会社に告知しなければならない（870条の2第5項）。
- 裁判所は、審理を終結したときは、裁判をする日を定め、申立人および分割をした会社に告知しなければならない（同条6項）。

(ロ) 裁 判

　裁判は理由を付した決定の形式による（871条、非訟54条）。裁判所は、終局決定については、費用負担の裁判をしなければならない（非訟28条、民訴67条1項）。

　決定に対しては即時抗告をすることができ（872条5号・870条2項5号）、これには執行停止効がある（873条）。

II　会社分割に関する事件

【文例89】　会社分割無効判決確定の場合の分割会社の債務負担部分決定

決　定

当事者の表示　　別紙（略）のとおり

　上記当事者間の平成〇年(ヒ)第〇〇号会社分割無効判決確定の場合の分割会社の債務負担部分決定申立事件について，当裁判所は，会社法843条4項により，次のとおり決定する。

主　文

　関係人が会社分割後負担した債務合計金500万円につき，申立人と関係人との間の負担割合をそれぞれ金250万円ずつとする。
　　平成〇年〇月〇日

　　　　　　　　　　　　大阪地方裁判所民事第〇部
　　　　　　　　　　　　　　裁判官　〇　〇　〇　〇

【文例90】　即時抗告申立書

即時抗告の申立書

平成〇年〇月〇日

大阪高等裁判所　御中

抗告人代理人
弁護士　〇　〇　〇　〇　㊞

　　　　当事者の表示　　別紙（略）の通り
　　　　原決定の表示　　別紙（略）の通り

抗告の趣旨

1　上記当事者間の大阪地方裁判所平成〇年(ヒ)第〇〇号会社分割無効判決確定の場合の分割会社の債務負担部分決定申立事件につき，同裁判所が平成〇年〇月〇日になした決定を取り消す。

2　抗告人が会社分割後負担した債務合計金500万円につき，抗告人の負担割合を0円，相手方の負担割合を500万円とする。
との決定を求める。

抗告の理由

1　相手方は，分割後抗告人が負担した債務につき，抗告人及び相手方間で同等の割合で負担する旨主張する。
2　しかしながら，本件買掛金については，材料の仕入れによるものであり，そのほとんどを抗告人は相手方に無償で提供している。
3　さらに，借入金についても，相手方が保証人となることを条件に，相手方の取引先から借り入れているのであり，当事者間においては，相手方が保証債務を履行した場合にも求償を行わない旨の合意がなされていた。
3　したがって，上記決定による負担割合は，抗告人に不測の損害を被らしめるものである。
4　以上のとおり，相手方の申立てには理由がなく，また，権利濫用として許されないものであるので，本抗告に及んだものである。

以上

III　仮役員選任

1　意　義

　役員(取締役、会計参与、監査役)が欠けた場合または会社法もしくは定款で定めた役員の員数が欠けた場合には、任期満了または辞任により退任した役員は、新たに選任された役員が就任するまでの間、なお役員としての権利義務を有する（346条1項)。

　この場合、会社は遅滞なく株主総会を招集して、後任の役員を選任しなければならない(976条22号参照)。しかし、役員の死亡等により後任役員選任の

ための株主総会を適法に開催することが不可能である場合や株主総会を開催することが困難である場合などがありうる。そこで、役員が欠けた場合や会社法または定款で定めた役員の員数が欠けた場合において、必要があると認めるときは、裁判所は、利害関係人の申立てにより、一時役員の職務を行うべき者（仮役員）を選任することができる（346条2項）。

株式会社の役員に関する上述の規定と同様の規定は、株式会社の代表取締役（351条2項）、指名委員会等設置会社における各委員会の委員（401条3項）、執行役（403条3項・401条3項）、代表執行役（420条3項・401条3項）、清算人（479条4項）、代表清算人（483条6項）についても存在する。

2 申立ての要件

仮役員の選任が認められるのは、①役員が欠けた場合または会社法もしくは定款に定められた役員の員数が欠けた場合でかつ、②必要があると認められる場合である。

(1) 法律または定款に定められた役員の員数が欠けた場合

(イ) 取締役

取締役会設置会社の取締役は3名以上であることを要する（331条5項）。取締役会設置会社以外の会社の取締役は、1名でもよい（326条1項・348条2項）。いずれの場合も、定数上、最低限・最高限等、員数に関する定めをなすことができる。定款に取締役等の最低員数の定めがあるときには、その員数を欠く場合にも仮取締役の選任の問題が生じる。

また、監査等委員会設置会社においては、監査等委員である取締役は3名以上で、かつ、その過半数は社外取締役である必要があるため（331条6項）、最低員数を欠く場合や過半数が社外取締役でなくなった場合に、仮取締役の問題が生じる。

第7章　会社組織に関する事件

(ロ)　**監査役**

　監査役会設置会社の場合、監査役の人数は3名以上であることを要し、かつ、その半数以上が社外監査役である必要があるため(335条3項)、社外監査役が欠けた場合には、「役員等の員数が欠けた場合」に該当するものとして、社外監査役の選任が可能であると解されている（東京地裁・類型別30頁）。

　また、監査役会は、監査役の中から常勤の監査役を選定しなければならないが(390条3項)、常勤監査役が欠けた場合に、残る監査役の中から常勤監査役を選任することが困難な事情がある場合には、「役員等の員数が欠けた場合」に該当するものとして、常勤監査役を選任することが可能であると解される（東京地裁・類型別31頁）。

(2)　必要があると認められる場合

(イ)　**原則として必要性が認められる場合**

　取締役は、任期満了、辞任、解任(339条)、死亡、欠格事由の発生(331条1項2号～4号)等の事由により終任するが、法律または定款に定める取締役の員数を欠いたときには、遅滞なく後任者の選任をするのが原則であるから(976条22号)、株主総会決議により後任者の選任が可能な場合には、仮取締役選任の必要性は認められない。仮取締役の選任の必要性が認められるのは、後任者が選任されるまで一時的に取締役の職務を行う者を選任する必要がある場合である。

　たとえば、①取締役全員が死亡し、会社の運営や後任者選任のための株主総会の招集ができない場合（福岡高判昭36・4・14判タ119号34頁参照）、②取締役が2名となり意見が対立して取締役会において常に過半数が得られないような状態にある場合等である。

　任期満了または辞任により退任した取締役は、後任者が選任されるまでは取締役としての権利義務を有するが(346条1項)、かかる場合でも、退任取締

役が取締役としての職務を行うことを欲しない場合や、重病または長期所在不明の場合で、取締役の員数を欠くことによって会社の運営が休止せざるを得ない等の事情があるときは必要性が認められる。また、退任取締役に不正行為等があり、役員を新たに選任することができない場合にも仮役員を選任する必要性が認められる（最判平20・2・26民集62巻2号638頁）。

(ロ) **役員が事実上職務執行不能の場合**

役員が退任するには至らないが、所在不明・意思能力の喪失その他心身の故障により職務を執行できなくなった場合、仮役員の選任ができるかについては争いがある。

確かに、このような場合、法律または定款に定める員数を欠くに至ったということはできないが、役員が退任したと同視することができる場合、実質的に死亡等と同視できる場合等は、会社法346条2項の類推適用を認める必要があると解される（東京地裁・類型別30頁、河村貢「仮取締役・仮監査役の選任と職務について」商事1021号56頁参照）。実務上は、所在不明・意思能力の喪失その他心身の故障により職務を執行できなくなった場合にも、仮役員の選任を認めているが、かかる事情が存在することにつき証明を尽くすよう指導がされている。

(ハ) **後任者の選定を延期する場合**

後任者を次の定時株主総会で選任することを予定して、臨時株主総会を開催して後任者を選任することなく、次の定時株主総会までの仮取締役等の選任を求めることができるかどうかについては、問題があるが、大規模な会社では臨時株主総会を開催することが事実上困難なことから、会社の規模や株主数を考慮して裁判所はこれを認容する場合もある（河村・前掲57頁）。

3 申立ての手続

(1) 管　轄

会社の本店所在地の地方裁判所である（868条1項）。

(2) 申立人

株主、債権者、取締役、監査役、会計監査人、従業員、債権者などの「利害関係人」(346条2項)である。会社自身は、申立権を有しないとする見解(山口・大系219頁)と「利害関係人」に含まれ、申立権を有するとの見解（河村・前掲60頁）があるが、実務上は会社からの申立てを認めない取扱いである（東京地裁・類型別30頁）。

(3) 申立ての方式等

申立ては書面によってしなければならない（会社非訟規則1条）。
　申立書の記載事項については、会社非訟等手続規則2条1項・2項が適用される。具体的な記載事項については、第1章Ⅳ2⑴を参照されたい。
　申立ての趣旨には、「〇〇株式会社の仮取締役の職務を行うべき者の選任を求める」旨記載する。仮代表取締役の場合には、「〇〇株式会社の仮取締役兼仮代表取締役の職務を行うべき者の選任を求める」旨記載する。また、社外取締役、社外監査役の場合は、その旨の登記が必要であるため、「取締役（社外取締役）」「監査役（社外監査役）」と表示する。
　申立ての原因たる事実には、役員が欠けたかまたは法律もしくは定款に定める会社の役員の員数を欠くに至り、仮役員を選任する必要があることを記載する。
　証拠書類としては、取締役等が会社法または定款に定める員数を欠くに至

ったことを証する資料(会社の登記事項証明書、定款、退任取締役の死亡診断書・除籍謄本等)、申立人の利害関係を疎明する資料(債権者であれば契約書、株主であれば株券等) 等を添付書類として提出する。

【文例91】 仮取締役兼仮代表取締役選任申立書

仮取締役兼仮代表取締役選任申立書

平成〇年〇月〇日

東京地方裁判所民事第〇部　御中

申立人代理人
弁護士　〇　〇　〇　〇　㊞

　　　　〒000-0000　東京都〇〇区〇〇△丁目△番地
　　　　　　　　　　　　申立人　株式会社　A
　　　　　　　　　　　　上記代表者代表取締役　〇　〇　〇　〇
(送達場所)　〒000-0000　東京都〇〇区〇丁目〇番〇号　〇〇ビル
　　　　　　　　　　　　〇〇法律事務所　電話　00-0000-0000
　　　　　　　　　　　　　　　　　　　　FAX　00-0000-0000
　　　　　　　　　　　　上記申立人代理人弁護士　〇　〇　〇　〇

申立ての趣旨

　〇〇株式会社の仮取締役兼仮代表取締役の職務を行うべき者の選任を求める。

申立ての理由

　申立人は，〇〇株式会社(本店所在地は東京都〇〇区〇〇△丁目△番△号。以下「本件会社」という。)の発行済株式数〇〇〇株のうち〇〇株を有する株主である。
　本件会社は取締役会設置会社であり，同社の定款には，取締役の員数は3名以上とする旨が定められている。

上記定款の定めに従い，平成○年○月○日の本件会社の定時株主総会において，B，C，Dの3名が本件会社の取締役として選任され，Bが代表取締役に就任した。

　しかし，代表取締役Bは平成○年○月○日に死亡し，取締役Cも同年○月頃から重度の疾病により入院生活を余儀なくされ意思表示が困難な状況にある。

　したがって，本件会社においては，法令および定款で定められた取締役の員数を欠いており，取締役会の定足数を満たさないため，定時株主総会を開催することができない状況にある。

　そこで，取締役会を開催し，定時株主総会を招集するためには，裁判所により一時取締役の選任を受ける必要がある。

　よって，申立人は，会社法346条2項に基づき，本件会社の一時取締役の選任を求める次第である。

疎明方法

甲第1号証　　本件会社の登記事項証明書
甲第2号証　　本件会社の定款
甲第3号証　　本件会社の株主名簿
甲第4号証　　戸籍謄本
甲第5号証　　取締役の陳述書

添付書類

1　本件会社の登記事項証明書　　1通
2　委任状　　　　　　　　　　　1通
3　申立書副本　　　　　　　　　1通
4　甲号証写し　　　　　　　　　各2通

【文例92】　上申書

上　申　書

平成○年○月○日

東京地方裁判所民事第○部　御中

　　　　　　　　　　　申立人　株式会社A代表取締役　○　○　○　○　㊞

　御庁平成○年(ヒ)第○○号仮取締役選任申立事件につき，申立人は，仮取締役の職務を行うものとして下記の者を選任されるよう上申します。

記
　　氏　名　　○　○　○　○　　（昭和○年○月○日生）
　　現住所　　東京都○○市○丁目○番○号
　　本籍地　　東京都○○市○丁目○番○号

【文例93】　承諾書

承　諾　書

　　　　　　　　　　　　　　　　　　　　　　　　平成○年○月○日
東京地方裁判所民事第○部　御中

　　　　　　　　　東京都○○市○○△丁目△番△号
　　　　　　　　　　　　　　　　　　　　　○　○　○　○　㊞

　私が株式会社Aの仮取締役の職務を行うべきものに選任された場合は，就任を承諾致します。

4　審理・裁判

　裁判所は選任の裁判をするにあたっては取締役等の陳述を聴く必要はない（870条参照）。もっとも、実務上は事案の重要性に鑑み、選任の必要性について取締役の意見・反論を聞くために審問する（審問は書面審問でも足りる）ことが相当であるとされている（東京地裁・類型別35頁）。

　なお、現在の実務では、申立人が推薦する者を仮役員に選任することは原

則として認めておらず、中立的な弁護士または公認会計士(仮監査役の場合)が仮役員に選任されることになっているが、例外的に、会社内に争いがない場合等においては、次の総会で選任される予定の者を仮役員に選任することはあるとされている(東京地裁・類型別29頁・35頁)。

　選任決定には理由を付する必要はないが(871条1号・874条1号)、却下決定には理由を付さなければならない(871条本文)。

　なお、裁判所は、終局決定については費用負担の裁判をしなければならない(非訟28条、民訴67条1項)。

　また、選任決定に対する不服申立てはできないが(874条1号)、却下決定に対しては申立人のみ即時抗告をすることができる(非訟66条2項)。

【文例94】　仮取締役選任決定

　　　　　　　　　　　　　決　　定

　　　　　　　東京都○○市○○△丁目△番△号
　　　　　　　　　　申　　立　　人　　○　○　○
　　　　　　　　　　申立人代理人弁護士　○　○　○

　上の者から申立てのあった平成○年(ヒ)第○○号仮取締役選任申立事件につき、当裁判所は、次のとおり決定する。

　　　　　　　　　　　　　主　　文
1　株式会社B(本店所在地　東京都○○市○丁目○番○号)の取締役の職務を一時行う者として、
　　　東京都○○市○○△丁目△番△号
　　　　　　○　　○　　○
　を選任する。
2　手続費用は各自の負担とする。

平成○年○月○日

　　　　　東京地方裁判所民事第8部
　　　　　　裁判官　○　○　○　○

5　仮役員の報酬

　裁判所は、仮役員に対し会社の負担で報酬を与える決定をすることができる。裁判所は決定前に会社および報酬を受ける者の陳述を聴かねばならない（870条1項1号）。報酬決定に対して、会社および報酬を受ける者は即時抗告をすることができる（872条4号）。

　裁判所は、予納を要する事案では、仮役員選任の裁判に先立って、申立人に、報酬相当額を予納させている。報酬は後任者が選任され仮役員の職務が終了した後に支給するのを通例としている。裁判所は通常、仮役員による任務終了報告書を提出させ、その後に報酬決定をする。長期間仮役員の地位にある者に対しては、月額報酬で支払うこともあり、この場合は仮役員の選任決定と同時に報酬決定がされる場合がある（大阪地裁・実務ガイド127頁、山口・大系224頁）。

【文例95】　報酬決定

平成○年(ヒ)第○○号　仮取締役選任申立事件

　　　　　　　　　決　　　定

　　東京都○○区○○△丁目△番地
　　　　申立人　株式会社A
　　　　　上記代表者代表取締役　○　○　○　○
　　　　　上記申立人代理人弁護士　○　○　○　○
　　東京都○○区○○△丁目△番△号

第7章　会社組織に関する事件

利 害 関 係 参 加 人　○○株式会社

申立人の申立てにかかる頭書事件について当裁判所は次のとおり決定する。

主　　文

本件について，仮取締役○○○○に支給すべき報酬額を金○○万円と定める。
上記報酬は，利害関係参加人の負担とする。

平成○年○月○日

東京地方裁判所民事第○部
裁判官　○　○　○　○

6　登　記

裁判所が仮役員の選任決定をしたときは、裁判所書記官は職権で会社の本店所在地を管轄する登記所にその登記を嘱託する（937条1項2号イ）。

仮役員の登記は、後任者が選任され、その登記を申請することによって登記官が職権で抹消する（商登規68条1項）。

【文例96】　登記嘱託書

嘱　託　書

1．商号　　株式会社B
1．本店　　東京都○○市○丁目○番○号
1．登記の事由　　仮取締役選任
1．登記すべき事項
　　平成○年○月○日東京地方裁判所において下記の者を仮取締役の職務を行う者に選任する旨の決定があった。

記

```
        東京都○○市○丁目○番○号
                ○  ○  ○  ○
  1．登記免許税    金○○○○円
  1．添付書類      決定謄本        1通
  平成○年○月○日
                        東京地方裁判所民事第○部
                              書記官  ○  ○  ○  ○
    ○○法務局○○出張所    御中
```

7　仮代表取締役と特別代理人

　株式会社が代表取締役を欠く場合、当該株式会社に対して、訴訟を提起しようとする者は、仮代表取締役の選任を求めることもできるし、遅滞のため損害を受けるおそれがあることを疎明して、受訴裁判所の裁判長に特別代理人の選任を申し立てることもできる（民訴35条・37条）。ただし、仮代表取締役の選任は本店所在地の地方裁判所の管轄に属するのに対し、特別代理人の選任は受訴裁判所が行いうるという違いがある。

　特別代理人の権限は、当該訴訟限りにとどまるのに対し、仮代表取締役は株主総会の招集、取締役会の開催等をもしなければならず、多くの時間と経費を要することなどから、会社に対する訴えの提起のために仮取締役の選任の申立てがなされた場合には、特別代理人の選任の申立てをするように裁判所が指導をすることが多い（東京地裁・類型別34頁）。

　なお、会社に対して訴えを提起する場合でなく、会社が訴えを提起する場合においても、特別代理人の選任の申立てができるとするのが判例である（最判昭41・7・28民集20巻6号1265頁）。

Ⅳ　取締役等の職務代行者による常務外行為の許可

1　意　義

　取締役選任決議取消の訴えや取締役解任の訴えを本案訴訟として、民事保全法23条2項の仮の地位を定める仮処分により取締役の職務執行を停止し、職務代行者を選任する仮処分が認められている。

　この仮処分により選任された取締役の職務代行者は、仮処分命令に別段の定めがある場合を除き、会社の常務に属しない行為をすることができない。ただし、特に裁判所の許可を得た場合にはこの限りでない（352条1項）。

　指名委員会等設置会社への準用（420条3項）、清算株式会社への準用（483条6項）がある。監査役の職務代行者については、会社法352条の権限規定は準用されていないが、これは監査役の権限の範囲が法令によって明確にされていることによる（大谷禎男『改正会社法』199頁）。

　なお、法律または定款に定める取締役等の員数を欠いた場合に選任される仮取締役等（346条2項等）は、その職務権限に上のような制限はなく、常務に属すると否とにかかわらずなし得る。

2　申立ての要件

(1)　常務の意義

　常務とは、会社として日常行われるべき通常の業務をいう（最判昭50・6・27民集29巻6号879頁）。

　代表取締役については、仕入れ、生産、販売、財務に関して、通常行われ

る行為は常務であるとされている（山口・実務476頁、東京地裁・実務357頁）。

代表取締役でない取締役については、取締役会に出席して議決権を行使することが常務にあたるか否かが問題となるが、決議事項が常務か常務外かにより決するという説が有力である（山口・実務476頁）。

職務代行者は会社の常務でない事項につき取締役会の決議に加わることはできないとすると、職務代行者を除いてもなお法律または定款により決議に必要とされる最低数の取締役が存するときは、職務代行者を除いてその事項を決議できるが、職務代行者を除くと最低数に達しないときは、職務代行者が裁判所の許可を得てこれに加わらなければ、その事項を決議できない（落合誠一『会社法コンメンタール（機関[2]）』36頁）。

もっとも常務に属するか否か必ずしも明らかでない場合も多いので、実務上、職務代行者は、疑問があるものについては裁判所から常務外行為の許可を得てからこれを行うのが妥当であろう。

(2) 具体的業務と常務

(イ) 訴えの提起・和解等

代表取締役の職務代行者が、会社を代表して訴えを提起することや、破産、会社更生手続に参加をすることは権利保全としての性格を有するから常務に含まれる。ただし、和解、請求の放棄、訴えの取下げは常務とはいえない（東京地裁・実務357頁）。

(ロ) 株主総会の招集

学説には、①総会招集は常に常務とする説、②定時総会の招集は常務だが、臨時総会の招集は常務外とする説、③総会招集は常に常務外とする説、④総会の議題が常務に属するか否かにより区別する説などがある。

判例には、有限会社の代表取締役職務代行者が臨時社員総会を招集することは会社の常務とはいえないとするもの（最判昭39・5・21民集18巻4号608

頁)、取締役の解任を目的とする臨時株主総会の招集は少数株主による招集請求に基づくときでも会社の常務に属さないとするもの（最判昭40・6・27民集29巻6号879頁）がある。

　　　(ハ)　金銭の借入れ等

　手形の振出し、手形割引は、従来会社で行われていたようなものについては常務といえる。

　借入れについては目的・金額等により常務といえる場合があるものと解される。この点、従来、短期間の資金のつなぎのため毎月一定時期に親会社から借入れを起こしていたという経緯が認められる場合には常務に属するという説がある（東京地裁・実務359頁）。

　新株の発行、社債の発行等は常務に属さない（落合・前掲34頁）。

　　　(ニ)　重要な財産の処分等

　事業譲渡、事後設立その他重要な財産の処分等は常務に属さない（落合・前掲34頁）。

　　　(ホ)　従業員の採用等

　従業員の採用については、パートタイマーの場合は別として、常務にあたるとはいえない場合が多いとする説がある（東京地裁・実務359頁）。

　なお、代表取締役職務代行者がなした解雇を常務に属するとした判例がある（熊本地決平2・6・26判タ743号149頁）。

3　申立ての手続

(1)　管　轄

　管轄裁判所は、会社の本店所在地の地方裁判所である（868条）。

(2) 申立人

許可の申立てをなしうるのは職務代行者に限られている（352条1項）。

職務代行者の選任の申立てをした者、監査役などには申立権はない（伊東乾ほか編『注解非訟事件手続法』451頁）。

(3) 申立ての方式等

申立ては、書面によってしなければならない（会社非訟規則1条）。

申立書の記載事項については、会社非訟事件等手続規則2条1項・2項が適用される。具体的な記載事項については、第1章Ⅳ2(1)を参照されたい。

証拠書類があるときはその写しを添付する（非訟規則37条3項）。

【文例97】 常務外行為許可申立書

常務外行為許可申立書

平成○年○月○日

東京地方裁判所民事第○部　御中

申立人　○　○　○　○　㊞

〒000-0000　東京都○○区○○△丁目△番△号
申立人　株式会社A代表取締役兼取締役職務代行者　○　○　○　○

申立ての趣旨

株式会社Aについて取締役選任の株主総会を招集することの許可を求める。

申立ての理由

1．申立人は平成○年○月○日株式会社Aの代表取締役兼取締役職務代行者に選任された。

2．株式会社Aの取締役○○○○及び同○○○○は同年○月○日辞任したため，取締役は，1名のみとなり法令に定める員数に取締役を補充するため，取締役選任の臨時株主総会を招集する必要がある。
　よって，本申立てに及んだものである。

添付書類

1．登記事項証明書　　　　1通
1．辞任届写　　　　　　　1通

4　審理・裁判

(1)　審　理

　裁判所は，①許可を求められた行為が会社の常務に属するか否か，②常務に属しないと認めたときはこれを許可するか否かについて判断しなければならない。

(2)　常務外行為の許可基準

　常務外の行為を許可するか否かは，当該常務外行為の必要性と会社の業務・財産に及ぼす影響を比較衡量して決するべきであるとされている。この点、借入金については，借入後の資金繰表を提出させ，返済の見込の有無を慎重に検討したうえで許可の判断をすべきとする見解がある（東京地裁・実務360頁）。

　なお、裁判所の許可は個々の行為について与えられるべきであって，包括的に与えられるべきではない（上柳・注釈(6)（小橋一郎）421頁）。

(3) 裁　判

　裁判は決定をもってなされ（非訟54条）、認容決定には理由を付する必要はない(871条2号、874条4号)。裁判所は、終局決定については費用負担の裁判をしなければならない（非訟28条、民訴67条1項）。

　申立てを許認する裁判に対しては、不服申立てをすることができない(874条4号)。

　申立てを却下する裁判に対しては、申立人である職務代行者に限り、即時抗告をすることができる（非訟66条2項）。

第8章　清算に関する事件

　株式会社が解散すると、合併または破産の場合を除き、清算の手続が開始される。清算は、会社の法人格の消滅前に、会社の現務を結了し、債権を取り立て、債権者に対し債務を弁済し、株主に対し残余財産を分配する等の手続である（481条）。

　株式会社においては、会社資産だけが会社債権者への責任財産となる関係上、清算は厳格な手続により行う必要があるという趣旨で、常に法定の手続に従い行うことが要求される（法定清算）。この点は、合名会社・合資会社における任意清算と対比されるところである。

　会社の清算は、従来裁判所の監督に属する事項であったが、会社法が施行された平成18年5月より裁判所の関与はなくなった。また、従来、清算人は就任後2週間以内に裁判所に会社解散の届出書を提出しなければならなかったが、かかる制度は廃止された。

　さらに、清算人は、遅滞なく会社の財産の現況を調査し、清算開始日を基準日とする財産目録および貸借対照表を作成して株主総会に提出してその承認を求めるとともに、その承認を得た後遅滞なく財産目録および貸借対照表を裁判所に提出しなければならなかったが、当該手続も現行法では要求されていない。

　なお、株式会社の清算につき、①清算の遂行に著しい支障をきたすべき事情があると認められるとき、または、②債務超過の疑いがあると認められるときに裁判所が命ずる特別清算（510条〜574条・879条〜902条）は、実質的に破産等と並ぶ倒産処理方法の一種である。

Ⅰ　清算人選任・解任

1　選　任

(1)　はじめに

　株式会社が解散したときは、合併および破産による場合を除き、清算事務を行う清算人が必要となる（477条1項）。

　清算人には、定款に別段の定めがある場合、または、株主総会において取締役以外の者を清算人に選任した場合を除き、原則として取締役全員（ただし、公開会社または大会社である委員会設置会社の監査委員の場合には、清算人ではなく、監査役に就任する（477条5項））が就任する（478条1項。法定清算人）。

　株式会社が破産手続開始決定を受けると同時に、破産財団をもって破産手続の費用を支弁するのに不足することを理由に破産手続廃止の決定を受けた場合（破216条1項）において、従来、清算人の決定方法について見解が分かれており、当該場合には即時に清算の必要があること等を理由に定款または株主総会決議により他の者が指定されない限り、一般の場合と同じく取締役が清算人となるとする見解（大森忠夫＝矢沢惇編集代表『注釈会社法(8)』（中西正明）189頁、大阪高判昭41・11・9判タ200号106頁）等があったものの、実務は、最判昭42・3・15民集22巻3号625頁において示された「同時破産廃止の決定がされた場合には、破産手続は行われないのであるから、なお残余財産が存するときには清算手続をする必要があり、そのためには清算人を欠くことができないわけである。ところで、商法254条3項によれば、会社と取締役との間の関係は委任に関する規定に従うべきものであり、民法653条によれば、委任は委任者または受任者の破産に因つて終了するのであるから、取締役は会社の破産により当然取締役の地位を失うのであつて、同時破産廃止決定があつた

297

からといつて、既に委任関係の終了した従前の取締役が商法417条1項本文により当然清算人となるものとは解し難い。したがつて、このような場合には、同項但書の場合を除き、同条2項に則り、利害関係人の請求によつて裁判所が清算人を選任すべきものと解するのが相当である」(商法は旧商法)との見解に従い、定款または株主総会決議により取締役以外の者を清算人と定めない限り、利害関係人の請求に基づき裁判所が清算人を選任するとの手続で進められている。その他清算人となるべき取締役が存在せず、かつ、定款に別段の定めがなく、また株主総会、社員総会決議によって選任された清算人がいない場合には、裁判所が利害関係人の申立てにより清算人を選任することとなる（478条2項）。

なお、解散を命ずる裁判を受けたことにより解散した場合には、裁判所は、利害関係人もしくは法務大臣の申立てまたは職権で清算人を選任することとなる（478条3項・471条6号）。

また、株式会社の設立を無効とする判決が確定した場合(475条2号)、または株式移転を無効とする判決が確定した場合（同条3号）は、解散に準じて、裁判所は、利害関係人の申立てにより清算人を選任することとなる(478条4項)。

また、持分会社の設立を無効とする判決が確定した場合(644条2号)、または持分会社の設立を取り消す判決が確定した場合（644条3号）には、解散に準じて、裁判所は、利害関係人の申立てにより清算人を選任することとなる(647条4項)。

(2) 申立ての手続

(イ) 管轄

管轄は、本店所在地を管轄する地方裁判所である（868条1項）。

(ロ) 申立人

申立人は利害関係人もしくは法務大臣である（478条2項・3項・4項、647条

I　清算人選任・解任

2項・3項・4項、822条1項）。

　(ハ)　**申立方法等**

　申立ては、書面をもって行う（会社非訟規則1条）。申立書の記載事項については、第1章Ⅳ2(1)を参照されたい。

　証拠書類としては、会社の履歴事項全部証明書のほか、清算人を選任すべき事由が存することを疎明するための書類の写しを申立書に添付しなければならない（非訟規則37条3項）。

【文例98】　清算人選任申立書（株式会社）

清算人選任申立書

平成○年○月○日

大阪地方裁判所　第○民事部　御中

　　　　　　　　　　　　　申立人代理人
　　　　　　　　　　　　　　弁護士　○　○　○　○　㊞

〒000-0000　大阪市中央区○○9丁目1番18号
　　　　　　申立人　Aファイナンス株式会社
　　　　　　同代表者代表取締役　○　○　○　○
（送達場所）〒000-0000　大阪市中央区○○3丁目6番13号
　　　　　　　　　　電　話　00-0000-0000
　　　　　　　　　　FAX　　00-0000-0000
　　　　　　申立人代理人弁護士　○　○　○　○

申立ての趣旨及び理由　　別紙のとおり

疎明方法

1　甲第1号証　　B工業株式会社の閉鎖事項全部証明書

第 8 章　清算に関する事件

1	甲第 2 号証	不動産登記事項証明書
1	甲第 3 号証	破産手続開始決定正本の写し
1	甲第 4 号証	不動産放棄許可の証明書
1	甲第 5 号証	買付証明書
1	甲第 6 号証	定款
1	甲第 7 号証	報告書

添付書類

1	甲号証（写）	各 1 通
1	資格証明書	2 通
1	委任状	1 通

申立ての趣旨

　Ｂ工業株式会社（本店　大阪市西淀川区〇〇△丁目△番△号）の清算人の選任を求める。

申立ての理由

1　Ｂ工業株式会社は，平成〇年〇月〇日，御庁にて破産手続開始決定を受け，解散するとともに，弁護士Ｃ山一郎が破産管財人として選任された。
2　申立人は，Ｂ工業株式会社が所有する別紙物件目録（略）記載の不動産（以下「本件不動産」という。）につき，根抵当権を設定していたので，当該根抵当権を実行し，平成〇年〇月〇日，競売開始決定を得たが（御庁平成〇年(ケ)第〇〇号），現在に至るまで本件不動産は競落されないままである。
3　その後，Ｃ山一郎破産管財人は，本件不動産の処理以外の換価事務及び債権調査事務を終了したが，本件不動産の価値が申立人の有する債権額を大きく下回るため，本件不動産を破産財団から放棄して，平成〇年〇月〇日，上記破産事件を終了させた。
4　申立人は，やむを得ず，上記競売事件において特別代理人の選任を申し立て，Ｄ川二郎弁護士が上記競売事件における特別代理人に選任された。

I　清算人選任・解任

5　今般，E商事株式会社から，本件不動産を任意売却にて購入したいとの申し出がなされた。しかし，B工業株式会社は破産手続開始決定により解散しているうえに，その清算人は選任されていない。
6　よって，申立人は，会社法478条2項に基づき，本申立てに及んだ次第である。
　なお，清算人の候補者としては，本件不動産の状況を知るD川二郎弁護士が適任であると思料する。

以上

【文例99】　清算人選任申立書（合資会社）

清算人選任申立書

平成○年○月○日

東京地方裁判所第○民事部　御中

申立人代理人
弁護士　○　○　○　○　㊞

〒000-0000　東京都千代田区○○1丁目5番1号
申立人　株式会社○○○
同代表者代表取締役　○　○　○　○
（送達場所）〒000-0000　東京都千代田区○○1丁目2番3号
電話　00-0000-0000
FAX　00-0000-0000
申立人代理人弁護士　○　○　○　○

申立ての趣旨

　G合資会社（本店　東京都港区○○6丁目4番2号）の清算人の選任を求める。

申立ての理由

301

1　G合資会社は，平成○年○月○日設立登記を了したが，その設立手続に重大なる瑕疵があったため，平成○年○月○日御庁にて設立無効判決を受け(貴庁平成○年(ワ)第○○号)，同判決は平成○年○月○日確定した。
2　しかるに，G合資会社は，無限責任社員であった○○○○及び○○○○並びに有限責任社員であった○○○○及び○○○○が相次いで死亡したため，清算人を欠いた状態のまま清算事務が全く遂行されていない。
3　他方で，G合資会社は，申立人から，平成○年○月○日，申立人所有の別紙物件目録1（略）記載の土地を，建物所有の目的にて月額地代80万円，期間30年の約定にて賃借し，同目録2（略）記載の建物を所有している。
　　しかし，G合資会社は，平成○年○月以降，上記地代を全く支払っておらず，申立人としては，債務不履行を原因として上賃貸借契約を解除したいが，その意思表示をなすべき相手方が存しない状態である。
4　よって，申立人は，利害関係人として，会社法647条4項・644条2号に基づき，本申立てに及んだ次第である。

疎明方法

1　甲第1号証　　履歴事項全部証明書
1　甲第2号証　　不動産登記事項証明書（土地）
1　甲第3号証　　不動産登記事項証明書（建物）
1　甲第4号証　　定款
1　甲第5号証　　報告書

添付書類

1　甲号証（写）　　各1通
1　資格証明書　　　2通
1　委任状　　　　　1通

(3)　**審理・裁判**

裁判所は，申立人の申立てに対して，その疎明を求めるとともに職権で証

拠調べを行うことができる（非訟49条1項）。

　裁判所は、清算人を選任する裁判において、利害関係人の陳述を聴く必要はない（870条参照）が、実務上は、申立人と会社の取締役または監査役であった者を審尋して審理している。

　清算人を選任する旨の決定については理由を付記する必要はない（871条2号・874条1号）。却下決定については、理由を付記する必要がある（871条本文）。

　清算人の欠格事由は次のとおりである（478条8項・331条1項）。

① 　法人
② 　成年被後見人もしくは被保佐人または外国の法令上これらと同様に取り扱われている者
③ 　会社法331条1項3号所定の罪を犯し、刑に処せられ、その執行を終わり、またはその執行を受けることがなくなった日から2年を経過しない者
④ 　同号に規定する法律の規定以外の法令の規定に違反し、禁錮以上の刑に処せられ、その執行を終わるまで、またはその執行を受けることがなくなるまでの者（刑の執行猶予中の者を除く）。

　また、監査役は、会社または子会社の清算人を兼ねることができない（491条・335条2項）。

　申立てに対する裁判は決定をもって行い（非訟54条）、当該決定の効力は告知をもって生じ（非訟56条2項・3項）、選任の裁判に対しては不服申立てはできない（874条1号）。ただし、申立て却下の裁判に対しては、申立人に限り即時抗告することができる（非訟66条2項）。

　清算人の員数については、1人でも足りる（477条1項）。

　清算人の報酬については、清算人、監査役の陳述を聴いたうえ会社の負担とする決定をなすことができるが（485条・870条1号）、決定には、会社、清算人の双方から即時抗告の申立てができるので（872条4号・870条1号）、実務上

は申立人に費用を予納させるとともに、その費用を全額負担し、金額の決定に異議を述べない旨の同意書をもらって会社に費用を負担させない便法もとられている。

【文例100】 清算人選任決定

平成○年(ヒ)第○○○号 清算人選任申立事件

　　　　　　　　　決　　　定

　　　当事者の表示　　　別紙（略）のとおり
　上記申立人の申立てにかかる清算人選任申立事件について，当裁判所は，次のとおり決定する。

　　　　　　　　　主　　　文
　B工業株式会社（本店　大阪市○○区○○△丁目△番△号）の清算人として，
　　住所　大阪府○○市○○４丁目40番３号
　　　事務所　大阪市○○区○○△丁目△番△号　○○ビル４階
　　　　　　D川法律事務所
　　　弁護士　D　川　二　郎
を選任する。
　　平成○年○月○日
　　　　　　　　　　　　　　大阪地方裁判所第○民事部
　　　　　　　　　　　　　　　　裁判官　○　○　○　○

(4) 清算事務の遂行

　株式会社においては、選任された清算人は、2週間以内に、その就任登記をしなければならない（928条1項・3項・4項、商登73条）。清算会社は、清算の開始原因が生じた場合には、遅滞なく、債権者に対し、一定の期間内（2カ月未満であってはならない）にその債権を申し出るべき旨を官報に公告し、かつ知れ

ている債権者には、各別にこれを催告しなければならない(499条1項)。会社法制定前は、2カ月以内に3回の公告をすることが要求されていたが(平成17年改正前商法421条1項)、官報に複数回公告してもどれほどの効果が期待できるかという問題もあり、会社法は、手続簡素化のため公告回数に関する規制を廃止した。清算人は財産の現況および負債の金額を調査し、他方、債権の取立や財産の売却処分など会社財産の換価を進める。

株式会社の清算人は、債権申出期間内には債権者に対して弁済をなすことができないが（500条1項本文・976条29号）、裁判所の許可を得て少額の債権や担保付き債権など弁済しても他の債権者を害するおそれのない債権の弁済をなすことができる（500条2項）。

債権申出期間の経過後、株式会社の清算人は、届け出られた債権者に対し、弁済をなし、残余財産を株主に配分する（504条〜506条）。

他方で、知れている債権者でない債権者で債権申出期間内に債権申し出をしなかった債権者は、清算から除斥され、いまだ分配されていない残余財産に対してのみしか弁済を請求することができなくなる（503条）。

株式会社の清算人は、清算事務がすべて終了すれば遅滞なく法務省令(施行規則150条)で定めるところにより決算報告書を作成し、株主総会に提出してその承認を得なければならず（507条1項・3項）、その承認後は、本店の所在地においては2週間以内に清算結了の登記をしなければならない（929条1号）。

2　解　任

(1)　はじめに

重要な事由のある場合には、裁判所は、清算人を解任することができる(479条2項)。具体的には、

① 株式会社においては、裁判所は、総株主の議決権の100分の3以上の数の株式を6カ月前より引き続き有する株主(清算人を解任する旨の議案について議決権を行使することができない株主、または当該申立てに係る清算人である株主を除く)、または発行済株式の100分の3以上の数の株式を6カ月前より引き続き有する株主(当該清算株式会社である株主、または当該申立てにかかる清算人である株主を除く)の請求により、また特別清算にあっては職権で解任することができる(479条2項、524条1項)。ただし、公開会社ではない株式会社においては6カ月前の保有要件は適用されない(479条3項)。

② 持分会社においては、裁判所は、社員その他利害関係人の請求により解任することができる(648条3項)。

いずれの場合においても、要件である「重要なる事由」とは、清算人の行為が清算の目的に照らして著しく背離し、または清算人がその事務遂行に著しく不適格である場合などが該当すると解されており(上柳ほか・注釈(13)(中西正明)312頁)、具体的には、清算事務を全く行わずに長期間が経過した場合や、自己が利益を得るため清算会社の資産を不当に安く売却した場合などがある。

(2) 申立ての手続

(イ) 管　轄

管轄は、本店所在地を管轄する地方裁判所である(868条1項)。

(ロ) 申立人

申立人は、株式会社にあっては総株主の議決権の100分の3以上の数の株式を6カ月前より引き続き有する株主(清算人を解任する旨の議案について議決権を行使することができない株主、または当該申立てに係かかる清算人である株主を除く)または発行済株式の100分の3以上の数の株式を6カ月前より引き続き

有する株主(当該清算株式会社である株主、または当該申立てにかかる清算人である株主を除く)(479条2項。ただし、公開会社ではない株式会社においては6カ月前の保有要件は適用されない。同条3項)、持分会社にあっては社員その他利害関係人（648条3項）である。

(ハ)　申立方法等

申立ては、書面をもって行う（会社非訟規則1条）。

申立書の記載事項については、第1章Ⅳ2(1)を参照されたい。

証拠書類としては、会社の履歴事項全部証明書のほか、清算人を解任すべき重要な事由が有することを疎明する書類の写しが申立書に添付される(非訟規則37条3項)。

【文例101】　清算人解任申立書

```
清算人解任申立事件

                 清算人解任申立書

                                        平成○年○月○日
大阪地方裁判所　第○民事部　御中
                         申立人代理人
                           弁護士　○　○　○　○　㊞


             〒000-0000　西宮市○○町5番20号
                         申立人　A　野　一　郎
    （送達場所）〒000-0000　大阪市○○区○○3丁目6番13号
                         電話　00-0000-0000
                         FAX　00-0000-0000
                         申立人代理人弁護士　○　○　○　○

             申立ての趣旨及び理由　　別紙のとおり
```

307

疎明方法

甲第1号証	履歴事項全部証明書
甲第2号証	定款
甲第3号証	株主名簿
甲第4号証の1ないし9	株券
甲第5号証	不動産登記事項証明書
甲第6号証	鑑定書
甲第7号証の1ないし3	戸籍謄本
甲第8号証の1及び2	内容証明郵便及び配達証明書
甲第9号証	報告書

添付書類

1　甲号証（写）　　各1通
1　委任状　　　　　1通

申立ての趣旨

　C電業株式会社（本店　大阪市○区○○6丁目7番8号）の清算人B野二郎を解任する
との裁判を求める。

申立ての理由

1　申立外C電業株式会社（以下「清算会社」という。）は，資本金1600万円，発行済株式総数16万株，モーターの製造業を目的とする株式会社である。
2　申立人A野一郎は，清算会社の総株主の議決権の30%である48,000個を6カ月以上前から引き続いて所有する株主である。
3　清算会社は，平成○年○月○日，株主総会の決議により解散し，同日，株主総会決議により，当時代表取締役であったB野二郎（住所　大阪市○○区○○2丁目6番9号）が清算人に就任した。
4　しかし，B野二郎は，会社法492条1項に基づき，その就任後遅滞なく清算

会社の現況を調査した上で，上記解散日における財産目録及び貸借対照表を作成し，株主総会に提出してその承認を得なければならない（同条3項）ところ，上記就任後約1年が経過する現在に至るまで，そのような清算事務を全く行おうとしない。また現在に至るまで，定時株主総会の招集及び開催もされておらず（491条・296条1項，3項），清算事業年度に係る貸借対照表及び事業報告並びにこれらの付属明細書の作成及び定時株主総会の承認も受けていない（494条，497条）。

5 さらに，清算会社の資産の大部分は不動産であるところ，既に清算会社の所有していた不動産のうち，別紙物件目録1（略）記載の土地については申立外D野花子（以下，「D野花子」という）に名義が移転されている。

そこで，申立人がB野二郎に問いただしたところ，B野二郎は3000万円で売却したと漏らしたが，それ以上については詳細を全く述べようとしない。

6 ところが，申立人が調査したところ，上記不動産の価値は少なくとも6000万円以上の時価を有するうえに，買主であるD野花子は，B野二郎の妹であることが判明した。

7 申立人としては，B野二郎が清算事務を公正に行わず，自己ないし第三者の利益を得ようとしているとの疑いを抱き，平成○年○月○日到達の書面により，清算会社の資産及び負債並びに現在に至るまでの清算事務の詳細を明らかにすること及び，株主総会の開催を求めたが，B野二郎は，何らの回答もしようとしない。

8 よって，B野二郎が清算人の職権を濫用し，不正の行為をなしていることは明らかであるから，申立人は会社法479条2項に基づき，B野二郎の解任の申立てをする次第である。

以上

(3) 審理・裁判

裁判所は、申立人の申立てに対して、その疎明を求めるとともに職権で証拠調べを行うことができる（非訟49条1項）。

裁判所は、当該清算人の陳述を聴いたうえで(870条1項2号)、清算人を解

第8章 清算に関する事件

任する裁判をすることができ、当該裁判には理由を付記しなければならない(871条本文)。

決定の効力は告知をもって生じ(非訟56条2項・3項)、認容する裁判に対しては清算人が即時抗告することができ(872条4号・870条1項2号)、却下する裁判に対しては申立人が即時抗告することができる(872条4号)。

なお、当該即時抗告に執行停止の効力はない(873条ただし書・870条1項2号)。

しかし、申立てにより、即時抗告についての裁判があるまで、原裁判の執行停止を命じることを求めることができる(非訟72条1項ただし書)。ただし、担保を立てるよう求められることがあり、求められた場合、担保を立てるべきことを命じた裁判所の所在地を管轄する地方裁判所の管轄区域内の供託所に供託しなければならない(同条2項)。

【文例102】 清算人解任決定

平成○年(ヒ)第○○○号

　　　　　　　　　　決　　　定

　　　　当事者の表示　　別紙（略）のとおり

　上記申立人の申立てにかかる清算人解任申立事件について，当裁判所は，次のとおり決定する。

　　　　　　　　　　主　　文

　C電業株式会社（本店　大阪市○区○○6丁目7番8号）の清算人B野二郎を解任する。

　　　　　　　　　　理　　由

本件申立ての申立ての趣旨及び理由は，……。

 以上のとおり，本件申立てには会社法479条2項に該当する事由が認められるので，主文のとおり決定する。

　　平成○年○月○日

　　　　　　　　　　　　　　大阪地方裁判所第○民事部

　　　　　　　　　　　　　　　　　裁判官　　○　○　○　○

(4) 登記嘱託

　清算人解任登記は、裁判所の嘱託によってなされる（937条1項2号ホ）。

【文例103】　登記嘱託書

登記嘱託書

1　商　　　　号　　C電業株式会社
1　本　　　　店　　大阪市○区○○6丁目7番8号
1　登記の事由　　清算人解任
1　登記すべき事項　平成○年○月○日　清算人B野二郎解任
1　登録免許税　　金○○,○○○円
1　添付書類　　決定謄本　　1通

上記のとおり登記を嘱託する。

　　平成○年○月○日

　　　　　　　　　　　　　　大阪地方裁判所第○民事部

　　　　　　　　　　　　　　　　裁判所書記官　　○　○　○　○

大阪法務局　御中

第 8 章　清算に関する事件

II　会社解散命令

1　はじめに

　会社解散命令とは、会社の存在が公益上許されないと判断される場合に、法務大臣または株主、社員、債権者その他の利害関係人の申立てにより裁判所が強制的に会社の存在を否定するという制度である（471条6号・824条1項）。
　解散判決が社員ないし株主の利益を保護するための制度であるのに対して（471条6号・833条1項）、公益的な見地から設けられている制度である。

2　申立ての要件

　解散命令の要件は、
① 会社の設立が不法な目的に基づいてされたとき（824条1項1号）、
② 会社が正当な理由がないのにその成立後1年以内に事業を開始せず、または引き続き1年以上事業を休止したとき（同項2号）、
③ 会社の業務を執行する社員または取締役が法務大臣より書面による警告を受けたにもかかわらず、法令または定款に定める会社の権限を逸脱もしくは濫用する行為または刑罰法令に違反する行為を継続的にまたは反復したとき（同項3号）、

のいずれかに該当し、かつ、公益を確保するため会社の存立を許すことができないと認められることである。
　なお、不法な目的とは、定款目的の不法に限定されず、設立の実質的意図が不法な場合を含み、現実に不法の行為をしたか否かは問わないと解されている（江頭憲治郎＝中村直人編著『論点体系会社法6　組織再編II、外国会社、雑則、罰則』（明田川昌幸）101頁）。

312

開業遅延や営業休止については、正当の事由が認められない場合に限られる（松山地西条支決昭39・9・11商事264号26頁参照）。

3　申立ての手続

(1)　管　轄

管轄は、本店所在地を管轄する地方裁判所である（868条1項）。

(2)　申立人

申立人は、法務大臣または株主、社員、債権者その他の利害関係人である（824条1項）。

(3)　申立ての方式

申立ては、書面をもって行う（会社非訟規則1条）。

申立書の記載事項については、第1章Ⅳ2(1)を参照されたい。

証拠書類としては、会社の履歴事項全部証明書のほか、会社解散命令の事由を疎明する書類の写しを申立書に添付しなければならない（非訟規則37条3項）。

【文例104】　会社解散命令申立書

```
　　　　　　　　　　会社解散命令申立書

　　　　　　　　　　　　　　　　　　　　　　平成○年○月○日
京都地方裁判所第○民事部　御中
　　　　　　　　　　　　　　申立人代理人
　　　　　　　　　　　　　　　弁護士　○　○　○　○　㊞
```

第8章　清算に関する事件

〒000-0000　京都市中京区○○通○○上ル○○町123番地
申　立　人　Ａ　山　一　郎
（送達場所）〒000-0000　大阪市中央区○○３丁目６番13号
電　話　00-0000-0000
FAX　00-0000-0000
申立人代理人弁護士　○　○　○　○

申立ての趣旨及び理由　　別紙のとおり

疎明方法

1　甲第１号証　履歴事項全部証明書
1　甲第２号証　株主名簿
1　甲第３号証　報告書

添付書類

1　甲号証（写）　　各１通
1　資格証明書　　　１通
1　委任状　　　　　１通

申立ての趣旨

　Ｂ商事株式会社（本店　京都市左京区○○○町７番地）の解散を命じるとの裁判を求める。

申立ての理由

1　Ｂ商事株式会社（本店　京都市左京区○○○町７番地）は，平成○年○月○日，資本金1000万円，発行済株式総数200株，不動産仲介業を目的とする株式会社であり，申立人は，Ｂ商事株式会社の株式を20株有している株主である。
2　ところがＢ商事株式会社は，会社設立後まもなく事実上事業を廃止し，現

在に至るまで10数年もの間，何らの事業活動も行っていない。
3　Ｂ商事株式会社の代表取締役Ｃ山二郎は現在懲役７年の実刑判決を受けて受刑中であり，その余の取締役は全員行方不明である。
4　よって，Ｂ商事株式会社が正当な事由がないのに引き続き１年以上その事業を休止していることは明らかであるから本申立てに及ぶ。

以上

4　審　理

　裁判所その他の官庁、検察官または吏員は、その職務上、解散命令の申立てまたは会社法824条１項３号の警告をすべき事由があることを知ったときは、法務大臣にその旨を通知しなければならない（826条、【文例105】）。

　会社は、利害関係人の解散命令の申立てが悪意に出でたものであることを疎明して、担保提供の申立てをしたときには、裁判所は、解散命令の申立てをした者に対し、相当の担保を立てるべきことを命ずることができる（824条２項・３項）。この場合の手続・効果については、民事訴訟法の訴訟費用の担保の規定が準用される（同条４項）。

　裁判所は、審理に際して、会社の陳述を聴かなければならない（824条１項・870条１項10号）。

【文例105】　法務大臣への通知書

平成〇年(ヒ)第〇〇〇号

通　知　書

当事者の表示　　別紙（略）のとおり
　上記当事者間において会社解散命令申立事件が申し立てられたので，会社法826条に基づき，その旨通知いたします。

第8章　清算に関する事件

　　　平成○年○月○日
　　　　　　　　　　　　　　　京都地方裁判所第○民事部
　　　　　　　　　　　　　　　　　裁判官　　○　○　○　○

法務大臣　○　○　○　○　殿

5　裁　判

　裁判は、理由を付記した決定をもって行う（871条本文）。
　認容する裁判に対しては当該会社が即時抗告することができ（870条4号・870条1項10号）、却下する裁判に対しては申立人が即時抗告することができる（872条4号）。即時抗告があると執行は停止される（873条本文）。

【文例106】　解散命令

平成○年(ヒ)第○○○号

　　　　　　　　　　　決　　　定

　　　　当事者の表示　　別紙（略）のとおり

　　　　　　　　　　　主　　文
　B商事株式会社（本店　京都市左京区○○町7番地）の解散を命じる。

　　　　　　　　　　　理　　由
1　一件記録によれば，申立人がB商事株式会社（本店　京都市左京区○○町7番地）の株主であること，B商事株式会社は，昭和○年○月○日，資本金1000万円，発行済株式総数200株,不動産仲介業を目的とする株式会社として設立されたものの，会社設立後まもなく事実上事業を廃止し，現在に至るまで10数年もの間，何らの事業活動も行っていないこと，B商事株式会社の代表取締役C山二郎は現在懲役7年の実刑判決を受けて受刑中であり，本件申

Ⅱ 会社解散命令

立てに対して何らの応答もしていないこと，その余の取締役は全員行方不明であることが認められる。

　以上によれば，B商事株式会社が正当な事由がないのに引き続き1年以上その事業を休止しており，会社法824条1項2号の要件に該当することは明らかであるから，本申立てを認容することとして主文のとおり決定する。

　平成○年○月○日

　　　　　　　　　　　京都地方裁判所第○民事部
　　　　　　　　　　　　　　　裁判官　　○　○　○　○

【文例107】　即時抗告申立書

会社解散命令に対する即時抗告申立事件

即時抗告申立書

平成○年○月○日

大阪高等裁判所　御中

　　　　　　　　　　　抗告人代理人弁護士　　○　○　○　○　㊞

　　　　　〒000-0000　京都市左京区○○○町7番地
　　　　　　　　　抗告人　　B商事株式会社
　　　　　　　　　同代表者代表取締役　　C　山　二　郎
（送達場所）〒000-0000　大阪市中央区○○3丁目6番13号
　　　　　　　　　電　話　00-0000-0000
　　　　　　　　　FAX　　00-0000-0000
　　　　　　　抗告人代理人弁護士　　○　○　○　○
　　　　　〒000-0000　京都市中京区○○通○○上ル○○町123番地
　　　　　　　　　相手方　　A　山　一　郎

　抗告人は相手方の申立てにかかる京都地方裁判所平成○年(ヒ)第○○号会社解散命令申立事件について，同裁判所が平成○年○月○日になした決定について，同○月○日に決定書謄本の送達を受けたが，不服があるので，即時抗告の申立てをする。

原決定の表示
主　文
B商事株式会社（本店　京都市左京区〇〇〇町7番地）の解散を命じる。

抗告の趣旨
1　原決定を取り消す。
2　本件申立てを却下する。
との裁判を求める。

抗告の理由
1　原決定は，抗告人が正当な事由がないのに引き続き1年以上その事業を休止しているとの理由により本件申立てを認容した。
2　しかしながら，抗告人の代表取締役であるC山二郎は，現在懲役刑で受刑中であるものの，刑期は残り8カ月であるとともに，仮釈放されれば直ちに抗告人において事業活動を再開する予定である。
3　また，……があるなど，抗告人が事業活動を停止していることについては，正当な事由がある。
4　よって，原決定を取り消し，本件申立てを却下して頂きたく即時抗告に及んだ次第である。

【文例108】　抗告審決定

会社解散命令に対する即時抗告申立事件

決　定　書

当事者　別紙（略）のとおり

主　文
本件抗告を却下する。

理　　由
1　本件抗告の趣旨及び理由は別紙抗告申立書記載のとおりである。
2　しかしながら，現時点において，相手方Ｂ商事株式会社が会社設立後まもない頃から10数年もの間，何らの事業活動も行っていない事実に争いはなく，かつ，抗告人が直ちに仮釈放を受けるとの蓋然性もないのであるから，本件申立てが会社法824条１項２号の要件を満たしていることは明らかであり，本件抗告は理由がない。
　　よって，非訟事件手続法第73条２項により主文のとおり決定する。
　　平成○年○月○日
　　　　　　　　　　　　　　大阪高等裁判所第○民事部
　　　　　　　　　　　　　　　裁判長裁判官　　○　○　○　○
　　　　　　　　　　　　　　　裁　判　官　　　○　○　○　○
　　　　　　　　　　　　　　　裁　判　官　　　○　○　○　○

6　登記嘱託

　解散を命ずる裁判が確定した場合には、職権による登記の嘱託等がなされる（937条１項１号リ・３号ロ）。

【文例109】　登記嘱託書

登記嘱託書

1　商　　　号　　Ｂ商事株式会社
1　本　　　店　　京都市左京区○○○町７番地
1　登記の事由　　解散命令
1　登記すべき事項　　平成○年○月○日　京都地方裁判所の解散命令確定により解散
1　登録免許税　　金30,000円
1　添付書類　　決定謄本　　１通

第8章　清算に関する事件

　　上記のとおり登記を嘱託する。
　　　平成○年○月○日
　　　　　　　　　　　　京都地方裁判所第○民事部
　　　　　　　　　　　　　　裁判所書記官　　○　○　○　○

京都地方法務局　御中

III　外国会社の取引継続禁止または営業所閉鎖命令

1　はじめに

　外国会社の取引継続禁止または営業所閉鎖命令とは、内国会社の解散命令(824条1項)に対応した制度であり、外国法人のわが国における事業活動が公益上許されないと判断される場合に、法務大臣または株主、社員、債権者その他の利害関係人の申立てにより、裁判所が強制的に日本において取引を継続することを禁止し、またはわが国内にある営業所の閉鎖を命じて、日本における継続的事業活動を不可能にしようとするという制度である(827条)。

　平成14年改正商法は、外国会社の営業所閉鎖命令に加えて、外国会社の日本における継続的取引中止命令を規定した（平成14年改正商法484条)。

　平成14年改正商法では、外国会社につき営業所設置義務を廃止し、それに代わるものとして、営業所を置かない外国会社につき、日本における代表者の登記について規定していた(同法479条)。そこで、現行法における営業所閉鎖命令に代わるものとして、日本において取引を継続して行うことの禁止についても規定した。この規定により、裁判所は、日本において営業所を設置していない外国会社については、日本において取引を継続して行うことの禁止を命ずることができることになり、日本において営業所を設置している外

320

国会社については、日本において取引を継続することの禁止およびその営業所の閉鎖を命ずることができることになった。

2　申立ての要件

申立ての要件は次のとおりである（827条1項）。
① 　外国会社の事業が不法な目的に基づいて行われたとき（827条1項1号）内国法人の解散命令と異なり、会社設立の目的は問わない。
② 　外国会社が正当な理由がないのに外国会社の登記の日から1年以内にその事業を開始せず、または引き続き1年以上その事業を休止したとき（同項2号）
③ 　外国会社が正当な理由がないのに支払いを停止したとき（同項3号）内国法人に比して、「正当な理由がないのに支払を停止したとき」が加えられている。
④ 　外国会社の日本における代表者その他その業務を執行する者が、法令で定める外国会社の権限を逸脱もしくは濫用する行為または刑罰法令に違反する行為をした場合において、法務大臣から書面による警告を受けたにもかかわらず、なお継続的または反復して当該行為をしたとき（同項4号）内国法人の解散命令と異なり、外国会社の定款に定める会社の権限を逸脱もしくは濫用する行為を禁止するわが国の公益上の必要性が乏しいので、これらは省かれている。

3　申立ての手続

(1)　管　轄

管轄は、外国会社が日本に営業所を設けている場合には、当該営業所の所在地、または日本に営業所を設けていない場合には日本における代表者の住

第8章　清算に関する事件

所地を管轄する地方裁判所である（868条5項）。

(2) 申立人

申立人は、法務大臣または株主、社員、債権者その他の利害関係人である（827条1項）。

(3) 申立ての方式

申立ては、書面をもって行う（会社非訟規則1条）。
申立書の記載事項については、第1章Ⅳ2(1)を参照されたい。
証拠書類としては、会社の履歴事項全部証明書のほか、会社解散命令の事由を疎明する書類の写しを申立書に添付しなければならない（非訟規則37条3項）。

【文例110】　外国会社の営業所閉鎖命令申立書

```
外国会社の営業所閉鎖命令申立事件

            外国会社の営業所閉鎖命令申立書

                                       平成〇年〇月〇日

東京地方裁判所　第〇民事部　御中

                        申立人代理人
                          弁護士　〇　〇　〇　〇　㊞

      〒000-0000　東京都新宿区〇〇町1丁目2番3号
                          申　立　人　A　山　一　郎
  （送達場所）〒000-0000　東京都千代田区〇〇3丁目4番5号
                          電　話　00-0000-0000
```

FAX 00-0000-0000
申立人代理人弁護士 ○ ○ ○ ○

申立ての趣旨及び理由　　別紙のとおり

疎明方法

1　甲第1号証　　履歴事項全部証明書
1　甲第2号証　　金銭消費貸借契約書
1　甲第3号証　　領収書
1　甲第4号証　　報告書

添付書類

1　甲号証（写）　　各1通
1　資格証明書　　　1通
1　委任状　　　　　1通

申立ての趣旨

　ビー・シー・リミテッド（営業所　東京都港区○○5丁目6番7号）の営業所の閉鎖を命じる
との裁判を求める。

申立ての理由

1　ビー・シー・リミテッド（営業所　東京都港区○○5丁目6番7号）は，平成○年○月○日，資本金100万アメリカドルにて，アメリカ合衆国ニューヨーク州○○市○○○において設立されたアメリカ法人であるが，わが国においては平成○年○月○日に，東京都港区○○5丁目6番7号にて営業所を設置し，わが国における代表者を，東京都渋谷区○○7丁目8番9号所在のD井次郎とする旨の登記をなした。
2　申立人は，平成○年○月○日，ビー・シー・リミテッドに対し，金1000万円を貸し付け，現在に至るまで全く返済を受けていない。

3 ところがビー・シー・リミテッドは，本国であるアメリカ合衆国における経営危機の影響により，平成〇年頃より事実上事業を廃止し，最近数年間は何らの事業活動も行っていない。
4 ビー・シー・リミテッドの日本における代表者であるD井次郎は，事実上，アメリカ合衆国に居住しており，日本においては連絡をつけることができない。
5 よって，ビー・シー・リミテッドの日本における営業所が正当な事由なく引き続き1年以上その事業を休止しているうえに，正当な事由なく支払を停止していることは明らかであるから本申立てに及んだ次第である。

以上

4 審　理

手続は、内国会社の解散命令と同様である。

裁判所は、申立てを知ったときは、法務大臣にその旨を通知しなければならない（827条2項・826条）。

外国会社が、利害関係人の解散命令の申立てが悪意に出たものであることを疎明して、担保提供の申立てをしたときには、裁判所は、解散命令の申立てをした者に対し、相当の担保を立てるべきことを命ずることができる（827条2項・824条2項ないし4項）。

裁判所は、審理に際して、外国会社の陳述を聴かなければならない（870条1項11号）。

5 裁　判

裁判についても、内国会社の解散命令と同様である。

すなわち、裁判は、理由を付記した決定をもって行う（871条本文）。認容する裁判に対しては外国会社が即時抗告することができ（872条4号・870条1項

Ⅲ 外国会社の取引継続禁止または営業所閉鎖命令

11号)、却下する裁判に対しては申立人が即時抗告することができる（872条4号）。即時抗告があると執行は停止される（873条本文）。

【文例111】　外国会社の営業所閉鎖命令

平成○年(ヒ)第○○号

　　　　　　　　　　決　　　　定

　　　　当事者の表示　　　別紙（略）のとおり

　申立人の申立てにかかる頭書事件について，当裁判所は，次のとおり決定する。

　　　　　　　　　　主　　　文

　ビー・シー・リミテッド（営業所　東京都港区○○5丁目6番7号）の営業所の閉鎖を命じる。

　　　　　　　　　　理　　　由

1　一件記録によれば，申立人がビー・シー・リミテッド（営業所　東京都港区○○5丁目6番7号）の債権者であること，ビー・シー・リミテッドは，平成○○年○月○日，資本金100万アメリカドルにて，アメリカ合衆国ニューヨーク州○○市○○○において設立されたアメリカ法人であること，日本においては平成○年○月○日に，東京都港区○○5丁目6番7号にて営業所を設置し，日本における代表者を，東京都渋谷区○○7丁目8番9号所在のD井次郎とする旨の登記をなしたことが認められる。
2　しかしながら，ビー・シー・リミテッドはアメリカ本国における経営危機の影響により，平成○○年頃より事実上事業を廃止し，最近数年間は何らの事業活動も行っていないこと，ビー・シー・リミテッドの日本における代表者であるD井次郎は，事実上アメリカ合衆国に転居しており，日本国内においてビー・シー・リミテッドに連絡することが困難であることが認められる。
3　以上によれば，ビー・シー・リミテッドの日本における営業所が正当な理

第8章　清算に関する事件

由がないのに引き続き1年以上その事業を休止しており、会社法827条1項2号の要件に該当することは明らかであるから、本申立てを認容することとして主文のとおり決定する。

　　平成〇年〇月〇日

　　　　　　　　　　　　　　　東京地方裁判所第〇民事部
　　　　　　　　　　　　　　　　　　裁判官　〇　〇　〇　〇

【文例112】　即時抗告申立書

外国会社の営業所閉鎖命令に対する即時抗告申立事件

即時抗告申立書

平成〇年〇月〇日

東京高等裁判所　御中

　　　　　　　　　　　　抗告人代理人
　　　　　　　　　　　　　　弁護士　〇　〇　〇　〇　㊞
　　〒000-0000　東京都港区〇〇〇5丁目6番7号
　　　　　　　　　　　　抗告人　ビー・シー・リミテッド
　　〒000-0000　東京都渋谷区〇〇7丁目8番9号
　　　　　　　　　　　　日本における代表者　D　井　次　郎
　（送達場所）〒000-0000　東京都千代田区〇〇〇9丁目10番11号
　　　　　　　　　　　　　　電　話　00-0000-0000
　　　　　　　　　　　　　　FAX　00-0000-0000
　　　　　　　　　　　　抗告人代理人弁護士　〇　〇　〇　〇
　　〒000-0000　東京都新宿区〇〇〇町1丁目2番3号
　　　　　　　　　　　　相手方　A　山　一　郎

　抗告人ビー・シー・リミテッドに対する東京地方裁判所平成〇年(ヒ)第〇〇〇号外国会社の営業所閉鎖命令事件について、同裁判所が平成〇年〇月〇日にした外国会社の営業所閉鎖命令は不服であるから即時抗告の申立てをする。

原決定の表示

主　文

　ビー・シー・リミテッド（営業所　東京都港区○○5丁目6番7号）の営業所の閉鎖を命じる。

抗告の趣旨

1　原決定を取り消す。
2　本件申立てを却下する。
との決定を求める。

抗告の理由

1　原決定は，相手方A山一郎が抗告人の債権者であることを前提に抗告人営業所（所在地　東京都港区○○5丁目6番7号）が正当な理由がないのに引き続き1年以上その事業を休止しているとの理由により本件申立てを認容した。
2　しかしながら，相手方の主張する債権は，昭和○年○月○日，保証人であった抗告人の日本における代表者であるD井次郎が別紙物件目録（略）記載の不動産を代物弁済したことにより消滅している。
3　よって，相手方が利害関係を有せず，本件申立てが却下されるべきであることは明らかであり，本即時抗告をする。

IV　外国会社の内国財産の清算命令

1　はじめに

　自主的な営業所閉鎖の場合も、また裁判所の命令による営業所閉鎖の場合も、特段の規定がなければ、外国会社は、日本国内の存する財産を国外に持ち出すことが可能となるが、その場合には、外国会社の日本国内の財産を引当財産として信用を供与していたわが国の債権者の期待を奪われる結果とな

る。そこで、わが国の債権者の利益を保護するため、外国会社の内国財産につき、利害関係人の請求または職権により、特別清算手続を流用した形での清算手続を命じる制度が設けられている（822条1項）。

会社法822条1項ないし3項は、裁判所が営業所閉鎖命令を出した場合に、日本にある会社財産の全部につき清算の開始を命ずることができる旨、その場合の清算人の選任およびその場合の株式会社の清算および特別清算の規定の準用について規定している。

2　申立ての手続

(1)　管　轄

管轄は、外国会社が日本に営業所を設けている場合には、当該営業所の所在地、または日本に営業所を設けていない場合には日本における代表者の住所地を管轄する地方裁判所である（868条5項）。

(2)　申立人

申立人は、利害関係人である（822条1項）。

(3)　申立ての方式

申立ては、書面をもって行う（会社非訟規則1条）。

申立書の記載事項については、第1章Ⅳ2(1)を参照されたい。

証拠書類としては、会社の履歴事項全部証明書のほか、外国会社の営業所の閉鎖命令あるいは自主的に営業所を閉鎖したことを疎明する書類の写しが申立書に添付される（非訟規則37条3項）。

Ⅳ　外国会社の内国財産の清算命令

【文例113】　外国会社の清算開始・清算人選任申立書

外国会社の内国財産の清算開始・清算人選任申立事件

外国会社の内国財産の清算開始・清算人選任申立書

平成○年○月○日

東京地方裁判所第○民事部　御中

　　　　　　　　　　　　　　申立人代理人
　　　　　　　　　　　　　　　弁護士　○　○　○　○　㊞

　〒000-0000　東京都新宿区○○○町1丁目2番3号
　　　　　　　　　　　　　　申　立　人　A　山　一　郎
　（送達場所）〒000-0000　東京都千代田区○○3丁目4番5号
　　　　　　　　　　　　　　電　話　00-0000-0000
　　　　　　　　　　　　　　FAX　00-0000-0000
　　　　　　　　　　　　　　申立人代理人弁護士　○　○　○　○

　　　　　　申立ての趣旨及び理由　　別紙のとおり

疎明方法

1　甲第1号証　　履歴事項全部証明書
1　甲第2号証　　営業所閉鎖命令正本
1　甲第3号証　　金銭消費貸借契約書
1　甲第4号証　　報告書

添付書類

1　甲号証（写）　　各1通
1　資格証明書　　　1通
1　委任状　　　　　1通

329

申立ての趣旨

1 日本にあるビー・シー・リミテッド（営業所　東京都港区○○5丁目6番7号）の財産の全部について清算の開始を命じる
2 ビー・シー・リミテッド（営業所　東京都港区○○5丁目6番7号）の清算人を選任する

との裁判を求める。

申立ての理由

1 ビー・シー・リミテッド（営業所　東京都港区○○5丁目6番7号）は，平成○○年○月○日，資本金100万アメリカドルにて，アメリカ合衆国ニューヨーク州○○市○○○において設立されたアメリカ法人であるが，日本においては平成○○年○月○日に，東京都港区○○○5丁目6番7号に営業所を設置し，日本における代表者を，東京都渋谷区○○7丁目8番9号所在のD井次郎とする旨の登記をなした。
2 申立人は，平成○年○月○日，ビー・シー・リミテッドに対し，金1000万円を貸し付けたが，現在に至るまで全く返済を受けていない。
3 ところが，ビー・シー・リミテッドは，アメリカ本国における経営危機の影響により，平成○年頃より事実上事業を廃止し，最近数年間は何等の事業活動も行っていない。
4 ビー・シー・リミテッドの日本における代表者であるD井次郎は，事実上はアメリカに転居している。
5 そこで，申立人は，平成○年○月○日，御庁に対して，正当な理由がないのに引き続き1年以上その事業を休止していることを理由に，ビー・シー・リミテッドの営業所閉鎖命令の申立てをし(御庁平成○年(ヒ)第○○号)，平成○年○月○日，当該申立ては認容するとの決定がされた。
　そして，上記決定に対し，ビー・シー・リミテッドから即時抗告がなされたが，当該即時抗告は却下され，営業所閉鎖命令は平成○年○月○日確定し，その旨の登記も完了している。
6 ところが，ビー・シー・リミテッドには，日本における財産について清算手続を行う様子は全くなく，むしろ，全て換価してアメリカ本国に持ち帰る動きすら認められる。

7　よって，申立人は，会社法822条１項および２項に基づき，本申立てを行う。

以上

3　審理・裁判

　裁判所は、申立人の申立てに対して、その疎明を求めるとともに職権で証拠調べを行うことができる（非訟49条）。

　裁判所は、申立てに対する裁判をする場合に利害関係人の陳述を聴く必要はない（870条参照）が、実務上は、申立人と外国会社の日本における代表者を審尋して審理している。

　申立てに対する裁判は理由を付記した決定をもってしなければならない（871条本文）。清算開始の命令に対しては、外国会社に限り即時抗告を申し立てることができ（903条・890条４項）、申立てを却下する裁判に対しては、申立人に限り、即時抗告をすることができる（903条・890条５項）。この即時抗告は、執行停止の効力を有する（884条２項）。

　外国会社の内国資産の清算命令については、特別清算に関する規定が準用されており、清算開始は裁判所の嘱託により登記される（938条６項・１項）。

　なお、清算人の報酬については、清算人、外国会社の陳述を聴いたうえ会社の負担とする決定をすることができるが（822条３項・526条１項・870条１項11号）、決定には、会社、清算人の双方から即時抗告の申立てができる（903条・893条４項）。この即時抗告は、執行停止の効力を有する（884条２項）。

【文例114】　外国会社の清算開始・清算人選任決定

平成○年(ヒ)第○○号

第8章　清算に関する事件

決　　　定

　　　　　　　　当事者の表示　　別紙のとおり
　申立人の申立てにかかる外国会社の内国財産の清算開始及び清算人選任申立事件について，当裁判所は，次のとおり決定する。

主　　文

1　ビー・シー・リミテッド（営業所　東京都港区○○5丁目6番7号）の日本における営業所の会社財産の全部につき，清算の開始を命ずる。
2　ビー・シー・リミテッド（営業所　東京都港区○○5丁目6番7号）の日本における営業所の清算人として，
　住　　所　東京都中野区○○5丁目9番1号
　事務所　東京都中央区○○3丁目6番13号　○○ビル7階
　弁護士　E　野　春　子
　を選任する。

理　　由

　本件申立ての申立ての趣旨及び理由は，……。
　以上のとおり，本件申立てには会社法822条1項及び2項に該当する事由が認められるので，主文のとおり決定する。

平成○年○月○日
　　　　　　　　　　　　　東京地方裁判所第○民事部
　　　　　　　　　　　　　　　　裁判官　　○　　○　　○

【文例115】　即時抗告申立書

外国会社の内国財産の清算開始・清算人選任決定に対する即時抗告申立事件
即時抗告申立書
　　　　　　　　　　　　　　　　　　　　　　平成○年○月○日

東京高等裁判所　御中

　　　　　　　　　　　　　　　抗告人代理人
　　　　　　　　　　　　　　　　　弁護士　〇　〇　〇　〇　㊞

　　〒〇〇〇-〇〇〇〇　東京都港区〇〇〇5丁目6番7号
　　　　　　　　　　抗告人　ビー・シー・リミテッド
　　〒〇〇〇-〇〇〇〇　東京都渋谷区〇〇7丁目8番9号
　　　　　　　　　　日本における代表者　D　井　次　郎
（送達場所）〒〇〇〇-〇〇〇〇　東京都千代田区〇〇〇9丁目10番11号
　　　　　　　　　　　　　　電　話　00-0000-0000
　　　　　　　　　　　　　　FAX　00-0000-0000
　　　　　　　　　　抗告人代理人弁護士　〇　〇　〇　〇
　　〒〇〇〇-〇〇〇〇　東京都新宿区〇〇〇町1丁目2番3号
　　　　　　　　　　　　相手方　A　山　一　郎

　抗告人は相手方の申立てにかかる東京地方裁判所平成〇年(ﾋ)第〇〇号外国会社の清算開始・清算人選任申立事件について，同裁判所が平成〇年〇月〇日になした決定について，同〇月〇日に決定書謄本の送達を受けたが，不服があるので，即時抗告の申立てをする。

　　　　　　　　　　　原決定の表示
　　　　　　　　　　　　主　　文
1　日本にあるビー・シー・リミテッド（営業所　東京都港区〇〇5丁目6番7号）の財産の全部について清算の開始を命じる。
2　ビー・シー・リミテッド（営業所　東京都港区〇〇5丁目6番7号）の日本における営業所の清算人として，
　住　所　東京都中野区〇〇5丁目9番1号
　事務所　東京都中央区〇〇3丁目6番13号　〇〇ビル7階
　弁護士　E　野　春　子
　を選任する。

　　　　　　　　　　　抗告の趣旨

第8章 清算に関する事件

　　1　原決定を取り消す
　　2　本件申立てを却下する
との裁判を求める。

抗告の理由

1　原決定は，相手方A山一郎が抗告人の債権者であることを前提に本件申立てを認容した。
2　しかしながら，相手方の主張する債権は，昭和○年○月○日，保証人であった抗告人の日本における代表者であるD井次郎が別紙物件目録（略）記載の不動産を代物弁済したことにより消滅している。
3　よって，相手方が利害関係を有せず，本件申立てが却下されるべきであることは明らかであり，本抗告の申立てをする。

【文例116】　登記嘱託書

登記嘱託書

商　　　号　　ビー・シー・リミテッド
営　業　所　　東京都港区○○○5丁目6番7号
登記の事由　　日本にある会社財産の全部について清算開始
登記すべき事項
　　平成○年○月○日東京地方裁判所の命令により日本にある営業所の会社財産の全部について，清算開始
登録免許税　　登録免許税法第5条第3号により非課税
添付書類　　　清算開始決定謄本　　1通

　上記のとおり登記を嘱託する。
　　平成○年○月○日
　　　　　　　　　　　　　　東京地方裁判所第○民事部
　　　　　　　　　　　　　　　　裁判所書記官　○　○　○　○
東京法務局　御中

334

Ⅳ 外国会社の内国財産の清算命令

【文例117】 報酬決定上申書

平成○年㈡第○○号
外国会社の内国財産の清算事件

報酬決定上申書

平成○年○月○日

東京地方裁判所第8民事部　御中

外国会社　ビー・シー・リミテッド
清算人　Ｅ　野　春　子　㊞

　外国会社に対する御庁頭書事件につき，清算人は，本日付け清算事務状況報告書のとおり清算事務を行いましたので，今後清算に要する清算事務費用見込額及び清算人の報酬を控除して残額を清算会社のアメリカ合衆国本社に送金して清算終結決定の申立てを致したく，清算人の報酬を決定していただきますよう上申いたします。
　なお，本日までの収支計算は別紙（略）のとおりです。

【文例118】 報酬決定

平成○年㈡第○○号
外国会社の内国財産の清算事件

決　　　定

外国会社　ビー・シー・リミテッド
清算人　Ｅ　野　春　子

　清算会社　ビー・シー・リミテッド　に対する外国法人の内国財産の清算開始・清算人選任申立事件について，当裁判所は，上記清算人の報酬額を次のとおり決定する。

主　　文

335

清算人E野春子に対する任務終了までの報酬を金〇〇万円と定める。
　　平成〇年〇月〇日
　　　　　　　　　　　　　　　東京地方裁判所第〇民事部
　　　　　　　　　　　　　　　　　　　裁判官　〇　〇　〇　〇

4　清算事務の遂行

　会社債権者に対する催告、債権申出期間内の弁済禁止、除斥された債権者に対する弁済については、株式会社の通常清算の規定が準用されている（822条3項・第2編第9章第1節第4款）。
　外国会社の内国財産の清算事務の遂行にあたっては、その手続をより厳格にし、裁判所の監督を強化するため、株式会社の特別清算の規定が全面的に準用されている（822条3項・第2編第9章第2節（510条・511条および514条を除く））。
　したがって、清算人はその業務の全般にわたり裁判所の監督を受ける（519条）ので、適宜清算事務状況報告書を作成し、裁判所に提出しなければならない（520条）。
　清算が結了し、または清算の必要がなくなったときは、裁判所は清算人その他の利害関係人の申立てにより清算終結決定をする（573条）。

【文例119】　清算事務状況報告書

平成〇年(ヒ)第〇〇号
外国会社の内国財産の清算事件
　　　　　　　　　　　　　　　　　　　　　　平成〇年〇月〇日
東京地方裁判所第〇民事部　御中
　　　　　　　　　　　　　　外国会社　ビー・シー・リミテッド
　　　　　　　　　　　　　　　　清算人　E　野　春　子　㊞

清算事務状況報告書

清算人は，本日までの調査及び清算事務につき，次のとおり報告いたします。

第1 外国会社の概要
 1 外国会社ビー・シー・リミテッド（以下単に「外国会社」という。）は，平成○○年○月○日，資本金100万アメリカドルにて，主として精密機器の製造，販売を営業目的として，アメリカ合衆国ニューヨーク州○○市○○○において設立されたアメリカ法人である。
 2 外国会社は，平成○○年○月○日に，東京都港区○○○5丁目6番7号に営業所を設置し，主としてコンピューター部品の輸入，販売を行っていた。
   日本における代表者は東京都渋谷区○○7丁目8番9号所在のD井次郎である。
 3 その後，外国会社の日本における営業所の事業内容は，平成○○年には年商約○○億円にも達していたが，その収支は若干の黒字という程度のものであった。
   ところが，外国会社は，本国アメリカにおいて経営危機に瀕し，やむを得ず世界規模での統廃合を行った結果，日本の事業活動を休止することを決定し，平成○○年頃には日本における事業を事実上廃止するに至っていた。
第2 清算に至る経緯
 1 営業所閉鎖
   外国会社は，債権者A山一郎から，平成○○年○月○日，正当な理由がないのに引き続き1年以上事業を休止していることを理由に，営業所閉鎖命令を申し立てられ（御庁平成○○年(ヒ)第○○○号），平成○○年○月○日，当該申立ては認容された。
   そして，上記決定に対し，外国会社から即時抗告がなされたが，当該即時抗告は却下され，営業所閉鎖命令は平成○年○月○日確定した。
 2 清算手続開始
   しかし，外国会社は，日本における財産について清算手続を行おうとし

第8章　清算に関する事件

なかったため，債権者A山一郎から，さらに平成○年○月○日，外国会社の内国財産の清算開始及び清算人の選任が申立てられ（御庁平成○○年(ヒ)第○○○号），平成○年○月○日，外国会社の内国財産の清算が開始するとともに，当職（E野春子）が清算人に選任された。

第3　清算事務の経過及び清算会社の財産の状況

 1　債権申出の催告と債権申出

　　当職は，清算人に選任された後，速やかにその登記を了するとともに，平成○年○月○日，官報にて，平成○年○月○日を債権申出期限とする債権申出の催告を行った。また，知れたる債権者はA山一郎のみであるが，同人にも債権申出の催告を行った。

　　その結果，債権申出がなしたのは，A山一郎のみであり，その金額は清算手続が開始された平成○年○月○日現在で利息，損害金を含め金14,848,167円であった。

 2　資　産

　　清算手続が開始された平成○年○月○日現在，外国会社の日本に存する資産は，別紙財産目録（略）記載のとおりであったが，その後，当職は，裁判所の許可を得て換価を進め，現在は，○○銀行○○支店に預金として金29,674,121円が存するのみである。

 3　収　支

　　別紙収支計算書（略）記載のとおりである。

 4　今後の方針

　　債権届出をなした債権者に対して弁済をなし，清算事務費用を控除した残りを外国会社のアメリカ合衆国の本社に送金して清算事務を終了させる予定である。

　　　　　　　　　　　　　　　　　　　　　　　　　　　　　以上

【文例120】　清算終結決定申立書

平成○年(ヒ)第○○号
外国会社の内国財産の清算事件
外国会社　ビー・シー・リミテッド

清算終結決定申立書

平成○年○月○日

東京地方裁判所第○民事部　御中

　　　　　　　　　　外国会社　ビー・シー・リミテッド
　　　　　　　　　　清算人　E　野　春　子　㊞

申立ての趣旨

　外国会社ビー・シー・リミテッドの日本における営業所の財産の清算手続を終結する
との裁判を求める。

申立ての理由

1　外国会社ビー・シー・リミテッド（以下単に「外国会社」という。）は，平成○年○月○日，外国会社の内国財産の清算開始決定及び清算人選任決定を受け，当職（E野春子）が清算人に選任された。

2　清算人は，平成○年○月○日までに，全ての内国財産の換価を完了するとともに，債権申出を行った債権者に対して弁済を行った。

3　そこで，清算人は，裁判所の許可を得て，平成○年○月○日，下記のとおり外国会社のアメリカ合衆国本社への送金を行った。

記

(1)　清算人保有財団額
　　　金13,825,954円
(2)　本社送金手数料
　　　金13,500円
(3)　送金額
　　　金13,812,454円

4　よって、清算事務は全て終了したので，終結決定を得たく申し立てる。

第8章　清算に関する事件

【文例121】　清算終結決定

```
平成○年(ヒ)第○○号

　　　　　　　　　　決　　　定

　外国会社　ビー・シー・リミテッド　に対する外国会社の内国財産の清算開始・清算人選任申立事件について，清算事務が結了したので，当裁判所は，清算人の申立てにより会社法822条3項・573条1号の規定に基づき，次のとおり決定する。

　　　　　　　　　　主　　　文

　本件清算手続を終結する。
平成○年○月○日
　　　　　　　　　　　　東京地方裁判所第○民事部
　　　　　　　　　　　　　　　裁判官　○　○　○　○
```

V　債権評価の鑑定人選任

1　はじめに

　清算中の会社が，自己の債務を弁済する場合，期限の利益を放棄して，弁済期の到来しない債務を弁済することもできるが，会社が弁済期の到来しない債務を弁済する場合において，その債務が条件付債権，存続期間の不確定な債権，その価額が不確定な債権については，裁判所の選任した鑑定人の評価に従って，これを弁済しなければならない（501条1項・2項・662条1項・2項）。これは，清算手続を迅速に結了させるための認められた制度である。

2 申立ての手続

(1) 管　轄

　この裁判の管轄は、清算会社の本店所在地の地方裁判所である（868条1項）。

(2) 申立人

　申立人は清算会社である（501条1項・662条1項）。

(3) 申立ての方式

　申立ては、書面をもって行う（会社非訟規則1条）。
　申立書の記載事項については、第1章Ⅳ2を参照されたい。
　証拠書類としては、会社の履歴事項全部証明書のほか、評価を求める債権の内容を明らかにする書類の写しを申立書に添付しなければならない（非訟規則37条3項）。

【文例122】　債権評価の鑑定人選任申立書

債権評価の鑑定人選任申立書

平成○年○月○日

大阪地方裁判所　御中

申立人　乙　野　次　郎　㊞

〒000-0000　大阪市○○区○○1丁目2番3号

清算会社　S　株　式　会　社

〒000-0000　大阪市○○区○○1丁目2番3号

第8章　清算に関する事件

　　　　　　　　　　　　　　　電　話　００-００００-００００
　　　　　　　　　　　　　　　FAX　００-００００-００００
　　　　　　　　　　　同代表清算人　乙　野　次　郎

　　　　　　　　　　申立ての趣旨
　清算会社Ｓ株式会社の別紙債権目録記載の債権を評価させるため鑑定人を選任する
との裁判を求める。

　　　　　　　　　　申立ての理由
　清算会社Ｓ株式会社は平成〇年11月5日株主総会の決議により解散し，申立人はその代表清算人となった。
　清算会社には，会社の職員恩給規定により，勤続満35年以上で退職した者，または勤続満25年以上で勤務定限年金規定により退職した者に対し，一時金と合わせて終身年金を支給する規定があり，別紙債権目録記載の通り，同目録記載の者に対し，同目録の通り，毎年終身年金を支払ってきた。
　今般会社を清算するにあたり，事務を迅速に進め早期に結了させるため，上記年金を一時払いしたいと思料する。
　ついては，これを換算するため，御庁の選任する鑑定人の評価を得たく本申立てに及んだ。

　　　　　　　　　　疎明方法
甲第1号証　　履歴事項全部証明書
甲第2号証　　定款謄本
甲第3号証　　職員恩給規定
甲第4号証　　終身年金の明細書
甲第5号証　　解散時の貸借対照表及び財産目録

　　　　　　　　　　添付書類
1　甲号証（写）　　各1通
1　資格証明書　　　1通

V　債権評価の鑑定人選任

```
　　　　　　　　　　　債権目録
　　　　氏　　名　　　年金額　　　　生年月日
　1　長　島　一　郎　　150,000　　昭和○年1月1日
　2　野　村　二　郎　　130,000　　昭和○年2月2日
```

3　審理・裁判

　裁判所が申立てを受理したときは、まず、申立ての形式要件の審査の後、申立事由を審査し、提出の証拠書類および必要と認める事実の探知、証拠調べをなし、鑑定人の評価の要否を審査する。

　鑑定については、民事訴訟法の規定が準用される(非訟53条1項)。鑑定人選任の裁判は決定をもってなし（非訟54条）、鑑定人を選任する旨の決定に対しては理由を付記する必要がなく（871条2号・874条1号）、不服の申立てができない（874条1号）。却下決定については、理由を付記する必要があり（871条本文）、申立人に限り即時抗告することができる（非訟66条2項）。

　鑑定人の日当・旅費・宿泊費・その他の費用、また鑑定に要した時間、特別技能についての報酬は、すべて清算会社の負担となる（501条3項・662条3項）。

【文例123】　債権評価の鑑定人選任決定

```
　　　　　　　　　　　決　　　定
　　　　　　　当事者の表示　　別紙（略）の通り

　上記S株式会社（本店　大阪市○○区○○1丁目2番3号）の平成○年(ﾋ)第
```

343

○○号債権評価のための鑑定人選任申立事件について，当裁判所は会社法501条1項により次のように決定する。

主　　文
　S株式会社の別紙目録記載の債権を評価させるための鑑定人として，
　　大阪市○○区○○町1番地
　　　　　丙　野　二　郎
を鑑定人に選任する。
　　平成○年○月○日
　　　　　　　　　　　　　　大阪地方裁判所第○民事部
　　　　　　　　　　　　　　　　　　裁判官　山　田　太　郎

VI　債務弁済許可

1　はじめに

　清算会社は、その解散等の後、遅滞なく当該清算会社の債権者に対し一定の期間内にその債権の申出をするよう官報に公告しなければならない（499条1項・660条1項）。また、知れている債権者には各別にその債権の申出を催告しなければならない（499条1項・660条1項）。この債権の申出期間中は、清算人は債権者に弁済をすることができない（500条1項・661条1項）。しかし、少額債権や担保付き債権といった弁済しても他の債権者を害さないものについては、清算人は裁判所の許可を得て弁済することができる（500条2項・661条2項）。

2　申立ての手続

(1)　管　轄

　この裁判の管轄は、清算会社の本店所在地の地方裁判所である（868条1項）。

(2)　申立人

　申立人は、清算会社である（500条2項前段・661条2項前段）。
　清算人が2人以上あるときは、清算人全員の同意により、申し立てなければならない（500条2項後段・661条2項後段）。

(3)　申立ての方式

　申立ては、書面をもって行う（会社非訟規則1条）。
　申立書の記載事項については、第1章Ⅳ2を参照されたい。
　証拠書類としては、少額債権、担保付き債権の存在を証する疎明書類、これを弁済しても他の債権者を害するおそれがないことを証する書類、たとえば、貸借対照表・財産目録（これについては株主総会に提出し、承認を得たものが求められる）等の写しを申請書に添付する（非訟規則37条3項）。

【文例124】　債務弁済許可申立書（少額債権の弁済）

```
                 債務弁済許可申立書

                                    平成○年○月○日
   大阪地方裁判所　第○民事部　御中
                        清算会社　S株式会社
```

　　　　　　　　　　　　　同代表清算人　乙　野　次　郎　㊞
　　　　　　　　　　　　　同　清　算　人　丙　野　二　郎　㊞
　　　　　　　　　　　　　同　清　算　人　丁　野　三　郎　㊞

　〒000-0000　大阪市○○区○○町1丁目2番3号
　　　　　　　　　　　　　　電　話　00-0000-0000
　　　　　　　　　　　　　　FAX　00-0000-0000
　　　　　　　　　　　　　清算会社　Ｓ株式会社
　〒000-0000　大阪市○○区○○町1丁目2番3号
　　　　　　　　　　　　同代表清算人　乙　野　次　郎
　〒000-0000　大阪府○市○町1丁目2番3号
　　　　　　　　　　　　　同清算人　丙　野　二　郎
　〒000-0000　大阪府○○○○市○○町1丁目2番3号
　　　　　　　　　　　　　同清算人　丁　野　三　郎

　　　　　　　　　　　申立ての趣旨
　別紙債権目録記載の債権者に対して，それぞれ別紙債権目録記載のとおりの金額を弁済することを許可する
との裁判を求める。

　　　　　　　　　　　申立ての理由
　清算会社の資産は金2423万円であり，負債は2884万円である。上記負債のうち，別紙債権目録記載の負債はいずれも解散直前に現金にて支払をすべきものであったが，当時たまたま現金不足ため債務として計上され清算人に引継がれたものであり，総額金4万円に過ぎない。
　本件申請債権を除くその他の負債のうち金880万円は社員に支払うべき退職金等であり，残る金2000万円は仕入先からの買掛金債務である。
　清算会社の債権申出期間は，平成○年○月○日より2カ月以上として現在催告中であるが，本許可申立ての少額債権の弁済をしても，他の債権者を害するおそれがないので，本弁済を許可されたく申し立てる。

疎明方法

甲第1号証　貸借対照表
甲第2号証　財産目録
甲第3号証　解散公告

添付書類

（清算会社の）履歴事項全部証明書　　1通
甲号証写し　　　　　　　　　　　　　各1通

債権目録

	債権者	債権内容	金　額
1	○○○○㈱	コピー用紙代	35,000円
2	㈱○○商店	封筒代	5,000円

【文例125】　債務弁済許可申立書（担保付き債権の弁済）

債務弁済許可申立書

平成○年○月○日

大阪地方裁判所　御中

清算会社　Y興産株式会社
　　　　同代表清算人　甲　野　春　雄　㊞
　　　　　　同　清算人　乙　野　夏　子　㊞
　　　　　　同　清算人　丙　野　秋　男　㊞

当事者の表示　別紙当事者目録（略）記載の通り

申立ての趣旨

上記清算会社の別紙債権目録記載の債権者に対し，同記載のとおり債務の弁済をなすことを許可する

第8章　清算に関する事件

との裁判を求める。

申立ての理由

　清算会社の資産は金4300万円であり，負債は5923万円である。当該負債のうち，金950万円に当たる別紙債権目録記載の負債のために担保権が設定されているので，前記金員を弁済した上で別紙不動産目録記載の不動産に付された担保権の抹消を受け，当該不動産を受け戻したい。当該不動産の適正評価額は1500万円である。

　現在会社解散に伴い，債権申出期間は平成○○年○○月○○日より2カ月以上として，債権の届出の催告中であるが，他の債権者を害するおそれが全くないので，本弁済を許可されたく申し立てる。

疎明方法

甲第1号証　　（清算会社の）履歴事項全部証明書
甲第2号証　　臨時株主総会議事録
甲第3号証　　貸借対照表
甲第4号証　　財産目録
甲第5号証　　請求書

添付書類

1　甲号証（写）　　各1通
1　資格証明書　　　1通

債権目録

債　権　者　　株式会社○○銀行
担保権の内容　別紙記載の不動産に付された別紙記載の根抵当権
金　　　額　　元利合計金950万円

不動産目録

大阪市○○区○○町1丁目2番3号
　宅　地　　66平方メートル

　　登記の表示
大阪法務局天王寺出張所平成○年○月○日受付第12号極度額1000万円の根抵当権

3　審理・裁判

　裁判所が申立てを受理したときは、まず、申立ての形式要件の審査の後、申立事由を審査し、疎明によって、少額債権、担保付き債権の存在、また、これらを弁済しても他の債権者を害するおそれがないか否かを審査して決定する。弁済の許可の裁判は理由を付記した決定をもってなされる必要はない（871条2号・874条4号）が、却下決定の裁判は理由が付記される（871条本文）。

　なお、この許可の裁判に対しては不服申立てが禁止されている（874条4号）。申立却下の裁判については申立人に限り即時抗告することができる(非訟66条2項)。

【文例126】　債務弁済許可決定（少額債権の弁済）

決　　　　定

　　　　　　当事者の表示　　別紙当事者目録（略）記載の通り
　S株式会社にかかる平成○年(ヒ)第○○号債務弁済許可申立事件について，当裁判所は次のように決定する。

主　文

　Ｓ株式会社の清算人において，別紙債権目録（略）記載の債権者に対して，同記載のとおり債務の弁済をなすことを許可する。

理　由

　申立人らは，清算中のＳ株式会社の清算人であり，平成〇〇年〇〇月〇〇日迄にその債権を申し出るよう催告したが，未だその期間中であるから債権者に対して弁済することができない。しかし，清算会社の資産は金2423万円，負債は金2884万円と認められる。上記負債のうち，別紙債権目録記載の合計金４万円はいずれも会社解散直前の債務であり，金880万円は社員に支払うべき退職金等であり，残る金2000万円はその他の債務である。これらの債務を弁済しても，他の債権者を害するおそれがないので，申立人らは上記弁済の許可を申し立てた。

　当裁判所は記録添付の履歴事項全部証明書，臨時株主総会議事録，貸借対照表，財産目録，請求書により上記申立ては正当であり，これを容認することとして，会社法500条2項に従い，主文の通り決定する。

　平成〇年〇月〇日

大阪地方裁判所第〇民事部

裁判官　山　田　太　郎

Ⅶ　帳簿資料保存者選任

１　はじめに

　清算会社が清算結了の登記をなした後、清算人はその会社の帳簿並びにその事業および清算に関する重要な資料は、10年間保存しなければならない（508条１項・672条１項）。清算人以外の者を帳簿資料を保存する者とする場合には、清算人その他利害関係人の請求によって、裁判所が選任することができ

る（508条2項・672条3項）。

　なお、平成13年11月商法改正により重要書類は「重要ナル資料」となり電磁的記録も含まれることになった（旧商429条等）。さらに会社法では「帳簿資料」と称している（508条・672条）。

2　申立ての手続

(1)　管　轄

　この裁判の管轄は、清算会社の本店所在地の地方裁判所である（868条1項）。

(2)　申立人

　申立人は、利害関係人である（508条2項・672条3項）。

(3)　申立ての方式

　申立ては、書面をもって行う（会社非訟規則1条）。
　申立書の記載事項については、第1章IV 2(1)を参照されたい。
　証拠書類としては、清算を結了したことを疎明するため、閉鎖事項証明書を添付する。
　帳簿資料保存者に推薦した者が適任者であることがわかるように記載する（たとえば、会社の代表取締役であったとか、監査役であったとかを記載する）とともに、就任承諾書を添付する。

【文例127】 帳簿資料保存者選任申立書(保存者が個人)

帳簿資料保存者選任申立書

平成○年○月○日

大阪地方裁判所第○民事部　御中

　　　　　〒000-0000　大阪市○○区○○1丁目2番3号
　　　　　　　　清算会社S株式会社清算人
　　　　　　　　　　申立人　乙　野　次　郎　㊞

申立ての趣旨
　S株式会社(本店　大阪市○○区○○5丁目6番7号)の帳簿並びに営業及び清算に関する重要な資料の保存者につき下記の者を選任する
記
　大阪市○○区○町3丁目2番1号
　　　　丙　野　次　郎
との裁判を求める。

申立ての理由
　申立人はS株式会社(本店　大阪市○○区○○5丁目6番7号)の清算人であって,同社は平成○年10月15日清算を結了し,同月22日その登記を了した。
　丙野次郎はS株式会社の監査役であった者であり,同社の帳簿並びに営業及び清算に関する重要な資料の保存者として適任である。
　よって,申立ての趣旨記載の裁判を求めるため本申立てに及んだ。

添付書類
1　閉鎖事項証明書
1　保存者就任承諾書

【文例128】 帳簿資料保存者選任申立書（保存者が法人）

帳簿資料保存者選任申立書

平成○年○月○日

大阪地方裁判所第○民事部　御中

　　　　　〒000-0000　大阪市○○区○○1丁目2番3号
　　　　　　　　　　清算会社S株式会社清算人
　　　　　　　　　　　申立人　乙　野　次　郎　㊞

申立ての趣旨

　S株式会社（本店・大阪市○○区○町5丁目6番7号）の帳簿並びに営業及び清算に関する重要な資料の保存者につき下記の者を選任する
記
　大阪市○○区○○9丁目8番7号
　　　H商事株式会社
　　　（代表取締役　山田　一二三）
との裁判を求める。

申立ての理由

　申立人はS株式会社（本店　大阪市○○区○○5丁目6番7号）の清算人であって、上記会社は平成○年10月15日清算を結了し、同月22日その登記を了した。
　H商事株式会社は、清算結了したS株式会社の100％株主で、いわゆる親会社であって、保存者として適任であると思料する。
　よって、申立ての趣旨記載の裁判を求めるため本申立てに及んだ。

添付書類

　1　閉鎖事項証明書
　1　（保存者の）履歴事項全部証明書
　1　保存者就任承諾書及び代表者の印鑑証明書

第8章 清算に関する事件

3 審理・裁判

　裁判所が申立てを受理したときは、まず、申立ての形式要件を審査したうえ、書類保存者選任の前提条件である清算結了の登記を調査した後、保存者を選任する。

　裁判は決定をもってなされ（非訟54条）、保存者を選任する旨の決定に対しては理由を付記する必要がなく（871条2号・874条1号）、不服の申立てができない（874条1号）。却下決定については理由を付記する必要があり（871条本文）、申立人に限り即時抗告することができる（非訟66条2項）。なお、この手続の費用（保存者の報酬など）は、清算会社の負担となる（508条4項・672条5項）。

【文例129】　帳簿資料保存者選任決定

決　　　定

　　　　大阪市○○区○町1丁目2番3号
　　　　　　申立人（清算会社Ｓ株式会社清算人）
　　　　　　　　　　　　　　乙　野　次　郎

　上記申立てにかかる平成○年(ヒ)第○○号株式会社の帳簿資料保存者選任申立事件について，当裁判所は会社法508条2項により次のように決定する。

主　　　文

　Ｓ株式会社（本店　大阪市○○区○○5丁目6番7号）の帳簿並びに営業及び清算に関する重要な資料保存者に
　　大阪市○区○○3丁目2番1号
　　　　丙　野　次　郎
を選任する。
　　平成○年○月○日

大阪地方裁判所第○民事部
　　　　　　　裁判官　山　田　太　郎

第9章　過料事件

I　はじめに

　会社法976条ないし979条は会社法違反の過料について規定している。ただし、会社法976条に列挙されている行為について刑罰が科せられる場合には過料は科せられない（976条ただし書）。

　過料は金銭罰の一種ではあるが、刑罰ではない（刑法9条）。刑罰の手続については刑事訴訟法の規定が適用されるが、過料の制裁を科する手続については刑事訴訟法の適用はなく、非訟事件手続法の規定（非訟119条～122条）が適用される。

　本章では、会社法違反の過料事件全般について略述する。

　過料には、
① 　秩序罰として制定された過料
② 　執行罰として制定された過料
③ 　懲戒罰として制定された過料
④ 　法定秩序維持に関する法律により定められた過料
⑤ 　地方公共団体の条例および規則により制定された過料
などがある。

　少し古いが、民裁資128号・過料事件関係執務資料（以下、「執務資料」という）9頁以下に昭和54年8月25日現在の「裁判手続による過料の処罰規定一覧表」が掲げられている。

　会社法違反の過料は、秩序罰としての過料であるが、訴訟手続に関する秩序維持のために制定された過料とも異なり、その処罰の原因たる行為が公法上の義務違反であり、公益に関する点では他の秩序罰と同様であるが、法律

がその義務を命じているいるのは、私人相互間における私法関係の秩序を保持することを直接の目的としているものである。

過料に処せられる行為として会社法976条ないし979条などに掲げられている行為は多岐にわたるが、実務上そのほとんどを占めるのは、

① 登記懈怠（976条1号）
② 役員の選任懈怠（同条22号）
③ 株式会社について前記①②の混合したもの

の3種類である。

II 審理・裁判

1 過料に処せられるべき者（主体）

過料に処せられるべき者は各本条に定める義務を怠ったものである。

過料に処せられるべき者を実務上、被審人と呼んでいる。

株式会社の役員選任懈怠については、その選任のための株主総会招集の手続（取締役会の招集、招集の通知など）をとるべき代表取締役・清算人（代表者の定めがある場合にはそれぞれ代表取締役・代表清算人）などが被審人となる。登記懈怠についていえば、会社を代表して登記申請を行う（商登17条2項）べき義務を負う取締役・清算人（代表者の定めがある場合にはそれぞれ代表取締役・代表清算人）などが被審人となる。会社自身が過料に処せられるのではない（登記懈怠により過料に処せられるべき者は、本来の申請義務者たる会社を代表して登記申請を行うべき者であって会社自身ではない（仙台高決昭46・9・1判時651号98頁、大決明40・8・6民録13輯841頁）。

登記懈怠につき、数名の代表取締役中の1名の代表取締役が処罰された後、重ねて同一事由をもって他の代表取締役を処罰するのは失当であるとの裁判

例（東京高決昭37・12・27下民集13巻12号2606頁）もあるが、同判例の判例評釈（三戸岡道夫「判批」ジュリ319号89頁）も判示に疑問を述べており、実務もそれぞれ処罰している（過料の額については考慮されているようである）。

2 管　轄

　過料事件の管轄は、他の法令に別段の定めがある場合（たとえば戸籍法違反は、同法138条により簡易裁判所）を除き過料の裁判を受ける者となる者の普通裁判籍の所在地を管轄する地方裁判所と定められており（非訟119条）、会社法違反事件については別段の定めがないから、常に過料に処せられるべき者（代表取締役、（代表）清算人など）の普通裁判籍の所在地を管轄する地方裁判所である。

　立件後に被審人の住所が管轄外であることが判明した場合に、旧非訟事件手続法には移送に関する規定がなかったところから、移送できるか否かについては積極説と消極説があったが、新非訟事件手続法では管轄違いを理由とする移送が認められることとなった（非訟10条1項、民訴16条）。

3　手続の開始

　過料事件は本来裁判所に処せられるべき者があることを探知したときは、職権をもって事件の開始および裁判をなすべきものとされている（福岡高決昭50・9・9判時803号113頁）が、会社法違反については、法務局の登記官の懈怠通知（商登規118条、商登準則81条第1項、同準則別記第53号様式【文例130】）によって、手続が開始される。登記官は、登記申請があったときに違反事実の有無を調査する。また、休眠会社整理のとき（昭49・6・4民4第3186号法務省民事局長通達（休眠会社整理作業実施要領））に該当の登記用紙の選別が行われ、それに基づいて、登記官は裁判所に通知する。

　裁判の過程で会社法違反の事実が発見されたときの取扱いについては事務

手続上の問題もあり（執務資料175頁以下参照）、実務上職権で手続が開始されるのはごく稀である。特に会社の内紛に伴う商事事件の係争中に一方の当事者から相手方に会社法違反の事実ありとして職権を発動して過料を処せられたい旨の申立てがなされることがあるが、裁判所は、その取扱いについては慎重である。

会社法違反以外の過料事件についても、関係官庁からの通知・通告により手続が開始されるのが通例である（執務資料175頁以下参照）。

4 審理

最高裁は、非訟事件手続法による過料の裁判は純然たる訴訟事件の性質をもつ刑事制裁を科する作用と違ってその実質は一種の行政処分であるから、裁判所が科する場合でも憲法82条・32条による公開の法廷における対審および判決の必要はないとしている（最判昭41・12・27民集20巻10号2279頁の多数意見、本判決には入江裁判官の詳細な反対意見があり、不服申立争訟は「法律上の争訟であり、最終的には純然たる争訟事件として処理すべきものである」と主張される。学説はこぞって多数意見に反対し、入江裁判官の反対意見に同調している（新堂幸司「判批」憲法判例百選Ⅱ〔第3版〕272頁参照））。

過料事件の審理については、いわゆる正式手続（非訟120条・121条）と略式手続（非訟122条）とがあるが、会社法違反の審理手続についてはほとんどが略式手続でなされているので、本来順序は逆であるが、略式手続から説明する。

5 略式手続

役員の選任懈怠、登記懈怠については、その期間は客観的事実として明白であり、客観的違反事実が証明されれば、故意過失の存在および正当事由の不存在は強く推定されるから、被審人の意見を聴かずに裁判をしても、その

第9章 過料事件

【文例130】 登記官の懈怠通知 ①商業

<table>
<tr><td colspan="2" style="text-align:right">日記（過料）第　　　号
平成　　年　　月　　日</td></tr>
<tr><td colspan="2">○○地方裁判所　御　中
　　　支　部
　　　　　　　　○○法務局○○出張所
　　　　　　　　　登記官　　　　　　　職印</td></tr>
<tr><td colspan="2" style="text-align:center">通　　　知
　下記のとおり過料に処せられるべき事件を発見したので，商業登記規則第118条の規定により通知します。
　　　　　　　　　　記</td></tr>
</table>

登記申請の年月日 　　受付番号	平成　　年　　月　　日 第　　　　　号
違反事項の要旨	別紙のとおり 　1．選任懈怠 　②．登記懈怠
該　当　法　条	1．会社法第976条第22号 2．会社法第915条第1項 3．会社法第976条第1号
違反者の資格及び氏名・住所	
本　　　　店 商　　　　号 代表取締役の 氏名・住所	別紙のとおり

（注1）過料事件通知書には，別紙として履歴事項一部証明書を添付する。
（注2）登記記録に過料に処せられるべき者の日本国内の住所が記録されておらず，その管轄が定まらないとき（非訟事件手続法第8条）は，東京地方裁判所（非訟事件手続規則第6条）に通知する。

②法人

	日記（過料）第　　号 平成　年　月　日

○○地方裁判所　御中
　　　支　部
　　　　　　　　　○○法務局○○出張所
　　　　　　　　　登記官　　　　　　　［職印］

　　　　　　　　通　　　知

　下記のとおり過料に処せられるべき事件を発見したので，各種法人等登記規則第5条において準用する商業登記規則第118条の規定により通知します。

　　　　　　　　　記

登記申請の年月日	平成　年　月　日
受付番号	第　　　号
違反事項の要旨	別紙のとおり 1．選任懈怠 ②．登記懈怠
該　当　法　条	
違反者の資格及び氏名・住所	
主たる事務所・本店	別紙のとおり
名称・商号	
代表者の資格及び氏名・住所	

（注）通知本文中，各種法人等登記規則第5条以外の規則において準用する場合は，該当規則を修正する。

第9章　過料事件

後に救済手段としての異議申立て（非訟122条2項）を認めて、あらためて正式手続により審理する途が開かれているから（同条4項）、不当ではなく、違憲ではないと解されている（伊東乾ほか編『注解非訟事件手続法』641頁）。

6　裁　判

過料についての裁判は決定をもってなされる。

過料についての裁判は、国民に対する制裁に関するものであり、公正になされたことを明らかにし、事実を明らかにするために、理由の記載が要求されている（非訟120条1項）。

実務では、後記【文例131】〜【文例134】のように違反事実と適条（適用法令の適用）を記載し、結論である主文が導き出された根拠が明らかになるように記載している。

審理の結果、違反事実が認められないときあるいは違反事実は認められるが、極めて軽微であって処罰する必要がないと認めたときは、裁判所は処罰しない旨の決定をする。

古い裁判例では、違反期間の極端に短いもの（1日、東京控決大9・3・31新聞1687号13頁。ただしこの事件の場合、期間内に登記申請をしたが、監査役の印鑑証明が欠けていたので、その補充に時間をとったケースで過失なしとされた）もあるが、最近の実務の運用は、ある程度の猶予期間を考慮しているように見受けられる。

会社法979条1項は、過料の額について、「会社設立の登録免許税に相当する過料に処する」と定めているが、会社法976条、977条、978条各号に定めている過料については、「100万円以下の過料に処する」と定めている。裁判所は懈怠の期間など各事件の内容に応じて過料の額を決定している。

役員の選任登記をするためには、株主総会を招集し、役員の選任をなし、次いで取締役会で代表取締役を選任し、登記のための登録免許税、司法書士

の手数料が必要となるから、過料の額が少ないと、懈怠したほうが有利となってしまうので、近年の過料の額は、懈怠の期間にもよるが、かなり高額であるようである。

　しばしば誤解があるものに、次のようなものがある。

① 　取締役全員を再任した場合でも、登記が不要になるのではなく、その旨の変更登記をすべきであり、再任の場合にその旨の変更登記をしていない以上、会社法976条1号にいう登記の懈怠があるものというべきである（大決大6・6・22民録23輯965頁、東京高決昭48・11・12金商401号8頁）。

② 　退任した役員が全員再選された場合にも新たな選任があったものとみるべきであり、その登記を怠ったときは過料に処せられる（仙台高決昭46・9・1判時651号98頁）。

③ 　代表取締役就任前に発生した登記申請義務違反についても、新代表取締役は就任の時から登記義務を負い、就任後遅滞なく登記申請をしないかぎり、遅滞の責めを免れない（大阪高決昭37・5・23判時311号30頁、大決大5・7・1民録22輯1302頁）。

【文例131】 過料決定(1)（選任懈怠①）

平成○年(か)第○○号
会社法違反事件

過 料 決 定

名称	甲山株式会社
住所	大阪市○○区○○町○番○号
被審人	甲 山 一 郎

主 文

被審人を過料金○○万円に処する。
本件手続費用は、被審人の負担とする。

理 由

被審人は、左記法人の代表取締役に在任中平成○年10月31日役員が退任し法定の員数を欠くに至ったのにその選任手続をなすことを平成○年11月30日まで怠った。

適 条

会社法第976条第22号、非訟事件手続法第120条、第122条

　　平成○年○月○日
　　　　大阪地方裁判所第○民事部
　　　　　　裁判官　　○　○　○　○

上記は謄本である。
同日同庁　裁判所書記官　○　○　○　○

【文例132】 過料決定(2)（選任懈怠②）

平成○年(сい)第○○○号
会社法違反事件

過 料 決 定

名称	甲山株式会社
住所	大阪市○○区○○○町○番○号
被審人	甲 山 一 郎

主　文

被審人を過料○○万円に処する。
本件手続費用は、被審人の負担とする。

理　由

被審人は左記法人に関する昭和(平成)○年10月1日役員の任期満了に関する改選手続の懈怠により、昭和(平成)○年8月○日、金○○万円の過料決定（昭和(平成)○年(ку)第○○号、すでに確定済み）されたが、その後なお、平成○年10月1日の役員就任までの選任手続を怠った。

適　条

会社法第976条第22号
非訟事件手続法第120条、第122条

平成○年1月20日
大阪地方裁判所第○民事部
　　　　裁判官　○　○　○　○

上記は謄本である。
同日同庁　裁判所書記官　○　○　○　○

【文例133】 過料決定(3)（登記懈怠）

平成○年(か)第○○号
会社法違反事件

　　　　過　料　決　定

名称	甲山株式会社
住所	大阪市○○区○○○町○番○号
被審人	甲　山　一　郎

　　　主　文
被審人を過料金○○万円に処する。
本件手続費用は，被審人の負担とする。
　　　理　由
被審人は，左記法人の代表取締役に在任中平成○年9月30日から法定期間内になすべき下記の登記を平成○年3月31日まで怠った。
　　　記
役員選任
　　　適　条
会社法第976条第1号，非訟事件手続法第120条，第122条
　平成○年7月1日
　　大阪地方裁判所第○民事部
　　　裁判官　○　○　○　○

上記は謄本である。
同日同庁　裁判所書記官　○　○　○　○

【文例134】 過料決定(4)（選任および登記懈怠）

平成○年(○)第○○号
会社法違反事件

過 料 決 定

名称	甲山株式会社
住所	大阪市○○区○○町○番○号
被審人	甲 山 一 郎

主 文

被審人を過料金○○万円に処する。
本件手続費用は、被審人の負担とする。

理 由

被審人は、左記法人の代表取締役に在任中平成○年3月30日からなすべき役員選任手続を平成○年3月30日まで怠り、又、平成○○年3月30日から法定期間中になすべき、役員選任登記手続を平成○年6月15日まで怠った。

〔適条〕会社法第976条第1号、第22号、非訟事件手続法第120条、第122条

平成○年10月1日

大阪地方裁判所第○民事部
裁判官 ○ ○ ○ ○

上記は謄本である。
同日同庁 裁判所書記官 ○ ○ ○ ○

7　裁判の告知

　過料の決定は被審人と検察官との双方に送達される。被審人に対する送達は、特に必要ある場合を除き、通常は普通郵便をもってなされる。被審人に対する送達が不送達になったときは、会社の本店所在地に送達し、それでも不送達になったときは、裁判所は、同一会社の他の代表取締役、被審人の住所地の市区町村役場に照会するなどして調査し、それでも判明しないときは、職権で公示送達する。

　通説は、非訟事件手続法56条の「相当と認める方法」の中に公示送達を含むと解している（伊東乾ほか編・前掲166頁）。

　不処罰のときは、被審人に対しては告知する必要はないと解されている（伊東・前掲（久保）637頁）。検察官には送達している。

　過料についての裁判は決定であるから、告知により効力を生じ、言い渡す必要はない（非訟36条2項・3項）。

　過料についての裁判に対する不服申立ては、略式手続によるときは「異議の申立て」（非訟122条第2項）、正式手続によるときは「即時抗告」（非訟120条3項）である。いずれも過料の裁判に対するものであるときは執行停止の効力がある（非訟122条2項・120条3項）。

8　異議の申立て

　略式手続による裁判に対しては、被審人および検察官は、裁判の告知を受けた日から1週間以内に異議の申立てをすることができる（非訟122条2項）。

　異議の申立てがあると略式手続による裁判は失効(非訟122条2項)し、あらためて正式手続による裁判が行われる（同条4項）。

　異議の申立ての取下げはさらに過料についての裁判があるまでは認められる（非訟122条3項）。

9　正式手続

　裁判所は、事前に被審人および検察官の意見を聴く（非訟120条 2 項）ほか、職権により事実の探知および必要な証拠調べを行う。被審人の意見聴取はほとんどの場合、書面による意見陳述であり、審尋（審問）が行われることは少ない（書面による意見陳述の催告書の【文例135】）。

　この意見陳述は、被審人に対して陳述の機会を与えれば足りる（大決昭4・6・19民集 8 巻605頁）から、相当と認められる期間内に陳述書を提出しないと

【文例135】　催告書

　　　　　　　　　　　　　催　告　書

平成○年㈱第○○号会社法違反事件
被審人　甲　野　一　郎
　上記事件について，貴殿より平成○年10月 1 日異議の申立てがありましたが，その申立書中に異議理由の記載がありませんでしたので，平成○年10月21日までに異議の理由を記載した陳述書を提出して下さい。
　上記期日までに陳述書の提出がない場合には，貴殿の言い分を聴かずに裁判されますので御注意下さい。
　平成○年○月○日
　　　　　　　　　　　　　　　　大阪地方裁判所第○民事部
　　　　　　　　　　　　　　　　　裁判所書記官　○　○　○　○
甲　野　一　郎　殿

（注 1 ）　本文例は異議申立てがあって正式裁判手続に移行した場合のものである。最初から正式裁判手続によるときは、違反事実の要旨を被審人に通知しなければならない。
（注 2 ）　異議申立書に異議理由が詳細に記述されている場合には、あらためて意見を聴く必要はない。

き、送達不能により被審人の住所が判明しないときは、被審人の意見を聴かなくとも裁判する。

10　即時抗告

　正式手続による裁判（略式手続による裁判に対する異議申立により正式裁判に移行したときも同じ）に対して不服があるときは、当事者および検察官に限り即時抗告をすることができ（非訟120条3項前段）、この即時抗告には、執行停止の効力がある（非訟120条3項後段）。

　なお、即時抗告をすることができる期間は、新非訟事件手続法においては、告知を受けた日から2週間と改正された（非訟67条）。

11　費用の負担

　被審人に対して過料に処する旨の裁判があったときは、手続費用はその裁判を受けた者の負担となる（非訟120条4項前段）。その他の場合および抗告が容れられたときには、国庫が負担する（非訟120条4項後段および同条5項）。

　費用の裁判の執行については、過料の裁判の執行（非訟121条1項・2項）のような規定はない。裁判所が会計法に従い、歳入金の収入手続によりその取立てを行うことになる（「過料の裁判の告知費用等の取扱いについて」昭和52年5月7日民2第357号地方裁判所長あて民事局長、総務局長事務取扱、経理局長通知。「郵便による過料の裁判の告知等の費用の国庫立替支出及び取立てに関する事務の処理指針」昭和52年6月1日付け地方裁判所事務局長、民事首席書記官あて総務局第3課長、経理局監査課長、経理局主計課長書簡による）。

　実務上は過料決定と同時に送付される注意書に納付方法が指示される。

12　過料の裁判の執行

　過料の裁判の執行は、裁判確定後に検察官の命令で行われる（非訟121条1

項)。

　実際上は、検察庁は被審人に対し過料金納付告知書を送付し、期限を定めて納付を促し、どうしても納付しない場合には検察官は執行命令を債務名義として民事執行法の規定に従い強制執行する（非訟121条2項）。

13　再　審

　正式裁判による過料の裁判確定後も再審期間内は再審の申立てができる（非訟83条）。

14　時　効

　過料の制裁については、公訴の時効（刑訴250条）、刑の時効（刑法31条・32条）に相当する規定はなく、また消滅時効の適用ないし準用も認められない（東京高決昭48・11・12金商401号8頁）。

　会計法30条に定める国の金銭債権についての一般時効の適用・準用も認められない（大阪高決昭36・12・14判時292号26頁）。

15　被審人の死亡

　略式手続は被審人の意見を聴かないで裁判するところから、決定を送達してみてはじめて家族から申出があって、被審人が死亡していることが判明する。この場合、裁判の無効ということで、検察庁へ死亡の通知をするだけの扱い（民事裁判資料80号112頁）もあるようであるが、通常は取消決定（非訟59条1項）をして、不処罰としている。

●〔全訂版〕改訂執筆者一覧●
【弁護士法人　淀屋橋・山上合同】
　　弁護士　髙島　志郎
　　弁護士　柴田　昭久
　　弁護士　岩本　文男
　　弁護士　高杉　信匡

【森・濱田松本法律事務所】
　　弁護士　藤原　総一郎

●〔初版〕執筆者一覧●

(所属等は平成20年9月1日当時)

【森・濱田松本法律事務所】

  弁護士 藤原 総一郎

  弁護士 金丸 和弘

  弁護士 岡﨑 誠一

  弁護士 松井 敦子

【弁護士法人　淀屋橋・山上合同】

  弁護士 四宮 章夫

  弁護士 藤川 義人

  弁護士 上甲 悌二

  弁護士 阪口 彰洋

  弁護士 髙島 志郎

  事務局 塩谷 公男

  事務局 酒木 喜美子

外務省経済局世界貿易機関(WTO)紛争処理室

  弁護士 末冨 純子

［編者所在地］

森・濱田松本法律事務所
〒100-8222　千代田区丸の内2-6-1　丸の内パークビルディング
TEL 03-5220-1800㈹

弁護士法人　淀屋橋・山上合同
〒541-0046　大阪市中央区平野町4-2-3　オービック御堂筋ビル9階
TEL 06-6202-3355㈹／E-mail info-yglpc.com
〒100-0005　千代田区丸ノ内2-3-2　郵船ビルディング4階
TEL 03-6267-1200㈹／FAX 03-6267-1210

書式　会社非訟の実務〔全訂版〕

平成31年2月21日　第1刷発行
令和6年10月17日　第3刷発行

編　者　森・濱田松本法律事務所
　　　　弁護士法人　淀屋橋・山上合同
発　行　株式会社　民事法研究会
印　刷　藤原印刷株式会社

発行所　株式会社　民事法研究会
　　　　〒151-0073　東京都渋谷区恵比寿3-7-16
　　　　〔営業〕TEL 03(5798)7257　FAX 03(5798)7258
　　　　〔編集〕TEL 03(5798)7277　FAX 03(5798)7278
　　　　http://www.minjiho.com/　　info@minjiho.com

落丁・乱丁はおとりかえします。　　　　　ISBN978-4-86556-268-2

令和元年会社法改正に対応！　手続の流れに沿って詳解！

裁判事務手続講座〈第25巻〉

書式　会社訴訟の実務
―訴訟・仮処分の申立ての書式と理論―

武井洋一・浦部明子・三谷革司
伊藤一哉・松田由貴・渡邉和之　編

Ａ５判・663頁・定価 7,260円（本体 6,600円＋税 10％）

▶事例の積み重ねによって深化・進化した会社訴訟理論を詳細に分析するとともに、実務家が必要とする多様な書式例を示しつつ一体として解説した至便な手引書！
▶会社訴訟を紛争類型ごとに手続や訴訟要件を解説するほか、権利保全のための会社仮処分の手続の要件や要点について解説！
▶最新の会社法等の法令・判例に基づいて、第一線で活躍する弁護士が、実務上の留意点にも言及しつつ実践的ノウハウを開示！
▶申立てに携わる弁護士はもとより、法務・コンプライアンス担当者や公認会計士、税理士など法律実務家にとっても必携の書！

本書の主要内容

第１章　会社訴訟・仮処分の概要
第２章　取締役・取締役会関係の訴訟・仮処分
第３章　役員等の責任追及
第４章　代表訴訟
第５章　株主総会決議
第６章　募集株式の発行等・募集新株予約権の発行
第７章　株主権
第８章　会社組織関係（設立・組織再編）
第９章　会社書類の閲覧・謄写請求
第10章　その他（法人格否定の法理）

発行　民事法研究会

〒150-0013　東京都渋谷区恵比寿 3-7-16
（営業）TEL. 03-5798-7257　FAX. 03-5798-7258
http://www.minjiho.com/　info@minjiho.com

最新実務に必携の手引

―― 実務に即対応できる好評実務書！ ――

2024年5月刊 緊急事態への対応と再発防止策がわかる関係者必携の書！

製品事故・企業不祥事対応実務マニュアル
―実例からみた防止策・初動対応から信頼回復まで―

企業が事故・不祥事発生を未然に防止するための観点から関係法令を幅広く概観し、リスクの早期発見・回避ができる企業運営や、万が一緊急事態が発生した場合の対応とともに、主に消費者からの信頼回復を図るための方策を詳解！

山崎良太・川端健太・金山貴昭・中田光彦　編著

（Ａ５判・456頁・定価　4,950円（本体　4,500円＋税10％））

2021年4月刊 会計不正の予防・早期発見と対策をＱ＆Ａ方式で詳解する実践的手引書！

会計不正のリスク管理実務マニュアル
―予防・早期発見の具体策から発覚後の対応まで―

会計不正に関する防止方法・発見方法・発覚後の社内調査や責任の明確化、経営を守るための対応策などの事後処理を具体的に詳解するとともに、実際に発生した事件を題材にして、不正の発生原因を分析し、対策のノウハウを詳細に明示！

樋口　達・山内宏光・岡村憲一郎　著

（Ａ５判・356頁・定価　4,180円（本体　3,800円＋税10％））

2018年11月刊 市民や企業の安全・安心を守るためのノウハウを開示！

悪質クレーマー・反社会的勢力対応実務マニュアル
―リスク管理の具体策と関連書式―

悪質化したクレーマーによる暴言や理不尽な強要、ネット上でのいわれなき誹謗・中傷による業務妨害、反復される電話によるクレームなど、多様化し広がりをみせるクレーマー被害に対し、迅速かつ適切に対処するためのノウハウと関連書式を開示！

藤川　元　編集代表　市民と企業のリスク問題研究会　編

（Ａ５判・351頁・定価　4,180円（本体　3,800円＋税10％））

2018年6月刊 経営に関わる全分野を具体例を踏まえ詳解！

会社役員のリスク管理実務マニュアル
―平時・危急時の対応策と関連書式―

一歩対応を誤れば企業の存亡に関わる重大な事件・事故・不祥事に対し、経験豊富な弁護士が、役員としてとるべき行動や対応の実際、備えるべきリスク管理体制の構築など、広範な事例に迅速・的確に対処できるノウハウを開示！

渡邊　顯・武井洋一・樋口　達　編集代表　成和明哲法律事務所　編

（Ａ５判・432頁・定価　5,060円（本体　4,600円＋税10％））

発行　民事法研究会

〒150-0013　東京都渋谷区恵比寿 3-7-16
（営業）TEL. 03-5798-7257　FAX. 03-5798-7258
http://www.minjiho.com/　info@minjiho.com

最新実務に必携の手引

実務に即対応できる好評実務書！

2022年8月刊 内部通報制度が有効に機能するための設計・導入・運用上の基本事項、留意点をわかりやすく解説！

内部通報・内部告発対応実務マニュアル〔第2版〕
――リスク管理体制の構築と人事労務対応策Q&A――

第2版では「通報者・通報対象事実の拡大」「通報者の保護要件の緩和」「内部公益通報対応体制の義務付け」等がなされた2022年6月施行の改正公益通報者保護法とそれに伴い策定された指針等に対応して改訂増補！

阿部・井窪・片山法律事務所　石嵜・山中総合法律事務所　編

（A5判・325頁・定価　3,630円（本体　3,300円＋税10％））

2017年2月刊 実務に直結した営業秘密の適切な管理手法を解説した実践的手引書！

営業秘密管理実務マニュアル
――管理体制の構築と漏えい時対応のすべて――

基礎知識から自社の情報が第三者により侵害されたときの対応、特に重要な情報の漏えい・流出リスクの極小化、企業秘密が漏えい・流出した場合の対応、他社の情報の侵害者と疑われないようにする体制について、豊富に図表を織り込み丁寧に解説！

服部　誠・小林　誠・岡田大輔・泉　修二　著

（A5判・284頁・定価　3,080円（本体　2,800円＋税10％））

2015年1月刊 情報漏えいを防止し、「情報」を有効活用するためのノウハウが満載！

企業情報管理実務マニュアル
――漏えい・事故リスク対応の実務と書式――

企業の保有する情報の漏えいが大きな社会問題になっている今日、競争力の源泉である企業情報の防衛・活用について、経営情報管理・コンプライアンス情報管理・人事労務管理・知的財産管理など、この問題に関する専門家が複合的な視点から詳解した話題の書！

長内　健・片山英二・服部　誠・安倍嘉一　著

（A5判・442頁・定価　4,400円（本体　4,000円＋税10％））

2021年11月刊 広範なリスクを網羅し、豊富な書式・記載例とともに詳解！

法務リスク・コンプライアンスリスク管理実務マニュアル〔第2版〕
――基礎から緊急対応までの実務と書式――

会社法、個人情報保護法、働き方改革関連法、独占禁止法、公益通報者保護法などの法改正、裁判例やESG投資などの最新の実務動向等も踏まえて改訂！　企業リスク管理を「法務」「コンプライアンス」双方の視点から複合的に分析・解説！

阿部・井窪・片山法律事務所　編

（A5判・730頁・定価　7,700円（本体　7,000円＋税10％））

発行　民事法研究会

〒150-0013　東京都渋谷区恵比寿3-7-16
（営業）TEL. 03-5798-7257　FAX. 03-5798-7258
http://www.minjiho.com/　info@minjiho.com

最新実務に必携の手引

─実務に即対応できる好評実務書！─

2024年9月刊 新制度をより精緻に、利用者目線で語る！

所有者不明土地解消・活用のレシピ〔第2版〕
──民法・不動産登記法・相続土地国庫帰属法の徹底利用術──

第2版では、改正法施行後に実際に使用されている書式の記載例や実務の運用を詳解するとともに、相続土地国庫帰属に関する章（第8章）を新設し、承認申請の手続の流れと留意点、利用者の関心事である「却下事由」「不承認事由」「負担金」の考え方について精緻に解説！

中里　功・神谷忠勝・倉田和宏・内納隆治　著
（Ａ5判・581頁・定価 6,380円（本体 5,800円＋税10％））

2024年9月刊 消費者の立場に立った解説で保険法の全体像をつかむ！

消費者のための保険法ガイドブック

保険にかかわる法令・判例・学説を、消費者側の視点から解説するとともに、法律実務家・消費生活相談員による事件対応の指針を明示！　解説する内容について重要だと考えられる判例を豊富に紹介したほか、図表を豊富に用いることで重要事項を視覚的に理解できる！

今川嘉文・内橋一郎　編著
（Ａ5判・379頁・定価 4,290円（本体 3,900円＋税10％））

2024年8月刊 この1冊でメンタルヘルス不調者対応の「出口」が見えてくる！

職場におけるメンタルヘルス不調対策の実務と書式
──未然防止・不調の気付き・休職・復職への対処法──

社員のメンタル不調の気付き、初動対応、休職させるための手続、休職中の賃金・連絡、社会保険料の請求、復職判断やリハビリ勤務など予備知識なしでは厳しいメンタル不調者への対応をわかりやすく解説！　令和5年「心理的負荷による精神障害の認定基準」に準拠！

根本法律事務所　編
（Ａ5判・250頁・定価 2,970円（本体 2,700円＋税10％））

2024年6月刊 組織を効率的に運用するための管理職対策を法律専門家が詳らかに解説！

Q&A現代型問題管理職対策の手引
──組織強化と生産性向上のための実務指針を明示──

能力不足や各種パワハラ行為を行う問題管理職への対応をQ&A方式で解説！　厚生労働省から公表されたパワハラ防止指針に基づく管理職に求められる対応や、ワーク・ライフ・バランスを重視した働き方など、職場環境の変化に対応するための実務指針を明示！

弁護士法人　高井・岡芹法律事務所　編
（Ａ5判・315頁・定価 3,960円（本体 3,600円＋税10％））

発行　民事法研究会

〒150-0013　東京都渋谷区恵比寿 3-7-16
（営業）TEL. 03-5798-7257　FAX. 03-5798-7258
http://www.minjiho.com/　info@minjiho.com